Die
Kreis- und Provinzial-Ordnungen
des
Preußischen Staates
(für die 6 östlichen Provinzen, sowie für Hannover, Hessen-Nassau u. Westfalen)

nebst den Dotationsgesetzen.

Synoptische Ausgabe

mit erläuternden Anmerkungen

von

Conrad Bornhak.

Berlin.
J. J. Heines Verlag.
1887.

Vorwort.

Bei der Entwicklung, welche die preußische Verwaltungsgesetzgebung in den letzten Jahren mit Erlaß besonderer Kreis- und Provinzialordnungen für jede der neuen und westlichen Provinzen eingeschlagen hat, ist trotz des im wesentlichen übereinstimmenden Inhalts dieser Gesetze und trotz der einheitlichen Verwaltungsrechtsprechung in oberster Instanz die Gefahr einer partikularen Weiterbildung der neuen Gesetze in Theorie und Praxis nahe liegend. Dem Wunsche der Verlagshandlung, die bisher ergangenen neuen Kreis- und Provinzialordnungen in einer einzigen handlichen Ausgabe zusammenzufassen und zu erläutern, kam ich deshalb um so lieber entgegen, als ich nicht nur selbst eine derartige Ausgabe sehr vermißt hatte, sondern auch aus den verschiedensten Kreisen der Wunsch nach einer solchen geltend gemacht war.

Diese Ausgabe unterscheidet sich daher von allen ihren zahlreichen Vorgängern wesentlich dadurch, daß in dem Texte die einander entsprechenden Bestimmungen der verschiedenen Kreis- und Provinzialordnungen hintereinander und zwar nach der Paragraphenfolge der altländischen Kreis- und Provinzialordnung angeführt werden. Hierbei bedeuten die hinter der Nummer des Paragraphen in

Klammern beigefügten Buchstaben: A. die altländische, H. die hannöversche, H.-N. die hessen-nassauische, W. die westfälische Kreis- bezw. Provinzialordnung. Aus der am Schluß sowohl der Kreis-, wie der Provinzialordnung befindlichen synoptischen Tabelle ist ersichtlich, unter welchem Paragraphen der altländischen Kreis- bezw. Provinzialordnung jeder einzelne Paragraph der andern Kreis- und Provinzialordnungen zu suchen ist.

Auf diese Weise wird es möglich, die Fortbildung, welche eine Kreis- oder Provinzialordnung in Theorie und Praxis hat, für alle Provinzen zu verwerten, in denen neue Kreis- und Provinzialordnungen ergangen sind, insbesondere die reiche Judikatur des Oberverwaltungsgerichts, welche zumeist auf der Gesetzgebung für die östlichen Provinzen fußt, auch für die neuen und die westlichen Provinzen nutzbar zu machen.

In den Anmerkungen ist außer den Entscheidungen des Oberverwaltungsgerichts und den Bestimmungen, welche von den höchsten Verwaltungsbehörden erlassen sind, auch die theoretische Literatur berücksichtigt, so daß dieselben über den gegenwärtigen Stand der einschlägigen Fragen in Theorie und Praxis eine hinreichende Auskunft geben dürften.

Berlin, den 15. Mai 1887.

Der Verfasser.

Inhalt.

*) Vgl. hierzu das Inhaltsverzeichnis S. 162.

Abkürzungen.

A. = Altländische (für die östlichen Provinzen).
H. = Hannöversche.
H.-N. = Hessen-Nassauische.
W. = Westfälische.
Kr.O. = Kreisordnung.
Pr.O. = Provinzialordnung.
Entsch. d. O.V.G. = Entscheidung des Oberverwaltungsgerichts.
M.Bl. d. inn. Verw. = Ministerialblatt der inneren Verwaltung.

---

*) Vgl. hierzu das Inhaltsverzeichnis S. 242.

Einleitung.

Bis in den Anfang dieses Jahrhunderts beruhte die Organisation sowohl der örtlichen Polizeiverwaltung des flachen Landes wie der größeren Kommunalverbände, der Kreise und Provinzen, in der preußischen Monarchie auf der bevorrechteten Stellung des Großgrundbesitzes, welche von dem absoluten Staatswesen aus der ständischen Rechtsordnung des Mittelalters übernommen war. Die Besitzer der Rittergüter, welche in der Regel nur Adlige sein durften, übten ebenso wie die Verwalter der landesherrlichen Domänen die Polizei und die Aufsicht über die Kommunalverwaltung der zu den größeren Gütern gehörigen Dörfer, deren Bewohner gleichzeitig infolge ihrer Verpflichtung zu persönlichen Dienstleistungen sich in privatrechtlicher Abhängigkeit von den Rittergutsbesitzern befanden. Die Kreise, zu denen damals in der Regel nur das flache Land, ausnahmsweise auch einige kleinere Städte, die sog. Mediatstädte, gehörten, waren in kommunaler Beziehung vertreten durch die Kreistage. Auch in ihnen hatten lediglich die adligen Rittergutsbesitzer Sitz und Stimme (§ 46 II, 9 A. L.-R.) Nur die von der Provinzialbehörde zu bestimmenden Vertreter der königlichen Domänen und der Kämmereidörfer konnten bürgerlicher Herkunft sein. Aus der Mitte der Rittergutsbesitzer des Kreises gingen auch der Landrat und die Kreisdeputierten hervor. Allein in den östlichsten, namentlich den ehemals polnischen Landesteilen, und im Westen, in Westfalen und den 1803 erworbenen Entschädigungslanden, hatte diese Kreisverfassung mannigfache Modifikationen erfahren. Insbesondere waren hier die Kreise keine kommunalen Verbände, es bestanden daher auch keine Kreistage, und die allgemeine Landesverwaltung handhabte ein vom Könige ohne Rücksicht auf die Angesessenheit im Kreise ernannter Landrat.[1])

In den Provinzen hatte die kommunale Vertretung denselben Charakter wie in den Kreisen, nur mit dem Unterschiede, daß hier auch städtische Abgeordnete zugezogen wurden. Die kommunale Bedeutung der Provinzen war jedoch eine sehr geringe. Die kommunalen Vertretungen waren meist Ausschüsse der Stände jener ehemals selbständigen Territorien und beschränkten sich auf die Verwaltung einzelner ständischer Institute und Fonds. In einigen Provinzen, so in Schlesien und Westpreußen, fehlten ständische Vertretungen der Provinz überhaupt vollständig.

Als durch das Edikt vom 9. Oktober 1807 und die darauf folgende Ablösungsgesetzgebung die privatrechtliche Abhängigkeit des bäuerlichen Besitzes vom Großgrundbesitze gebrochen, und der Erwerb der Rittergüter auch Nichtadligen zugänglich gemacht war, erschien die Beseitigung der gutsherrlichen Polizei und der bisherigen kommunalen Verfassung der Kreise und Provinzen, die nur der Ausdruck jener aufgehobenen ständischen Rechtsordnung waren, nur noch als eine Frage der Zeit. Die damals von Stein beabsichtigte Durchführung einer lebensfähigen Selbstverwaltung in Stadt und Land gelang aber nur für die Städte, für welche die bekannte Städteordnung vom 19. November 1808 erging. Für das flache Land blieb es

---

[1]) Vgl. über diese Kreisverfassungen im einzelnen meine Geschichte des preußischen Verwaltungsrechts. Berlin 1884 ff. Bd. 2 S. 24 ff., 156 ff., 289 ff.

trotz der verschiedensten Reformpläne [1]) bei den bisherigen Zuständen, nachdem der durch das Gensdarmerieedikt vom 30. Juli 1812 gemachte Versuch einer Reform der Kreisverfassung infolge des allgemeinen Widerstandes suspendiert worden war.

Nach Beendigung der Freiheitskriege schlug dagegen die Verwaltungsreform eine andere Richtung ein. Von einer Selbstverwaltung, wie sie Stein geplant hatte, konnte nicht mehr die Rede sein, da allein das berufsmäßige Beamtentum im stande war, dem aus den verschiedensten Gebietsabsplissen neu konstruierten Staate ein einheitliches Gepräge zu geben. Dazu kam, daß die damalige politische Strömung sehr bald eine den altständischen Bestrebungen zuneigende Richtung einschlug und demgemäß ein Festhalten an der bevorrechteten Stellung des Großgrundbesitzes begünstigte. Man ließ daher auf dem flachen Lande der östlichen Provinzen mit Ausnahme von Posen die gutsherrliche Polizei bestehen. In den westlichen Provinzen und in Posen, wo dieselbe bereits durch die Fremdherrschaft beseitigt war, verblieb dagegen, den wirtschaftlichen und nationalen Verhältnissen dieser Gebietsteile entsprechend, die Verwaltung der Ortspolizei berufsmäßigen Beamten.

Was die Kreise anbetrifft, so stand nach der früheren Verfassung für die Landratsstellen den damals allein an der Kreisverfassung beteiligten Rittergutsbesitzern ein Präsentationsrecht zu. Wo die Rittergutsbesitzer dieses Recht früher gehabt, also in dem größten Teile der östlichen Provinzen, wurde es ihnen auch ausschließlich belassen. Nur in einigen, besonders den neu erworbenen Gebietsteilen und durchweg in der Rheinprovinz und Westfalen wurde das Präsentationsrecht den ganzen Kreisversammlungen eingeräumt. Wählbar waren in der Regel nur Rittergutsbesitzer

[1]) Vgl. die vortreffliche Darstellung derselben bei Ernst Meier, Reform der Verwaltungsorganisation unter Stein und Hardenberg. Leipzig 1881, S. 357 ff.

des betreffenden Kreises. Für die Provinz Posen wurde das Präsentationsrecht seit 1833 der nationalen Verhältnisse wegen suspendiert.

Bezüglich der kommunalen Verwaltung der Kreise ergingen in den zwanziger Jahren für die einzelnen Provinzen besondere Kreisordnungen, für die Kur- und Neumark am 17. August 1825 (G.S. 1825, S. 203), deren Geltungsgebiet durch eine Verordnung vom 18. November 1826 (G.S. 1826, S. 110) auch auf die Niederlausitz ausgedehnt wurde, für Pommern am 17. August 1825 (G.S. 1825, S. 217), für Sachsen am 17. Mai 1827 (G.S. 1827, S. 54), für Schlesien am 2. Juni 1827 (G.S. 1827, S. 71), für die Rheinprovinz und Westfalen am 13. Juni 1827 (G.S. 1827, S. 117), für Preußen am 17. März 1828 (G.S. 1828, S. 34) und für Posen am 20. Dezember 1828 (G.S. 1828, S. 3). Das Charakteristische aller dieser Kreisordnungen ist die Gliederung der Kreisvertretung nach den drei Besitzmassen, Rittergutsbesitz, bäuerlicher Grundbesitz und Städte, die als die drei Stände bezeichnet wurden. Die Mitglieder des ersten Standes, die Standesherren und Rittergutsbesitzer, führten auf dem Kreistage je eine Virilstimme. Ebenso sollte jede Stadt in der Regel durch einen Abgeordneten vertreten sein. Dazu kamen in den östlichen Provinzen und Westfalen drei Deputierte der Landgemeinden des Kreises, in der Rheinprovinz mit ihrem vorwiegend bäuerlichen Grundbesitze je ein Vertreter von jeder ländlichen Samtgemeinde des Kreises. Allen Kreisordnungen gemeinsam ist die starke Vertretung des Großgrundbesitzes, die mit den Leistungen desselben für den Kommunalverband und den Staat meist außer allem Verhältnis stand.

Die Thätigkeit der Kreistage beschränkte sich fast ausschließlich auf das kommunale Gebiet und griff nur vereinzelt in die allgemeine Landesverwaltung über. Eine Reihe provinzieller Verordnungen, vom 25. März 1841 für Brandenburg, Pommern, Posen, Sachsen und Westfalen (G.S. 1841, S. 53, 55, 58, 60, 62), vom 7. Januar 1842 für Schlesien (G.S. 1842, S. 33), vom 22. Juni 1842 für Preußen (G.S. 1842, S. 211) und vom 9. April 1846 für die Rheinprovinz (G.S. 1846, S. 161) bildete die kommunale Verfassung der Kreise weiter aus. Es wurde durch diese Verordnungen den Kreisständen die Befugnis beigelegt, Ausgaben zu beschließen zu gemeinnützigen Einrichtungen und Anlagen und die Kreiseingesessenen dadurch zu verpflichten.

In ähnlicher Weise wie die Vertretung der Kreise wurde die der Provinzen durch mehrere provinzielle Verordnungen geregelt. Solche ergingen für Brandenburg, Preußen und Pommern am 1. Juli 1823 (G.S. 1823, S. 130, 138, 146), für Sachsen, die Rheinprovinz, Schlesien, Westfalen und Posen am 27. März 1824 (G.S. 1824, S. 70, 101, 108, 141). Die Vertretung ist überall nach Besitzmassen, Ständen, unter besonderer Bevorzugung des Großgrundbesitzes geregelt. An der Spitze stehen die Reichsunmittelbaren und Standesherren mit Virilstimmen; sie bilden in einigen Provinzen allein, in anderen zusammen mit den Rittergutsbesitzern den ersten Stand. Die anderen Stände waren die Rittergutsbesitzer, Städte und Landgemeinden, die durch besondere Abgeordnete auf dem Provinziallandtage vertreten waren. Das numerische Verhältnis dieser drei Stände zu einander war je nach der wirtschaftlichen und sozialen Lage der einzelnen Provinzen ein verschiedenes. Am günstigsten war das Verhältnis der Städte und Landgemeinden in der Rheinprovinz, wo jeder dieser Stände ebenso viele Abgeordnete wählte wie die Rittergutsbesitzer.

Die Aufgabe der Provinzialstände war nach dem allgemeinen Gesetze vom 5. Juni 1823 (G.S. 1823, S. 129) dahin bestimmt, daß ihnen 1. die Gesetzentwürfe, welche allein die Provinz angingen; 2. so lange keine allgemeinen ständischen Versammlungen stattfänden, auch die Entwürfe solcher allgemeinen Gesetze, welche Veränderungen in Personen- und Eigentumsrechten und in den Steuern zum Gegenstande hätten, soweit sie die Provinz beträfen, zur Beratung vorgelegt werden sollten; 3. daß Bitten und Beschwerden, welche auf das spezielle Wohl und Interesse der ganzen Provinz oder eines Teiles derselben Bezug hätten, von den Provinzialständen angenommen, geprüft, und sie darauf beschieden werden sollten; und 4. daß endlich die Kommunalverwaltung der Provinz ihren Beschlüssen vorbehaltlich der königlichen Genehmigung und Aufsicht überlassen werden sollte.

Diese Provinzialverfassung erfuhr eine weitere Ausbildung durch acht provinzielle Gesetze vom 21. Juni 1842 (G.S. 1842, S. 215, 218, 221, 224, 227, 230, 233, 238), durch welche die Bildung ständischer Ausschüsse zur Vertretung des Provinziallandtages, während derselbe nicht versammelt war, angeordnet wurde.

Bei der Abweichung der neuen Provinzialgrenzen von denen der früheren Provinzen, die zum Teil ständische Korporationen gebildet hatten, war es nicht möglich, die letzteren zustehende Kommunalverwaltung sofort auf die neu gebildeten Provinzen zu übertragen. Indem die Vereinigung beider künftiger freier Vereinbarung vorbehalten blieb, ließ man besondere Provinzialkommunalverbände bestehen in Brandenburg, Pommern und der Oberlausitz. In der Kur- und Neumark gab es nach der Verordnung vom 17. August 1825 (G.S. 1825, S. 200) drei Kommunalverbände 1. für die Altmark, 2. für die übrige Kurmark einschließlich des Kreises Beeskow-Storkow und der ehemals sächsischen Gebiete von Jüterbog und Belzig, und 3. für die Neumark. Ebenso bildeten besondere Kommunalverbände die Niederlausitz nach der Verordnung vom 18. November 1826 (G.S. 1826, S. 110), die Oberlausitz nach dem schlesischen Provinziallandtagsabschiede vom 2. Juni 1827 (v. Kamptz, Anm. der inn. Verwaltung Bd. 11, S. 299). Für Pommern endlich hatte die Verordnung vom 17. August 1825 (G.S. 1825, S. 215) die Kommunallandtage einerseits für Neuvorpommern und Rügen und andererseits für Altvorpommern und Hinterpommern aufrecht erhalten.

Nach Einführung der konstitutionellen Staatsform erschien die auf ständischer Grundlage beruhende gutsherrliche Polizei sowie die bestehende kommunale Organisation der Kreise und Provinzen nicht mehr haltbar. Durch das Gesetz über die Polizeiverwaltung und durch die Kreis-, Bezirks- und Provinzialordnung vom 11. März 1850 wurde daher der Versuch gemacht, neue, den damals herrschenden liberalen Anschauungen entsprechende Bildungen herzustellen. Infolge der Verkennung der auf die Verwaltung einwirkenden wirtschaftlichen und sozialen Verhältnisse, insbesondere der Verschiedenheit von Stadt und Land, der widerstreitenden Interessen von größerem und kleinerem Grundbesitze, erwiesen sich aber die getroffenen neuen Anordnungen nicht als durchführbar. Mit der Suspension der neuen Gemeindeordnung lebte die gutsherrliche Polizei von selbst wieder auf. Hinsichtlich der Kreis- und Provinzialverfassung kehrte man durch das Gesetz vom 24. Mai 1853 (G.S. 1853, S. 238) unter Aufhebung der Kreis-, Bezirks- und Provinzialordnung vom 11. März 1850 wieder zur ständischen Gesetzgebung der zwanziger Jahre zurück und behielt den weiteren Ausbau der Kreis- und Provinzialverfassung besonderen provinziellen Gesetzen vor. Die in den Sitzungsperioden von 1852 und 1853 den Kammern vorgelegten Entwürfe gelangten aber nicht zur Erledigung, ebensowenig die wiederholt in den sechziger Jahren zur Beratung kommenden Gesetzentwürfe.

Nachdem infolge des Krieges von 1866 die preußische Monarchie durch drei neue Provinzen erweitert war, wurde aber die Forderung nach einer umfassenden Verwaltungsreform, die den historischen und sozialen Besonderheiten der einzelnen Provinzen wie den Lebensbedingungen des Gesamtstaates Rechnung trug, unabweisbar. Man beschränkte sich jedoch zunächst darauf, in den neuen Provinzen die notwendigsten Reformen durchzuführen. Was die hier in Frage kommenden Materien betrifft, so wurde die örtliche Polizeiverwaltung durchweg in ihrem bisherigen Zustande belassen. Nach dem Vorbilde der älteren Provinzen wurden ferner die Kreise und Provinzen als kommunale Verbände organisiert, deren Vertretungen ebenfalls nach den in jenen maßgebenden Grundsätzen gebildet wurden. Nur trat an die Stelle des in den neuen Provinzen nicht mehr vorhandenen bevorrechteten Rittergutsbesitzes der Großgrundbesitz, d. h. derjenige Grundbesitz, der in eine bestimmte höhere Steuerstufe eingeschätzt war. In Hannover bestanden bezüglich der Kreisverfassung noch insofern Besonderheiten, als man den Schwerpunkt der Verwaltung in den Ämtern gelassen und diese nur für bestimmte Zwecke zu Kreisen zusammengelegt hatte. An der Spitze des Kreises stand daher auch nicht ein Landrat, sondern einer der Amtshauptleute des Kreises, der mit der Wahrnehmung der den ganzen Kreis betreffenden Geschäfte beauftragt war und in dieser Eigenschaft während der Dauer des Auftrages den Titel Kreishauptmann führte.

Daneben ruhten die Reformpläne für die übrigen Provinzen nicht. Aber erst nach Beendigung des deutsch-französischen Krieges gelang es, zwischen den einander widerstrebenden Forderungen des Großgrundbesitzes, des bäuerlichen Besitzes und der Städte und den Interessen des Staates eine Vereinigung zu finden durch die nach langen Kämpfen endlich zustande gekommene Kreisordnung für die östlichen Provinzen vom 13. Dezember 1872. Der erste Entwurf derselben, welcher im September 1869 dem Landtage vorgelegt wurde, blieb infolge des Schlusses der Session unerledigt. Mit einigen Abänderungen wurde er in der Session 1871/72 wieder eingebracht, vom Abgeordnetenhause zwar mit 256 gegen 61 Stimmen angenommen, aber vom Herrenhause mit 145 gegen 18 Stimmen abgelehnt. Erst der dritte, 1872/73 vorgelegte Entwurf gelangte in beiden Häusern des Landtages zur Annahme, im Herrenhause mit 116 gegen 91, im Abgeordnetenhause mit 288 gegen 91 Stimmen (v. Brauchitsch, Die Materialien zur Kreisordnung, Nr. 1—13).

Die Kreisordnung beseitigt die noch vorhandenen Reste der ständischen Rechtsordnung, die mit dem Besitze einzelner Güter verbundene Befugnis zur Ausübung staatlicher Hoheitsrechte. Es fiel damit fort die gutsherrliche Polizei, das Recht der Gutsherren zur Beaufsichtigung der Kommunalverwaltung der Landgemeinden und die Virilstimmberechtigung der Standesherren und Rittergutsbesitzer auf den Kreistagen, sowie die erbliche Berechtigung der Schulzengutsbesitzer auf die Leitung der Landgemeinden. Für die Bestellung der Ortsvorsteher und Schöffen wurde den Landgemeinden ein Wahlrecht vorbehaltlich der Bestätigung des Landrats eingeräumt. Zur Ausübung der Ortspolizei auf dem flachen Lande schuf man das Ehrenamt der Amtsvorsteher und übertrug damit das der Steinschen Städteordnung zu Grunde liegende Prinzip auch auf das flache Land. Die Kreisvertretung wurde zwar wieder nach den drei Besitzmassen, Großgrundbesitz, Landgemeinden und Städte, gebildet, aber unter Wegfall aller Virilstimmberechtigungen und unter Berücksichtigung der realen Leistungen der drei Besitzmassen. Die laufende Kommunalverwaltung übertrug man dagegen einer neuen Behörde, dem Kreisausschusse, bestehend aus dem Landrate und sechs vom Kreistage gewählten Ehrenbeamten. Auf den Kreisausschuß gingen gleichzeitig eine Reihe von Geschäften der allgemeinen Landesverwaltung über, die zum Teil bisher den Regierungen obgelegen hatten. Damit wurde das Bedürfnis nach Dezentralisation und Entlastung der höheren Verwaltungsstellen von dem Detail der Verwaltung befriedigt.

Die Kreisordnung war zwar ursprünglich auch für die Provinz Posen erlassen, jedoch ihre vollständige oder teilweise Einführung in der ganzen Provinz oder einzelnen Kreisen derselben besonderen königlichen Verordnungen vorbehalten. Solche sind jedoch nicht erlassen worden.

Einige Abänderungen erfuhren die in die allgemeine Landesverwaltung übergreifenden Bestimmungen der Kreisordnung bereits durch die Gesetzgebung der Jahre 1875/76, besonders das Verwaltungsgerichtsgesetz und das Zuständigkeitsgesetz. Als jedoch mit Erlaß des Gesetzes über die Organisation der allgemeinen Landesverwaltung diese zu einem vorläufigen Abschlusse gelangt war, ergab sich das Bedürfnis, die in anderen Gesetzen, namentlich dem Zuständigkeitsgesetze und der Provinzialordnung enthaltenen, auf die Verfassung der Kreise, Amtsbezirke und Gemeinden bezüglichen Anordnungen in die Kreisordnung aufzunehmen und dieser überhaupt eine neue Redaktion zu geben. Diesem Bedürfnis wurde Rechnung getragen durch die Novelle vom 19. März 1881, auf Grund deren eine neue Redaktion der Kreisordnung stattfand. Außerdem sah man von der Ausdehnung der Kreisordnung auf die Provinz Posen ab, indem man das Wort „Posen" aus der Überschrift fortließ und die auf diese Provinz bezüglichen Paragraphen aufhob.

Entsprechend den in der Kreisordnung zur Geltung gelangten Grundsätzen sollte auch die Organisation der Provinzialverbände erfolgen. Nachdem der erste Entwurf in der Session 1873/74 nicht erledigt war, wurde in der folgenden Session 1874/75 dem Landtage ein neuer Entwurf zur Provinzialordnung gleichzeitig mit mehreren auf die allgemeine Landesverwaltung bezüglichen Gesetzen vorgelegt, mit unbedeutenden Änderungen angenommen und am 29. Juni 1875 für die Kreisordnungsprovinzen publiziert.

In der Zusammensetzung der Provinzialvertretungen fielen alle Virilstimmberechtigungen fort, ebenso aber die Wahl der Abgeordneten nach den drei Besitzmassen. Vielmehr ging man davon aus, daß die Provinz nur eine Zusammenfassung mehrerer Kreise sei, und daher die Wahl der Provinzialabgeordneten nur durch die Vertretungen der Kreise erfolgen könne. Jeder Kreistag wählt daher mehrere Abgeordnete in den Provinziallandtag. Dementsprechend werden auch die Bedürfnisse der Provinz durch Verteilung auf die einzelnen Kreisverbände gedeckt. Das Organ für die kommunale Verwaltung der Provinzen bildet der vom Provinziallandtage gewählte, aus Ehrenbeamten bestehende Provinzialausschuß, die laufenden Geschäfte führt ein Landesdirektor mit mehreren ihm zugeordneten Beamten. Außerdem enthielt die Provinzialordnung noch Anordnungen über Bildung des Provinzialrates und der Bezirksräte, welche als Organe der allgemeinen Landesverwaltung dienen sollten. Die diesbezüglichen Bestimmungen kommen aber hier nicht weiter in Betracht, da sie später in das Gesetz über die Organisation der allgemeinen Landesverwaltung übernommen wurden. Eine Novelle zur Provinzialordnung erging am 22. März 1881. Der Zweck derselben war vorzugsweise der, in dem Verwaltungsstreitverfahren den Verwaltungsbehörden stets die Rolle des Beklagten zuzuweisen. Abgesehen hiervon sind die Änderungen nur unerheblicher Natur.

Nach Durchführung der neuen Organisation in den östlichen Provinzen mit Ausnahme von Posen sah sich die Gesetzgebung vor die Aufgabe gestellt, die Reform auf die neuen und die westlichen Provinzen auszudehnen. Dies geschah schrittweise derart, daß eine Kreisordnung und Provinzialordnung für Hannover am 6. bezw. 7. Mai 1884, für Hessen-Nassau am 7. bezw. 8. Juni 1885, für Westfalen am 31. Juli bezw. 1. August 1886 erlassen wurde. Die Abweichungen dieser Kreisordnungen von derjenigen für die östlichen Provinzen bestehen vorzugsweise in den Bestimmungen über die örtliche Polizeiverwaltung. Das Institut der Amtsvorsteher konnte auf den Westen nicht übertragen werden, da diejenige Klasse, welche zur Bekleidung jenes Amtes vermöge ihres Besitzes und ihrer intellektuellen Fähigkeiten ganz besonders geeignet erscheint, der Großgrundbesitz, im Westen nur sehr schwach vertreten ist. Daher wurde die örtliche Polizeiverwaltung des flachen Landes zum Teil im Anschluß an die vorhandenen Zustände in Hannover unter außerordentlicher Verkleinerung der Kreise den Landräten, in Hessen-Nassau den Vorstehern der Landgemeinden, in Westfalen den Vorstehern der bereits bestehenden Samtgemeinden des flachen Landes, der Ämter, übertragen. Im übrigen stimmen die verschiedenen Kreisordnungen wesentlich, zum Teil sogar wörtlich überein.

Ebenso konnte die für die östlichen Provinzen erlassene Provinzialordnung mit einigen unerheblichen Änderungen auf die westlichen Provinzen übertragen werden. Schwierigkeiten bot bloß die Provinz Hessen-Nassau dar, wo bisher nicht die Provinz als solche, sondern die einzelnen, ehemals selbständigen Bestandteile, aus denen sie zusammengesetzt war, kommunale Verbände gebildet hatten. Um den Übergang zu erleichtern, ließ man hier vorläufig zwei Kommunalverbände, einen für jeden Regierungsbezirk, bestehen. Die beiden Kommunallandtage treten jedoch zusammen zum Provinziallandtage für die ganze Provinz betreffende Angelegenheiten.

Während in dieser Session eine Kreis- und Provinzialordnung für die Rheinprovinz zur Beratung gelangt, bleiben also von der Reform vorläufig noch ausgeschlossen die Provinzen Schleswig-Holstein und Posen.

I. Die Kreisordnungen.

A. Gesetz,

betreffend die Abänderung von Bestimmungen der Kreisordnung für die Provinzen Preußen, Brandenburg, Pommern, Posen, Schlesien und Sachsen, vom 13. Dezember 1872 und die Ergänzung derselben. Vom 19. März 1881.

(G.S. v. 1881, S. 155.)

Wir Wilhelm, von Gottes Gnaden König von Preußen 2c. verordnen, mit Zustimmung beider Häuser des Landtags der Monarchie, was folgt:

Artikel I.

Die §§ 3, 4, 7 Ziffer 2, 8 Absatz 5 und 6, 10, 12, 13 Satz 1, 17, 18 Satz 1 und 2, 19, 22, 23 Absatz 2, 25, 30, 31 Absatz 4, 32, 42, 49 Absatz 2, 51 Nr. 1, 56 Absatz 3, 57 Absatz 5 und 6, 61, 62 Absatz 2, 65, 67, 68, 72, 74, 97 Absatz 1 Ziffer 7, 110 Absatz 2, 113, 116 Ziffer 8 Absatz 2, 129, 133, 134 Nr. 3 und 5, 139, 170, 173, 175, 176, 177, 178, 180 und 181 der Kreisordnung für die Provinzen Preußen, Brandenburg, Pommern, Posen, Schlesien und Sachsen vom 13. Dezember 1872 (G.S. S. 661) werden durch nachstehende, den bisherigen Zifferzahlen entsprechende Bestimmungen ersetzt:

Die Änderungen sind im Texte der altländischen Kr.O. berücksichtigt.

Ingleichen werden hinter den §§ 26, 34, 49, 51, 54, 55, 70, 112, 128 und 177 die folgenden neuen §§ 26a, 34a, 49a, 51a, 54a, 55a, 55b, 55c, 70a, 112a, 128a und 177a eingestellt, sowie den §§ 20, 51, 57 und 59 nachstehende Zusätze hinzugefügt:

Die Zusätze sind unten im Texte der Kr.O. beigefügt.

Artikel II.

Wo in der Kreisordnung ein Geldbetrag in der Thalerwährung ausgedrückt ist, tritt der entsprechende Betrag in Reichswährung an die Stelle.

In der Überschrift und der Einleitung der Kreisordnung sind die Worte: „Provinzen Preußen" durch: „Provinzen Ost- und Westpreußen" zu ersetzen, und in den §§ 118 Absatz 4, 125 Absatz 4 und 127 Absatz 3 ist an Stelle der Worte: „der Bezirksregierung" zu setzen: „dem Regierungspräsidenten".

Der sechste Titel enthält die Überschrift: Besondere Bestimmungen für die Provinz Sachsen.

An die Stelle des der Kreisordnung beigefügten Wahlreglements tritt das in der Anlage beigefügte Wahlreglement.

Artikel III.

Das Wort „Posen" in der Überschrift und Einleitung, die §§ 35, 64, 67 Absatz 1, 78, 79 bis 83, 107 Absatz 2, 111 Absatz 2, 135, 137 Absatz 3, 140 bis 163, 165, 182, 187 bis 198 der Kreisordnung, die Klammer (§ 79) am Schlusse der §§ 29 und 60, desgleichen die Klammer (§ 162) im § 164, sowie die Worte: „und 79" im § 31 Absatz 2 a. a. O. kommen in Wegfall.

Artikel IV

ist ersetzt durch das neue Zuständigkeitsgesetz vom 1. August 1883.

Artikel V.

Dieses Gesetz tritt am 1. April 1881 in Kraft.

Der Minister des Innern wird ermächtigt, den Text der Kreisordnung vom 13. Dezember 1872, wie er sich aus den in den Artikeln I, II, III festgestellten Änderungen ergibt, durch die Gesetzsammlung bekannt zu machen.

Artikel VI.

Mit dem im Artikel V bezeichneten Zeitpunkte werden die §§ 44, 46 bis 48, 52 bis 59, 62 bis 73 und 115 des Gesetzes vom 26. Juli 1876, betreffend die Zuständigkeit der Verwaltungsbehörden und der Verwaltungsgerichtsbehörden ꝛc. (G.S. S. 297) aufgehoben.

Ingleichen treten mit dem gedachten Zeitpunkte alle mit den Vorschriften des gegenwärtigen Gesetzes in Widerspruch stehenden Bestimmungen außer Kraft.

Urkundlich unter Unserer Höchsteigenhändigen Unterschrift und beigedrucktem Königlichen Insiegel.

Gegeben Berlin, den 19. März 1881.

B. Bekanntmachung betreffend die Redaktion der Kreisordnung für die Provinzen Ost- und Westpreußen, Brandenburg, Pommern, Schlesien und Sachsen. Vom 19. März 1881.

(G.S. S. 179.)

Auf Grund des Artikels V Absatz 2 des Gesetzes, betreffend die Abänderung von Bestimmungen der Kreisordnung für die Provinzen Preußen, Brandenburg, Pommern, Posen, Schlesien und Sachsen vom 13. Dezember 1872 und die Ergänzung derselben vom 19. März 1881 (G.S. S. 155) wird der Text der Kreisordnung vom 13. Dezember 1872, wie er sich aus den in den Artikeln I, II, III des Gesetzes vom 19. März 1881 festgestellten Änderungen ergibt, nachstehend bekannt gemacht.

Berlin, den 19. März 1881.

Der Minister des Innern.

Im Allerhöchsten Auftrage:
v. Puttkamer.

C. Der Text der Kreisordnungen.

1. Kreisordnung für die Provinzen Ost- und Westpreußen, Brandenburg, Pommern, Schlesien und Sachsen vom 13. Dezember 1872 mit den Abänderungen und Ergänzungen der Novelle vom 19. März 1881 (G.S. v. 1881, S. 180).

2. Kreisordnung für die Provinz Hannover vom 6. Mai 1884 (G.S. v. 1884, S. 181).

3. Kreisordnung für die Provinz Hessen-Nassau vom 7. Juni 1885 (G.S. v. 1885, S. 193).

4. Kreisordnung für die Provinz Westfalen vom 31. Juli 1886 (G.S. v. 1886, S. 217).

Wir Wilhelm, von Gottes Gnaden König von Preußen 2c. verordnen mit Zustimmung beider Häuser des Landtages für die Provinzen Ost- und Westpreußen, Brandenburg, Pommern, Schlesien und Sachsen, was folgt:

In der Eingangsformel der Kreisordnungen für die anderen Provinzen tritt der Name der entsprechenden Provinz ein.

Erster Titel.

Von den Grundlagen der Kreis-Verfassung.

Erster Abschnitt.

Von dem Umfange und der Begrenzung der Kreise.

§ 1. (A., W.)

Die Kreise bleiben in ihrer gegenwärtigen Begrenzung als Verwaltungsbezirke bestehen.

§ 1. (H.)

An die Stelle der bisherigen Kreise und Amtsbezirke treten als Verwaltungsbezirke die in der Anlage A bezeichneten Kreise.

Aus denselben werden unter Abänderung der Ziffer III der Anlage zum Artikel 2 der Verordnung vom 14. September 1867 (Gesetz-Sammlung, Seite 1482), die Wahlbezirke für die Wahlen zum Hause der Abgeordneten gebildet, welche, nebst den Wahlorten und der Zahl der in jedem Bezirk zu wählenden Abgeordneten, das unter B anliegende Verzeichnis ergibt. Die neue Abgrenzung der Wahlbezirke findet zuerst bei der ersten, nach dem Inkrafttreten des gegenwärtigen Gesetzes erfolgenden Neuwahl des Hauses der Abgeordneten Anwendung.

§ 1. (H.-N.)

An die Stelle der bisherigen Kreise treten als Verwaltungsbezirke die in der Anlage A bezeichneten Kreise.

Aus denselben werden, unter Abänderung der Ziffern I und II der Anlage zum Artikel 2 der Verordnung vom 14. September 1867 (Gesetz-Sammlung S. 1482), die Wahlbezirke für die Wahlen zum Hause der Abgeordneten gebildet, welche nebst den Wahlorten und der Zahl der in jedem Bezirke zu wählenden Abgeordneten, das unter B anliegende Verzeichnis ergibt. Die neue Abgrenzung der Wahlbezirke findet zuerst bei der ersten, nach dem Inkrafttreten des gegenwärtigen Gesetzes erfolgenden Neuwahl des Hauses der Abgeordneten Anwendung.

Die auf Grund der Verordnung vom 22. Februar 1867 (Gesetz-Sammlung S. 273) und des Allerhöchsten Erlasses vom 24. Juni 1867 (Gesetz-Sammlung S. 1261) in dem Gebiete des ehemaligen Herzogthums Nassau und des Amtes Homburg, sowie in dem früheren großherzoglich hessischen Kreise Vöhl nebst den Enklaven Eimelrod und Höringhausen und dem früheren bayrischen Bezirke Orb als engere Verwaltungsbezirke bestehenden Amtsbezirke werden aufgehoben.

Die Anlagen zu § 1 (H. u. H.-N.) sind hier nicht mit abgedruckt, da sie nach Durchführung der neuen Kreiseinteilung ohne besonderes Interesse sind. Die neue Einteilung der Kreise in Hannover und einem Teile von Hessen-Nassau war erforderlich, da die Amtsbezirke, in denen bisher der Schwerpunkt der Verwaltung geruht hatte, fortfielen und deshalb eine erhebliche Verkleinerung der Kreise erfolgen mußte.

§ 2. (A., H.-N., W.)

Jeder Kreis bildet nach näherer Vorschrift dieses Gesetzes einen Kommunalverband zur Selbstverwaltung seiner Angelegenheiten mit den Rechten einer Korporation.

§ 2 (H.)

fügt noch hinzu: „Der Kreiskommunalverband ist ein Wegeverband im Sinne des § 30 des hannoverschen Gesetzes über die Gemeindewege und Landstraßen vom 28. Juli 1851 (Hannoversche Gesetz-Sammlung Seite 141).

Unter „Selbstverwaltung seiner Angelegenheiten" ist nur die Kommunalverwaltung des Kreises zu verstehen, wenngleich die Kr.O. auch die allgemeine Landesverwaltung des Kreises und seiner Bestandteile wenigstens zum Teil regelt.

§ 3. (A., H., H.-N., W.)

Die Veränderung bestehender Kreisgrenzen und die Bildung neuer, sowie die Zusammenlegung mehrerer Kreise erfolgt durch Gesetz.

Der Bezirksrat beschließt über die infolge einer solchen Veränderung notwendig werdende Auseinandersetzung zwischen den beteiligten Kreisen, vorbehaltlich der den letzteren gegeneinander zustehenden Klage bei dem Bezirksverwaltungsgerichte.

Veränderungen solcher Gemeinde- oder Gutsbezirksgrenzen, welche zugleich Kreisgrenzen sind, sowie die Vereinigung eines Grundstückes, welches bisher einen Gemeinde- oder Gutsbezirk nicht angehörte, mit einem in einem andern Kreise belegenen Gemeinde- oder Gutsbezirke, ziehen die Veränderung der betreffenden Kreisgrenzen und, wo die Kreis- und Wahlbezirksgrenzen zusammenfallen, auch die Veränderung der letzteren ohne weiteres nach sich.

Eine jede Veränderung der Kreisgrenzen ist durch das Amtsblatt bekannt zu machen.

Zu Abs. 2. Dieser Absatz ist ersetzt durch § 2 des neuen Zuständigkeitsgesetzes: „In den Fällen der Veränderung der Kreisgrenzen und der Bildung neuer Kreise, sowie des Ausscheidens großer Städte aus dem Kreisverbande beschließt der Bezirksausschuß über die Auseinandersetzung der beteiligten Kreise, vorbehaltlich der den letzteren gegeneinander innerhalb zwei Wochen zustehenden Klage bei dem Bezirksausschusse." Die Kr.O.H.,H.-N. und W. ersetzen daher die Worte „Bezirksrat" und „Bezirksverwaltungsgericht" durch „Bezirksausschuß".

Bei der Auseinandersetzung ist die Wahrnehmung des Rechtsstandpunktes wie desjenigen der Zweckmäßigkeit und Billigkeit gleichmäßig zu beobachten. Die Entscheidung des Verwaltungsrichters erfolgt daher nach Recht und Billigkeit in einem schiedsrichterlichen Verfahren. Soweit nicht die Erhaltung der Leistungsfähigkeit des Restkreises und die Sicherung der Kreisgläubiger in Betracht kommen, kann die im öffentlichen Interesse erfolgende Veränderung der Kreisgrenzen niemals zu einem Entschädigungsanspruch wegen Verminderung der Steuerkraft oder Vermehrung der Bedürfnisse führen. Entsch. des O.V.G. vom 28. Februar 1877, Bd. 2, S. 1.

Zu Abs. 4. Kommunalfreie Grundstücke soll es schon nach den Gemeindeordnungen nirgends mehr geben. Sie sind daher durchaus zu beseitigen. Vgl. Ministerialreskript vom 21. Oktober 1876 (M.Bl. d. inn. Verw. v. 1876, S. 261).

§ 4. (A.)

Städte, welche mit Ausschluß der aktiven Militärpersonen eine Einwohnerzahl von mindestens 25000 Seelen haben und gegenwärtig einem Landkreise angehören, sind befugt, für sich einen Kreisverband, Stadtkreis (§ 169), zu bilden und zu diesem Behufe aus dem bisherigen Kreisverbande auszuscheiden.

Auf den Antrag der Stadt wird dieselbe durch den Minister des Inneren für ausgeschieden erklärt.

Durch Königliche Verordnung kann nach Anhörung des Provinziallandtages auch Städten von geringerer Einwohnerzahl auf Grund besonderer Verhältnisse das Ausscheiden aus dem bisherigen und die Bildung eines eigenen Kreisverbandes gestattet werden.

Es ist jedoch zuvor in allen Fällen eine Auseinandersetzung darüber zu treffen, welchen Anteil die ausscheidende Stadt an dem gemeinsamen Aktiv- und Passivvermögen des bisherigen Kreises, sowie an fortdauernden Leistungen zu gemeinsamen Zwecken der beiden neuen Kreise zu übernehmen hat.

Über die Auseinandersetzung beschließt der Bezirksrat vorbehaltlich der den Beteiligten gegeneinander zustehenden Klage bei dem Bezirksverwaltungsgerichte.

§ 4 (H., H.-N.)

citieren in Abs. 1 statt des § 169 die entsprechenden § 101, bezw. § 102.

§ 4 (W.)

ersetzt die Zahl 25000 durch 30000 und citiert statt des § 169 den § 89.

Die Auseinandersetzung hat sich zu erstrecken 1. auf das gemeinsame Aktivvermögen, wie Kreiskommunalfond, Kreisordnungsfond, Chausseebaufond, vorhandenes Chausseebaumaterial, 2. das Passivvermögen, ferner ist 3. zu untersuchen, ob der Stadt etwa eine Teilnahme an fortdauernden Leistungen zu gemeinsamen Zwecken der beiden neuen Kreise aufzuerlegen ist. Das Auseinandersetzungsverfahren darf nicht dazu benutzt werden, etwaige in der Vergangenheit liegende Überbürdungen des Ausscheidenden auszugleichen. Vielmehr soll nur der Anteil bestimmt werden, welchen der Ausscheidende an den Lasten, die auch demnächst noch als gemeinsame betrachtet werden müssen, in Zukunft zu übernehmen hat. Entsch. d. O.V.G. vom 25. November 1880, Bd. 7, S. 61.

Die Chausseen sind ihrer Bestimmung gemäß nicht Erwerbsquelle, die Kreischausseen gehören daher ebensowenig zu dem Aktivvermögen des Kreises wie die Unterhaltungspflicht derselben zu dem Passivvermögen. Dadurch ist jedoch die Möglichkeit einer Auseinandersetzung zwischen der ausscheidenden Stadt und dem Restkreise bezüglich der Chausseeunterhaltungslast um so weniger ausgeschlossen, als die Kreischausseen meist der Stadt in hervorragendem Maße zu gute kommen. Entsch. des O.V.G. vom 27. Juni 1877, Bd. 2, S. 15.

Der Reservefond einer Kreissparkasse gehört nicht zu dem der Teilung unterworfenen Aktivvermögen des Kreises. Damit fällt auch jeder Anspruch der ausscheidenden Stadt auf künftige mögliche Überschüsse aus der Sparkasse. Entsch. des O.V.G. vom 28. Juni 1883, Bd. 10, S. 10.

Zu Abs. 5. Vgl. Anm. zu § 3 Abs. 2.

§ 5. (A., H., H.-N., W.)

Privatrechtliche Verhältnisse werden durch Veränderungen der Kreisgreuzen (§§ 3, 4) nicht berührt.

Zweiter Abschnitt.

Von den Kreisangehörigen, ihren Rechten und Pflichten.

§ 6. (A., H., H.-N., W.)

Angehörige des Kreises sind, mit Ausnahme der nicht angesessenen servisberechtigten Militärpersonen des aktiven Dienststandes, alle diejenigen, welche innerhalb des Kreises einen Wohnsitz haben.

Zu den nicht angesessenen servisberechtigten Militärpersonen gehören auch solche, welche zwar im Kreise Grundbesitz haben, aber daselbst nicht wohnen. Entsch. des O.V.G. vom 18. Oktober 1876, Bd. 1, S. 74.

§ 7. (A., H., H.-N., W.)

Die Kreisangehörigen sind berechtigt:

1. zur Teilnahme an der Verwaltung und Vertretung des Kreises, nach näherer Vorschrift des Gesetzes,
2. zur Mitbenutzung der öffentlichen Einrichtungen und Anstalten des Kreises nach Maßgabe der für dieselben bestehenden Bestimmungen.

§ 8. (A., H., H.-N., W.)

Die Kreisangehörigen sind verpflichtet, unbesoldete Ämter in der Verwaltung und Vertretung des Kreises zu übernehmen.

Zur Ablehnung oder zur früheren Niederlegung solcher Ämter berechtigen folgende Entschuldigungsgründe:

1. anhaltende Krankheit;
2. Geschäfte, die eine häufige oder lange dauernde Abwesenheit vom Wohnorte mit sich bringen;
3. das Alter von 60 Jahren;
4. die Verwaltung eines unmittelbaren Staatsamtes;
5. sonstige besondere Verhältnisse, welche nach dem Ermessen des Kreistages eine gültige Entschuldigung begründen.

Beträgt die Amtsdauer mehr als drei Jahre, so kann das Amt nach Ablauf von drei Jahren niedergelegt werden.

Wer ein unbesoldetes Amt in der Verwaltung oder Vertretung des Kreises während der vorgeschriebenen regelmäßigen Amtsdauer versehen hat, kann die Übernahme desselben oder eines gleichartigen für die nächsten drei Jahre ablehnen.

Wer sich ohne einen der vorbezeichneten Entschuldigungsgründe weigert, ein unbesoldetes Amt in der Verwaltung oder Vertretung des Kreises zu übernehmen oder das übernommene Amt drei Jahre hindurch zu versehen, sowie derjenige, welcher sich der Verwaltung solcher Ämter trotz vorhergegangener Aufforderung seitens des Kreisausschusses thatsächlich entzieht, kann durch Beschluß des Kreistages für einen Zeitraum von drei bis sechs Jahren der Ausübung seines Rechts auf Teilnahme an der Vertretung und Verwaltung des Kreises für verlustig erklärt und um ein Achtel bis ein Viertel stärker als die übrigen Kreisangehörigen zu den Kreisabgaben herangezogen werden.

Gegen den Beschluß des Kreistages findet innerhalb zwei Wochen die Klage bei dem Bezirksverwaltungsgerichte statt.

§ 59 des Landesverwaltungsgesetzes vom 30. Juli 1883 (früher § 13 des Zuständigkeitsgesetzes von 1876) greift in diesem Falle nicht Platz. Entsch. des O.V.G. vom 29. Juni 1885, Bd. 12, S. 6.

Welche Ämter in Abs. 1 gemeint sind, sagt die Kr.O. nicht ausdrücklich. Nur die westfälische Kr.O. verweist in Abs. 1 auf §§ 31, 33, 75, 87 Kr.O., wo die Kreisdeputierten, Mitglieder des Kreistages, des Kreisausschusses und der Kreiskommissionen erwähnt werden. In den östlichen Provinzen wird man auch die Ämter der Gemeindevorsteher und Schöffen darunter verstehen müssen. Vgl. § 25 Kr.O. Das O.V.G. in der Entsch. vom 29. Juni 1885, Bd. 12, S. 6 und vom 22. April 1885, Bd. 12, S. 35 rechnet dazu auch das Amt des Amtsvorstehers und des Amtsvorsteher-Stellvertreters. Dagegen gehört nicht hierhin das Amt des Gutsvorstehers. Denn die Verpflichtung zur Verwaltung dieses Amtes folgt nicht sowohl aus der Kreisangehörigkeit wie aus dem privatrechtlichen Eigentume am Gutsbezirke. Die Verpflichtung geht auch nicht auf persönliche Verwaltung des Amtes, sondern auf Fürsorge für die Verwaltung. Mit solchem Inhalte ist die Pflicht weder an eine bestimmte Zeitdauer geknüpft, sondern an den Besitz des Gutes, noch können die Entschuldigungsgründe des § 8 von derselben entbinden. Entsch. des O.V.G. vom 29. März 1879, Bd. 5, S. 110. Eine Weigerung ist nur da vorhanden, wo bereits eine bestimmte Willensäußerung der zur Übertragung des Amtes berufenen Stelle vorliegt. Entsch. des O.V.G. vom 29. Juni 1885, Bd. 12, S. 6.

Darüber, ob die Amtsniederlegung als eine berechtigte anzusehen ist, hat der Kreisausschuß zu befinden. Entsch. des O.V.G. vom 26. Mai 1883, Bd. 10, S. 371.

Zu Abs. 6. An die Stelle des Bezirksverwaltungsgerichts ist der Bezirksausschuß getreten. Die Kr.O.H., H.-N. und W. führen daher im Texte diesen statt des Bezirksverwaltungsgerichts an.

§ 9. (A.)

Die Kreisangehörigen sind verpflichtet, zur Befriedigung der Bedürfnisse des Kreises Abgaben aufzubringen, insofern der Kreistag nicht beschließt, diese Bedürfnisse aus dem Vermögen des Kreises oder aus sonstigen Einnahmen zu bestreiten. (§ 116 Nr. 3.)

§ 9. (H., H.-N., W.)

citieren statt des § 116 Nr. 3 die entsprechenden § 73 Nr. 3 bezw. § 74 Nr. 3 und § 61 Nr. 3.

Nicht zutreffend ist die Annahme, daß hiernach nur Kreisangehörige beitragspflichtig seien. Es dürfen zwar außer diesen auch die in § 14 Kr.O. genannten Personen herangezogen werden. Daraus folgt jedoch nicht, daß zu den Kreisabgaben auch diejenigen Einwohner einer Gemeinde beitragspflichtig seien, welche, ohne in derselben einen Wohnsitz zu haben, wegen ihres zeitigen Aufenthalts daselbst zu den persönlichen Staatssteuern veranlagt sind. Entsch. des O.V.G. vom 18. Oktober 1876, Bd. 1, S. 74; vom 4. April 1881, Bd. 8, S. 17.

§ 10. (A., H.-N., W.)

Die Verteilung der Kreisabgaben darf nach keinem andern Maßstabe, als nach dem Verhältnisse der von den Kreisangehörigen zu entrichtenden direkten Staatssteuern, und zwar nur durch Zuschläge zu denselben, bezw. zu den nach §§ 14 und 15 zu ermittelnden fingierten Steuersätzen der Forensen, juristischen Personen 2c. erfolgen.

Die Grund-, Gebäude- und die von dem Gewerbebetriebe auf dem platten Lande aufkommende Gewerbesteuer der Klasse A. I. ist hierbei mindestens mit der Hälfte und höchstens mit dem vollen Betrage desjenigen Prozentsatzes heranzuziehen, mit welchem die Klassen- und klassifizierte Einkommensteuer belastet wird. Im Übrigen kann die Gewerbesteuer von der Heranziehung ganz frei gelassen, darf aber keinesfalls dazu mit einem höheren Prozentsatze, als die Grund- und Gebäudesteuer herangezogen werden. Ausgeschlossen von der Heranziehung bleibt die Gewerbesteuer vom Hausirergewerbe.

Die erste Stufe der Klassensteuer (§ 7 des Gesetzes vom 1. Mai 1851 / 25. Mai 1873 G.-S. 1873, S. 213 ff.) kann von der Heranziehung zu den Kreisabgaben ganz freigelassen oder dazu mit einem geringeren Prozentsatze, als die übrigen Stufen der Klassensteuer und die klassifizierte Einkommensteuer herangezogen werden. Bei den Vorschriften des § 9a des oben erwähnten Gesetzes behält es sein Bewenden.

§ 10 (H.)

fügt noch hinzu: „In Beziehung auf die Verteilung der Wegeverbandslasten (§ 2) bleibt es auch fernerhin bei den bisherigen gesetzlichen Bestimmungen."

Die Kreisabgaben sind in Form von Zuschlägen zu allen direkten Staatssteuern, sei es den staatlicherseits veranlagten, sei es zu den von den Kreisen fingiert zu veranlagenden Prinzipalsteuern aufzubringen. Entsch. des O.V.G. vom 28. Oktober 1878, Bd. 4, S. 60; vom 9. Februar 1885, Bd. 11, S. 22. Es können also als Abgaben erhoben werden a. eine nach der Klassen- und klassifizierten Einkommensteuer, b. eine nach der Grund- und Gebäudesteuer, c. eine nach der Gewerbesteuer bemessene Abgabe. Jede dieser Abgaben folgt besonderen Regeln und ist daher wie die ihr zu Grunde liegenden Staatssteuern als eine besondere

Steuer im Sinne des Ges. vom 18. Juni 1840 (G.S. S. 140) anzusehen. Entsch. des O.V.G. vom 3. November 1877, Bd. 3, S. 11; vom 2. Dezember 1880, Bd. 7, S. 77.

§ 10 bezieht sich lediglich auf die Verteilung, nicht auf die Einziehung der Kreisabgaben. Es läßt sich also daraus die Bestimmung der Termine nicht herleiten.

Es darf nicht das Staatssteuersoll eines früheren Jahres als das des betr. Etatsjahres, für welches die Kreisabgaben erhoben werden, zu Grunde gelegt werden. Entsch. des O.V.G. vom 19. Mai 1881, Bd. 7, S. 115.

Ebenso wie bei den staatlichen können auch bei den Kreisabgaben Grundsteuern sowohl bei gänzlicher Übergehung wie bei zu geringem Ansatze, andere Steuern nur bei gänzlicher Übergehung nachgefordert werden.

Wenn nach den Finanz-Ministerial-Erlassen vom 22. Juli und 11. November 1882 (M.Bl. d. inn. Verw. S. 272) die städtischen Wasserwerke zur staatlichen Gewerbesteuer nicht mehr herangezogen werden, so folgt daraus nicht ihre Befreiung von den Kreisabgaben. Vielmehr behalten die Kreise das Besteuerungsrecht nach einer fingierten Gewerbesteuer. Entsch. des O.V.G. vom 11. Oktober 1883, Bd. 10, S. 61.

§ 11. (A., H., H.-N.)

Unter Anwendung des nach diesen Grundsätzen (§ 10) vom Kreistage beschlossenen Verteilungsmaßstabes wird das Kreisabgabensoll für die einzelnen Gemeinden und selbstständigen Gutsbezirke im ganzen berechnet und denselben zur Unterverteilung auf die einzelnen Steuerpflichtigen nach demselben Maßstabe zur Einziehung, sowie zur Abführung im ganzen an die Kreiskommunalkasse überwiesen.

Den Städten bleibt die Beschlußnahme darüber, wie ihre Anteile an den Kreisabgaben aufgebracht werden sollen, vorbehalten.

§ 11 (W.)

ersetzt den Abs. 2 durch folgenden Passus: „Doch bleibt den Gemeinden die Beschlußnahme, ihre Anteile an den Kreisabgaben in anderer Weise aufzubringen, vorbehalten.“

Bei Berechnung des den Gemeinden zu überweisenden Kreisabgabensolls sind die gesetzlich zulässigen Befreiungen der unmittelbaren und mittelbaren Staatsbeamten derart zu berücksichtigen, daß die Steuer einer Stadt, soweit sie auf die unmittelbaren und mittelbaren Staatsbeamten entfällt, nicht im ganzen, sondern nur bis zum Betrage des nach § 18 Kr.O. beitragspflichtigen Prozentsatzes in Anrechnung gebracht werden darf. Unrichtig ist die Ansicht, daß die Gemeinden zur Tragung der hiernach ausfallenden Beträge ebenso verpflichtet seien wie zu derjenigen der infolge von Veränderungen in den steuerpflichtigen Personen und Objekten sich ergebenden Abgänge. Entsch. des O.V.G. vom 2. Mai 1876, Bd. 1, S. 27.

Aus den Worten „im ganzen“ kann bezüglich des Zeitpunkts der Entrichtung der Kreisabgaben nichts gefolgert werden. Die Kreise können die Entrichtung des ganzen Jahresbeitrages auf einmal oder in Raten verlangen. Entsch. des O.V.G. vom 5. Februar 1880, Bd. 6, S. 41.

Das Einkommen eines Gewerbtreibenden (Eisenbahnunternehmers), dessen Betriebsstätte sich über mehrere Gemeindebezirke erstreckt, kann nicht zu den Kreisabgaben unmittelbar herangezogen werden. Vielmehr sind die auf den Gewerbtreibenden entfallenden Beträge dem Kreisabgabensoll der betr. Gemeinden hinzuzurechnen und diesen im ganzen zu überweisen. Entsch. des O.V.G. vom 12. September 1881, Bd. 8, S. 30.

Die für die Landgemeinden und selbständigen Gutsbezirke berechneten Anteile sind unter Anwendung des allgemeinen Kreisabgabenmaßstabes auf die einzelnen Steuerpflichtigen zu verteilen. Die Reklamationsbefugnis derselben richtet sich deshalb auch unmittelbar gegen den Kreis. Dasselbe gilt von den Forensen und juristischen Personen, welche von der ihnen in Abs. 2 eingeräumten Befugnis keinen Gebrauch gemacht haben. Entsch. des O.V.G. vom 12. September 1876, Bd. 1, S. 62.

Der § 11 bezieht sich nicht nur auf die von den Kreisangehörigen zu entrichtenden Kreisabgaben, sondern auch auf die der Forensen, juristischen Personen u. s. w. Die unmittelbare Einforderung der Kreisabgaben von denselben ist zwar formell nicht richtig, aber materiell unschädlich, soweit es sich um das platte Land handelt (nach der W.Kr.O. auch hier nicht). Entsch. des O.V.G. vom 19. Mai 1870, Bd. 5, S. 52.

Auch im Falle des Abs. 2 bleiben die einzelnen Kreisabgabenpflichtigen die Censiten, die Stadtgemeinde tritt nicht an deren Stelle als alleinige Censitin. Das in § 36 Abs. 3 des Ges. vom 1. Mai 1851 ausgesprochene Verbot der Berücksichtigung der Ab- und Zugänge an dem Einkommen während des Jahres hat daher für die Stadt keine Bedeutung. Entsch. des O.V.G. vom 9. Dezember 1878, Bd. 4, S. 55.

§ 12. (A.)

Der Maßstab, nach welchem die Kreisabgaben zu vertheilen sind, ist für jeden Kreis bis zum 30. Juni 1874 ein für allemal festzustellen und demnächst unverändert zur Anwendung zu bringen. Der Kreistag ist jedoch befugt, hierbei zu den Kreisabgaben für Verkehrsanlagen die Grund- und Gebäudesteuer, sowie die von dem Gewerbebetriebe auf dem platten Lande aufkommende Gewerbesteuer der Klasse A. I. innerhalb der im § 10 festgesetzten Grenzen mit einem höheren Prozentsatze als zu den übrigen Kreisabgaben heranzuziehen, beziehungsweise nach Maßgabe des § 10 Absatz 3 die erste Stufe der Klassensteuer von der Heranziehung zu diesen Kreisabgaben ganz freizulassen oder dazu mit einem geringeren Prozentsatze heranzuziehen.

Kommt ein gültiger Kreistagsbeschluß über den Verteilungsmaßstab innerhalb der festgesetzten Zeit nicht zu stande, so werden bis zur Herbeiführung dieses Beschlusses die Kreisabgaben auf die sämtlichen direkten Staatssteuern, mit Ausschluß der Hausierergewerbesteuer, nach Maßgabe des § 10 Absatz 1 gleichmäßig verteilt.

Der Kreistag kann den festgestellten Maßstab von fünf zu fünf Jahren einer Revision unterziehen.

Wo gegenwärtig mit Königlicher Genehmigung zu bestimmten Zwecken Kreisabgaben nach besonderer Verteilungsart erhoben werden, behält es dabei bis zum 31. Dezember 1875 sein Bewenden, sofern nicht der Kreistag schon in der Zwischenzeit auch hierfür den Übergang zu dem, nach dem gegenwärtigen Gesetze festgestellten Maßstabe für die Verteilung der Kreisabgaben beschließt. Vom 1. Januar 1876 ab tritt der nach diesem Gesetze festzustellende Maßstab (Absatz 1 und 2) auch für die bezeichneten Abgaben von selbst in Kraft.

§ 12 (H., H.-N., W.)

ersetzt in Abs. 1 die Worte: „bis zum 30. Juni 1874“ durch „innerhalb 18 Monaten“ und läßt Abs. 4 fort.

Zu Abs. 1. Die Verbindlichkeit der Kreistagsbeschlüsse über die Beitragspflicht ist durch Veröffentlichung ihres Inhalts bezw. der etwa erforderlichen ministeriellen Bestätigung nicht bedingt. Entsch. des O.V.G. vom 25. Oktober 1880, Bd. 7, S. 49.

§ 13. (A., H.-N., W.)

Sofern es sich um Kreiseinrichtungen handelt, welche in besonders hervorragendem oder in besonders geringem Maße einzelnen Kreisteilen zu gute kommen, kann der Kreistag beschließen, für die Kreisangehörigen dieser Kreisteile eine nach Quoten der Kreisabgaben zu bemessende Mehr- oder Minderbelastung eintreten zu lassen. Die Mehrbelastung kann nach Maßgabe der Beschlüsse des Kreistages durch Naturalleistungen ersetzt werden.

§ 13 (H.)

fügt hinter den Worten: „nach Quoten der Kreisabgaben" ein: „oder, sofern es sich um Wegeverbandsumlagen nach § 34 des Hannoverschen Gesetzes vom 28. Juli 1851 handelt, nach solchen".

Der Ausdruck „Kreiseinrichtung" bezieht sich auch auf solche Fälle, wo der Kreis nicht ins Leben ruft, sondern nur subventioniert. Entsch. des O.V.G. vom 22. April 1885, Bd. 12, S. 27.

Auf die Behauptung, daß die Ungleichheit der Besteuerung gesetzwidrig eingeführt sei, kann die Steuerüberbürdungsklage gestützt werden, nicht aber darauf, daß der Kreistag die Ungleichheit zu Unrecht nicht beschlossen habe. Entsch. des O.V.G. vom 5. Januar 1878, Bd. 3, S. 42.

§ 14. (A., H., H.-N., W.)

Diejenigen physischen Personen, welche, ohne in dem Kreise einen Wohnsitz zu haben, beziehungsweise in demselben zu den persönlichen Staatssteuern veranlagt zu sein, in demselben Grundeigentum besitzen, oder ein stehendes Gewerbe, oder außerhalb einer Gewerkschaft Bergbau betreiben (Forensen), mit Einschluß der nicht im Kreise wohnenden Gesellschafter einer offenen Handelsgesellschaft oder einer Kommanditgesellschaft (Artikel 85 und 150 des Allgemeinen deutschen Handelsgesetzbuches) sind verpflichtet, zu denjenigen Kreisabgaben beizutragen, welche auf den Grundbesitz, das Gewerbe, den Bergbau oder das aus diesen Quellen fließende Einkommen gelegt werden.

Ein Gleiches gilt von den juristischen Personen, von den Kommanditgesellschaften auf Aktien und Aktiengesellschaften (Artikel 173 und 207 des Handelsgesetzbuches), sowie Berggewerkschaften, welche im Kreise Grundeigentum besitzen oder ein stehendes Gewerbe oder Bergbau betreiben.

Der Fiskus kann zu den Kreisabgaben wegen seines aus Grundbesitz, Gewerbe- und Bergbaubetrieb fließenden Einkommens nicht herangezogen, dagegen mit der Grund- und Gebäudesteuer um die Hälfte desjenigen Prozentsatzes stärker belastet werden, mit welchem die Klassen- und klassifizierte Einkommensteuer dazu herangezogen wird. Im Falle des § 12 (Absatz 2) tritt diese Belastung auch ohne Beschluß des Kreistags ein.

Bergwerksbesitzer, welche in dem Umfange ihres Bergwerksbetriebes den in der Klasse A. I. der Gewerbesteuer veranlagten Gewerbetreibenden gleichstehen, sind zu den Steuersätzen der Klasse A. I. einzuschätzen und nach Maßgabe dieser Einschätzung zu den Kreisabgaben heranzuziehen.

Zu Abs. 1. „Forensen" sind nur die physischen Personen, welche in dem Kreise Grundeigentum, aber keinen Wohnsitz haben. Von den juristischen Personen ist in Abs. 2 besonders die Rede. Entsch. des O.V.G. vom 30. Juni 1876, Bd. 1, S. 126.

Wo von „Besitz von Grundeigentum" die Rede ist, ist immer nur der Eigentümer gemeint. Entsch. des O.V.G. vom 17. Januar 1877, Bd. 2, S. 89; vom 27. März 1882, Bd. 8, S. 57.

Voraussetzung der Abgabenpflicht der Forensen vom Gewerbe ist der Gewerbebetrieb seitens derselben zur Zeit der Veranlagung zu den Kreisabgaben. Ist also die Veranlagung im Laufe des Etatsjahres erfolgt, und der Gewerbebetrieb schon vorher eingestellt worden, so kann gegen den Gewerbetreibenden für die Folgezeit ein Besteuerungsrecht nicht mehr geltend gemacht werden. Entsch. des O.V.G. vom 11. Dezember 1879, Bd. 6, S. 28.

Der Ausdruck: „Das aus diesen Quellen fließende Einkommen" ist hinsichtlich derjenigen Forensen, welche in einem andern Kreise nach ihrem Einkommen abgabenpflichtig sind, nicht im objektiven

Sinne, sondern als ein Teil des persönlichen freien Einkommens aufzufassen. Entsch. des O.V.G. vom 16. Mai 1877, Bd. 2, S. 56.

Zu den in Abs. 1 bezeichneten Personen gehören auch die Standesherren. Sie sind nach § 15 Kr.O. nach einer fingierten Staatssteuer einzuschätzen. Denn das Kreisabgabensystem oer Kr.O. ist kein reines Steuerzuschlagssystem. Es durchbricht letzteres durch die vollständig selbständigen Grundsätze der forensischen Real- und Personalbesteuerung, welche zwar hinsichtlich der Einschätzungsnormen, nicht aber hinsichtlich der Steuerpflicht dem Staatssteuersystem angepaßt sind. Entsch. des O.V.G. vom 9. Mai 1876, Bd. 1, S. 33.

Zu Abs. 2. Es wird nicht unterschieden zwischen juristischen Personen, deren Einkommen öffentlichen, und solchen, deren Einkommen privaten Zwecken dient. Das Einkommen der juristischen Personen (mit Ausnahme des Fiskus) ist daher ohne Unterschied der Zweckbestimmung der Kreisbesteuerung unterworfen. Entsch. des O.V.G. vom 11. November 1876, Bd. 1, S. 81.

Gewerbe ist jede Art erwerbender Thätigkeit, insbesondere auch Handel und Pachtung. Zur Erläuterung des Begriffs ist auf die Steuergesetzgebung zurückzugehen (§§ 19 und 30 des Ges. vom 1. Mai 1851 — G.S. S. 193). Pächter sind daher Gewerbtreibende im Sinne des § 14 Kr.O. Nur wenn der Eigentümer sein Grundeigentum selbst bewirtschaftet, wird nicht unterschieden zwischen der Grundrente und dem aus der eigenen Thätigkeit fließenden Gewinn. Entsch. des O.V.G. vom 31. Januar 1877, Bd. 2, S. 33.

Ältere Privilegien von Korporationen u. s. w., betreffend die Befreiung von den Kreisabgaben, sind durch die Kr.O. beseitigt. Entsch. des O.V.G. vom 19. Januar 1880, Bd. 6, S. 33.

Eine Fabrik, welche außerhalb des Kreises ein Kontor zum Vertriebe ihrer Fabrikate hat, muß hinsichtlich der Einschätzung des Einkommens zu den Kreisabgaben als ein Unternehmen angesehen werden, dessen Einnahme sich aus Fabrikation und Handel zusammensetzt. Es hat daher eine Verteilung des Gesamteinkommens auf beide Geschäftszweige stattzufinden. Entsch. des O.V.G. vom 11. Dezember 1879, Bd. 6, S. 28.

Bei Berechnung des steuerpflichtigen Einkommens aus Eisenbahnunternehmen kommen die Rücklagen in den Reservefond als Ausgaben nicht in Abzug, wohl aber die Rücklagen in den Erneuerungsfond. Entsch. des O.V.G. vom 22. September 1881, Bd. 8, S. 68.

Von dem Einkommen einer Gemeinde aus Grundbesitz kommen die Zinsen des bestimmungsmäßig zur Rückzahlung der konnexen Hypothekenschulden verwendeten Teiles einer auf dem gesamten

Gemeindevermögen ruhenden Anleiheschuld nicht in Abzug. Entsch. des O.V.G. vom 27. Oktober 1882, Bd. 9, S. 23.

Unter den Begriff der „Berggewerkschaften" fallen nicht die Bergwerksgesellschaften oder überhaupt alle Bergwerksbesitzer, soweit sie nicht Einzelbesitzer sind. Entsch. des O.V.G. vom 23. Juni 1881, Bd. 8, S. 27.

Zu Abs. 3. Die Steuerpflicht des Fiskus ist nicht ausschließlich durch Abs. 3 geordnet. Er kann zwar nicht zur Kreiseinkommensteuer, statt dessen jedoch mit erhöhten Zuschlägen zur Grund- und Gebäudesteuer herangezogen werden; steht aber im übrigen den anderen juristischen Personen gleich. Insbesondere ist also der Fiskus vom stehenden Gewerbe steuerpflichtig. Entsch. des O.V.G. vom 27. Juni 1876, Bd. 1, S. 43; vom 12. Dezember 1878, Bd. 4, S 72.

Gymnasien sind nach § 54 II, 12 A. L.-R. juristische Personen. Ihre Grundstücke sind daher zu den Kreisabgaben nicht wie die des Fiskus, sondern wie die der juristischen Personen heranzuziehen. Entsch. des O.V.G. vom 3. November 1877, Bd. 3, S. 11.

Zu Abs. 4. Die Einschätzung der Bergwerksbesitzer zu einer fingierten Gewerbesteuer darf nach höheren Sätzen als dem für den ganzen Gewerbesteuerbezirk überall gleichmäßig feststehenden Mittelsatze erfolgen. Entsch. des O.V.G. vom 24. Juni 1878, Bd. 4, S. 26.

Eine Gewerkschaft, welche von ihrem, über mehrere Kreise sich erstreckenden Hüttenbetriebe nur in einem derselben zur Staatssteuer veranlagt ist, kann doch zu den in diesem Kreise auf das Gewerbe gelegten Kreisabgaben nur insoweit herangezogen werden, als das Gewerbe innerhalb seiner Grenzen betrieben wird. Entsch. des O.V.G. vom 16. September 1880, Bd. 7, S. 34.

§ 15. (A., H., H.-N., W.)

Die Einschätzung der Forensen, der Bergwerksbesitzer, der Kommanditgesellschaften auf Aktien, der Aktiengesellschaften und der juristischen Personen zu den Kreisabgaben erfolgt, soweit sie zu den, der Verteilung der letzteren zum Grunde gelegten Staatssteuern (§ 10) nicht schon unmittelbar herangezogen sind, von dem Kreisausschuß nach den für die Veranlagung dieser Staatssteuern bestehenden gesetzlichen Vorschriften unter Anwendung des für die Kreisabgaben bestimmten Anteilsverhältnisses.

Der Kreisausschuß hat nach § 15 eine doppelte Aufgabe:
a. Die prozentuale Heranziehung der Forensen, juristischen Per-

sonen u. s. w. zu den Kreisabgaben nach Maßgabe der der Verteilung derselben zu Grunde gelegten Staatssteuern, sofern die gedachten Kreisabgabenpflichtigen zu solchen veranlagt sind; b. falls letztere Voraussetzung nicht zutrifft, auch die Einschätzung der betr. Abgabenpflichtigen zu den Prinzipalsteuersätzen nach den für die Veranlagung dieser Staatssteuern bestehenden gesetzlichen Vorschriften. Entsch. des O.V.G. vom 27. Juni 1878, Bd. 4, S. 37.

Die Annahme der zuständigen Staatsbehörde, daß ein Grundstück wegen der Benutzung zu öffentlichen Zwecken ein ertragloses und daher nicht steuerpflichtig sei, steht der Heranziehung zu den Kreisabgaben nicht entgegen. Entsch. des O.V.G. vom 15. Dezember 1877, Bd. 3, S. 25.

Als Einkommen aus Grundstücken, welche verpachtet sind, ist der jeweilige Pachtzins unter Heranziehung etwaiger Nebenleistungen und vorbehaltener Nutzungen, andererseits unter Abrechnung der dem Verpächter verbleibenden Lasten zu berechnen. Entsch. des O.V.G. vom 16. Mai 1877, Bd. 2, S. 47.

Wenn jemand wegen eines außerhalb seines Domizilkreises belegenen Grundbesitzes, aus welchem er sein gesamtes Einkommen bezieht, zur Staatssteuer in einer bestimmten Stufe herangezogen ist, so hat der Forensalkreis bei der Heranziehung zu den Kreisabgaben nicht das Recht, für die Besteuerung des Censiten einen selbständig gefundenen Staatssteuersatz zu Grunde zu legen. Entsch. des O.V.G. vom 9. Februar 1885, Bd. 11, S. 22.

§ 16. (A., H., H.-N., W.)

Niemand darf von demselben Einkommen in verschiedenen Kreisen zu den Kreisabgaben herangezogen werden. Es muß daher dasjenige Einkommen, welches einem Abgabenpflichtigen aus seinem außerhalb des Kreises belegenen Grundeigentume, oder aus seinem außerhalb des Kreises stattfindenden Gewerbe oder Bergbaubetriebe zufließt, bei Feststellung des im Kreise zu veranlagenden Einkommens desselben außer Berechnung gelassen werden. Dies geschieht durch Absetzung der bezüglichen Einkommensquote von dem zur Staatssteuer veranlagten Gesamteinkommen und durch verhältnismäßige Herabsetzung des festgestellten Steuersatzes.

Zweck dieses § ist es, gegenüber der in §§ 14 und 15 geregelten forensischen Besteuerung eine doppelte Besteuerung desselben Einkommens in derselben Person auszuschließen. Das aus dem auswärtigen Kreise stammende Einkommen ist von vornherein außer Berechnung zu lassen. Wie dies zu geschehen hat, ist in Satz 3 genau erläutert. Entsch. des O.V.G. vom 10. Mai 1883, Bd. 10, N. 51.

Als eine unzulässige Doppelbesteuerung ist es nicht anzusehen, wenn neben dem Einkommen einer im Kreise Bergbau treibenden Gewerkschaft auch noch das Einkommen eines einzelnen Kreisangehörigen aus Kuxen eben dieser Gewerkschaft herangezogen wird. Entsch. des O.V.G. vom 26. September 1878, Bd. 4, S. 48.

Was das „zur Staatssteuer veranlagte Gesamteinkommen" betrifft, so kommt es nicht auf die Steuerstufe, sondern auf das in bestimmte Zahlen ausgedrückte Einkommen an. Entsch. des O.V.G vom 20. November 1879, Bd. 6, S. 5.

§ 17. (A., H., H.-N., W.)

Die dem Staate gehörigen, zu einem öffentlichen Dienste oder Gebrauche bestimmten Liegenschaften und Gebäude, die Königlichen Schlösser, sowie die im § 4 zu c und d des Gesetzes vom 21. Mai 1861, betreffend die anderweite Regelung der Grundsteuer (G.-S. S. 253), im Artikel I des Gesetzes vom 12. März 1877 (G.-S. S. 19) und im § 3 zu 2 bis 6 des Gesetzes vom 21. Mai 1861, betreffend die Einführung einer allgemeinen Gebäudesteuer (G.-S. S. 317), bezeichneten Grundstücke und Gebäude sind von den Kreislasten befreit.

Die Bestimmung zu einem öffentlichen Dienste oder Gebrauche kann nicht nur von dem Verfügungsberechtigten ausgehen, sondern auch auf dem Gesetze beruhen. Fiskalische Weidenanpflanzungen an Strömen fallen nicht unter diesen Begriff. Sie liefern insofern einen Reinertrag, als sie dem Fiskus infolge des Gewinns an Materialien zu den Strombauten die Ausgaben wegen anderweiten Ankaufs ersparen. Entsch. des O.V.G. vom 9. Dezember 1876, Bd. 1, S. 87.

Die dem Reichsfiskus gehörigen Exerzierplätze und Artillerieschießplätze sind befreit, auch wenn nebenbei noch eine gewisse anderweite Nutzung stattfindet, die einen mäßigen Reinertrag abwirft. Entsch. des O.V.G. vom 3. Januar 1877, Bd. 2, S. 23.

Häfen sind als im Eigentum des Staates befindliche und zum öffentlichen Gebrauche bestimmte Liegenschaften von Kreisabgaben befreit. Es ist dabei gleichgiltig, ob das Eigentum ein gemeines oder ein besonderes ist. Entsch. des O.V.G. vom 15. Dezember 1877, Bd. 3, S. 25.

Der Postbetrieb ist ein öffentlicher Dienst und findet „zum gemeinen Besten" statt. Dagegen hat das Transportgeschäft der

Eisenbahnen geschichtlich von dem Privatgewerbe seinen Ausgang genommen. Der Staat ist also in dieser Beziehung vorzugsweise Privattransportunternehmer. Nur soweit die für diesen Gewerbebetrieb bestimmten Gebäude zu Dienstwohnungen für Staatsbeamte dienen, sind sie von Kreisabgaben befreit. Entsch. des O.V.G. vom 16. Februar 1878, Bd. 4, S. 11.

Der § 17 Kr.O. statuiert lediglich eine dingliche Befreiung von der Kreisabgabenpflicht', schließt mithin eine Besteuerung der Besitzer von den auf jenen Grundstücken betriebenen Gewerbe nicht aus. Entscheidung des O.V.G. vom 11. Oktober 1883, Bd. 10, S. 61.

§ 18. (A., W.)

Bis zur anderweiten gesetzlichen Regelung bleiben die Dienstgrundstücke der Geistlichen, Kirchendiener und Elementarschullehrer gleichfalls von den Kreislasten befreit. Auch ist bis zu dieser Regelung die Besteuerung des Diensteinkommens der unmittelbaren und mittelbaren Staatsbeamten nur nach Maßgabe der §§ 2 und 3 des Gesetzes vom 11. Juli 1822 (G.-S. S. 184) und nur insoweit zulässig, als die Beiträge derselben zu den Bedürfnissen der Gemeinden ihres Wohnorts nicht bereits das in den gedachten Gesetzesvorschriften bestimmte Maximum erreichen, und auch dann nur innerhalb der Grenzen der letzteren. Ebenso findet der § 10 des Gesetzes vom 11. Juli 1822 auf die Heranziehung zu den Kreisabgaben Anwendung.

§ 18 (H., H.-N.)

citieren statt der §§ 2 und 3, beziehungsweise des § 10 des Gesetzes vom 11. Juli 1822 die §§ 4 und 5 der Verordnung vom 23. September 1867 (Gesetz-Sammlung S. 1648), beziehungsweise den § 1 dieser Verordnung. In § 18 (H.) wird außerdem hinter dem Worte: „Elementarschullehrer" eingefügt: „sowie die zu den Wittümern der betreffenden Dienststellen gehörigen Grundstücke".

Das den Geistlichen zustehende Sonderrecht kommt auch deren Hinterbliebenen für die während des Gnadenjahres aus der Pfarre bezogenen Einkünfte zu gute. Entsch. des O.V.G. vom 17. März 1881, Bd. 7, S. 104.

Die Befreiung der Pfarrgrundstücke erstreckt sich auch auf die von den Pfarrpächtern und deren ländlichem Gesinde bewohnten sog. Pfarr-Insthäuser. Entsch. des O.V.G. vom 21. April 1881, Bd. 8, S. 23.

§ 19. (A.)

Auf Beschwerden und Einsprüche, betreffend:

1) das Recht zur Mitbenutzung der öffentlichen Einrichtungen und Anstalten des Kreises,
2) die Heranziehung oder die Veranlagung zu den Kreisabgaben,

beschließt der Kreisausschuß.

Beschwerden und Einsprüche der zu 2 gedachten Art sind innerhalb einer Frist von zwei Monaten nach erfolgter Bekanntmachung der Abgabebeträge bei dem Kreisausschusse anzubringen. Einsprüche gegen die Höhe von Kreiszuschlägen zu den direkten Staatssteuern, welche sich gegen den Prinzipalsatz der letzteren richten, sind unzulässig.

Gegen den Beschluß des Kreisausschusses findet innerhalb zwei Wochen die Klage bei dem Bezirksverwaltungsgerichte statt. Hierbei ist die Zuständigkeit der Verwaltungsgerichte auch insoweit begründet, als bisher durch § 79, Titel 14, Teil II Allgemeinen Landrechts, beziehungsweise §§ 9, 10 des Gesetzes über die Erweiterung des Rechtsweges vom 24. Mai 1861 (G.-S. S. 241) oder sonstige bestehende Vorschriften der ordentliche Rechtsweg für zulässig erklärt war.

Die Beschwerden und die Einsprüche, sowie die Klagen haben keine aufschiebende Wirkung.

§ 19 (H., H.-N., W.)

fügen als letzten Absatz hinzu: „Gegen die Entscheidung des Bezirksausschusses ist nur das Rechtsmittel der Revision zulässig (§ 3 des Gesetzes vom 1. August 1883, Gesetz-Sammlung Seite 237)" und ersetzen in Abs. 3 die Worte „Bezirksverwaltungsgerichte" bezw. „Verwaltungsgerichte" durch „Bezirksausschusse" bezw. „Verwaltungsgerichtsbehörden."

Dieser Zusatz beruht auf dem neuen Zuständigkeitsgesetze vom

1. August 1883 und gilt auch für die östlichen Provinzen, obgleich er in die Kr.O. für dieselben nicht aufgenommen ist.

Das Verwaltungsstreitverfahren wird nicht für eine Erörterung und Feststellung der Abgabenpflichtigkeit im Prinzip, sondern lediglich für den einzelnen Fall der Heranziehung und Veranlagung eröffnet. Entsch. des O.V.G. vom 9. Dezember 1876, Bd. 1, S. 87.

Über die Grundsätze der Veranlagung hat der Verwaltungsrichter nicht zu entscheiden. Entsch. des O.V.G. vom 3. November 1877, Bd. 3, S. 11.

Einsprüche und Klagen gegen die Heranziehung zu den Kreisabgaben können auch auf die Behauptung der Rechtsungiltigkeit eines der Abgabenforderung zu Grunde liegenden, von der Aufsichtsbehörde bestätigten Kreistagsbeschlusses gestützt werden. Entsch. des O.V.G. vom 6. November 1882, Bd. 9, S. 26.

Dritter Abschnitt.

Kreisstatuten und Reglements.

§ 20. (A.)

Jeder Kreis ist befugt:

1) zum Erlasse besonderer statutarischer Anordnungen über solche Angelegenheiten des Kreises, hinsichtlich deren das gegenwärtige Gesetz Verschiedenheiten gestattet (§§ 104, Absatz 2, 108, Absatz 1, und 109), oder das Gesetz auf statutarische Regelung verweist, sowie über solche Angelegenheiten, deren Gegenstand nicht durch Gesetz geregelt ist,

2) zum Erlasse von Reglements über besondere Einrichtungen des Kreises.

Die Kreisstatuten und Reglements sind durch das Kreisblatt und, wo ein solches nicht besteht, durch das Amtsblatt auf Kosten des Kreises bekannt zu machen.

§ 20 (H., H.-N., W.)

citieren unter Nr. 1: „§§ 60 Abs. 2, 64 Abs. 1 und 65,“ bezw. „§§ 61 Abs. 2, 65 Abs. 1 und 66,“ bezw. „§§ 48 Abs. 2, 52 Abs. 1 und 53.“

Zulässig sind u. a. statutarische Anordnungen über den Ort der Kreisversammlung. Entsch. des O.V.G. vom 1. Juli 1878, Bd. 4, S. 1.

Zweiter Titel.

Von der Gliederung und den Ämtern des Kreises.

Erster Abschnitt.

Allgemeine Bestimmungen.

§ 21. (A.)

Die Kreise, mit Ausnahme der Stadtkreise (§§ 4 und 169), zerfallen in Amtsbezirke, beziehungsweise in Stadt- und Amtsbezirke.

Die Amtsbezirke bestehen aus einer oder mehreren Landgemeinden oder aus einem oder mehreren Gutsbezirken, beziehungsweise aus Landgemeinden und Gutsbezirken.

An der Spitze der Verwaltung des Kreises steht der Landrat, an der Spitze der Verwaltung des Amtsbezirks der Amtsvorsteher, an der Spitze der Verwaltung der Gemeinde der Gemeindevorsteher. Für den Bereich eines selbständigen Gutsbezirks führt der Gutsvorsteher die dem Gemeindevorsteher obliegende Verwaltung.

§ 21. (H.)

Die Kreise, mit Ausnahme der Stadtkreise (§§ 4 und 101), bestehen aus Stadtgemeinden, Landgemeinden und Gutsbezirken (vom Gemeindeverbande ausgenommene selbständige Besitzungen; Hannoversches Gesetz vom 28. April 1859 — Hannoversche Gesetzsammlung Seite 389).

An der Spitze der Verwaltung des Kreises steht der Landrat, an der Spitze der Verwaltung der Gemeinde der Gemeindevorsteher. Für den Bereich eines selbständigen Gutsbezirks führt der Gutsvorsteher die dem Gemeindevorsteher obliegende Verwaltung.

§ 21. (H.-N.)

Die Kreise, mit Ausnahme der Stadtkreise (§§ 4 und 102), bestehen aus Stadtgemeinden, Landgemeinden und Gutsbezirken.

An der Spitze der Verwaltung des Kreises steht der Landrat, an der Spitze der Verwaltung der Gemeinde der Bürgermeister (Schultheiß, Gemeindevorsteher). Für den Bereich eines selbständigen Gutsbezirks führt der Gutsvorsteher die dem Bürgermeister obliegende Verwaltung.

§ 21. (W.)

Die Kreise, mit Ausnahme der Stadtkreise (§§ 4, 89), umfassen die dazu gehörigen Städte und Amtsbezirke. Die Amtsbezirke umfassen die dazu gehörigen Landgemeinden und selbständigen Gutsbezirke. Den Landgemeinden werden die nach der Landgemeindeordnung für die Provinz Westfalen vom 19. März 1856 (Gesetz-Sammlung S. 265) verwalteten Städte gleich geachtet, unbeschadet der Bestimmungen in § 37 dieser Kreisordnung.

Die Verleihung der Städteordnung an eine Landgemeinde bewirkt deren Umwandlung in eine Stadtgemeinde, ohne daß es einer besonderen Aufnahme in den Stand der Städte bedarf (§ 1 letzter Satz der Landgemeindeorduung vom 19. März 1856).

Die Gliederung der Kreise in den einzelnen Provinzen ist eine verschiedene, indem in den östlichen Provinzen und in Westfalen zwischen den Gemeinden bezw. Gutsbezirken und dem Kreise die Amtsbezirke eingeschoben sind, während in Hannover und Hessen-Nassau dieses Mittelglied fehlt. Vgl. jedoch für Hannover § 25 Kr.O. (H.).

Wenn es heißt, es stehe an der Spitze der Gemeindeverwaltung der Gemeindevorsteher und für den Bereich eines selbständigen Gutsbezirks führe der Gutsvorsteher die dem Gemeindevorsteher obliegende Verwaltung, so handelt es sich nur um eine die Ämterverfassung der Kreise in den allgemeinsten Umrissen andeutende Bestimmung, welche ihren Inhalt erst aus den nachfolgenden, die Verwaltung der Gemeinde- und Gutsvorsteher regelnden Vorschriften des Gesetzes, insbesondere der §§ 29, 30, 31 (A.) empfängt. Entsch. des O.V.G. vom 4. Februar 1880, Bd. 6, S. 206.

§ 22. (H.-N.)

Als Stadtgemeinden im Sinne des Gesetzes über die allgemeine Landesverwaltung vom 30. Juli 1883 (Gesetz-Sammlung S. 195) und des Gesetzes über die Zuständigkeit der Verwaltungs- und Verwaltungsgerichtsbehörden vom 1. August 1883 (Gesetz-Sammlung S. 237), sowie des gegenwärtigen Gesetzes sind im Regierungsbezirke Wiesbaden außer Frankfurt a. M. und Bockenheim die nachstehenden Gemeinden anzusehen:

Biebrich-Mosbach, Biedenkopf, Braubach, Camberg, Caub, Cronberg, Diez, Dillenburg, Eltville, Ems, Friedrichsdorf, Geisenheim, St. Goarshausen, Hachenburg, Hadamar, Haiger, Herborn, Hochheim, Höchst, Hofheim, Homburg, Idstein, Königstein, Oberlahnstein, Niederlahnstein, Langenschwalbach, Limburg, Lorch, Montabaur, Nassau, Nassätten, Oberursel, Rödelheim, Rüdesheim, Runkel, Usingen, Weilburg, Westerburg und Wiesbaden.

In den Gemeinden Biedenkopf und Rödelheim ist als Gemeindevorstand der Bürgermeister und als Gemeindevertretung der Gemeinderat, in der Gemeinde Friedrichsdorf als Gemeindevorstand der Bürgermeister und als Gemeindevertretung der Gemeindevorstand, und in der zum Regierungsbezirke Kassel gehörigen Stadt Orb als Gemeindevorstand der Magistrat und als Gemeindevertretung der Gemeindeausschuß zu betrachten.

In denjenigen in dem Absatz 1 aufgeführten früher nassauischen Gemeinden, in welchen zur Zeit ein Bürgerausschuß noch nicht besteht, ist die Einsetzung eines solchen nach Maßgabe der Vorschriften der §§ 28 und 29 des Gemeindegesetzes des vormaligen Herzogtums Nassau vom 26. Juli 1854 (Verordnungsblatt des Herzogtums Nassau für 1854 S. 166) zu bewirken.

Die namentliche Aufzählung der als Städte im Sinne der neueren Verwaltungsgesetze zu betrachtenden Gemeinden war erforderlich, da in Nassau nach dem noch gegenwärtig geltenden Gemeindegesetz vom 26. Juli 1854 ein Unterschied zwischen Stadt- und Landgemeinden nicht gemacht wird.

§ 23. (H.-N.)

Soweit in den Gemeindeverfassungsgesetzen eine Ernennung der Bürgermeister und Beigeordneten vorgesehen ist (vergl. § 34), steht dieselbe fortan in den Städten mit mehr als 10,000 Einwohnern dem Könige, in den übrigen Städten dem Regierungspräsidenten zu.

§ 22. (W.)

Die Abänderung der Amtsbezirke (§ 7 a. a. O., §. 25 Abs. 2 des Gesetzes über die Zuständigkeit der Verwaltungs- und Verwaltungsgerichtsbehörden vom 1. August 1883) erfolgt fortan durch den Minister des Innern im Einvernehmen mit dem Bezirksausschusse nach vorheriger Anhörung der Beteiligten und des Kreistages.

Zweiter Abschnitt.

Von dem Gemeindevorsteher- und dem Schöffenamte, sowie von der Ortsverwaltung der selbständigen Gutsbezirke.

§ 22. (A.)

Dem Gemeindevorsteher (Schulze, Scholze, Richter, Dorfrichter) stehen zwei Schöffen (Schöppen, Gerichtsmänner, Gerichts- oder Dorfgeschworene) zur Seite, welche ihn in den ihm obliegenden Amtsgeschäften zu unterstützen und in Behinderungsfällen zu vertreten haben.

Wo die Zahl der Schöffen nach den bestehenden Bestimmungen eine größere ist, verbleibt es bei derselben.

Auch kann auf Antrag der Gemeinde die Zahl der Schöffen durch Beschluß des Kreisausschusses nach Anhörung des Amtsvorstehers vermehrt werden.

Gemeindevorsteher und Schöffen bilden keinen kollegialischen Gemeindevorstand. Vielmehr sind die Schöffen nur Gehilfen und Vertreter des Gemeindevorstehers. Vgl. auch §§ 73 ff. II, 7 A. L.-R.

§ 23. (A.)

Der Gemeindevorsteher und die Schöffen werden von der Gemeindeversammlung, beziehungsweise der Gemeindevertretung aus der Zahl der stimmberechtigten Gemeindemitglieder durch absolute Stimmenmehrheit gewählt.

Vater und Sohn dürfen nicht gleichzeitig Gemeindevorsteher und Schöffen sein.

Die Wahlen erfolgen nach näherer Vorschrift des diesem Gesetze beigefügten Wahlreglements.

Wahlberechtigt ist jedes stimmberechtigte Mitglied. Durch die Ausschließung von der Wahl werden die Gemeindemitglieder in der Ausübung ihrer Individualrechte beschränkt und so in ihren Rechten verletzt. Die thatsächliche Ausschließung von der Wahl verhindert aber nur die Ausübung des aktiven Wahlrechts, nicht die Berechtigung, gewählt zu werden. Entsch. des O.V.G. vom 21. Mai 1881, Bd. 7, S. 195.

§ 24. (A.)

Die Wahl der Gemeindevorsteher und der Schöffen erfolgt auf sechs Jahre.

§ 25. (A.)

Wegen der Verpflichtung zur Übernahme, sowie wegen der Gründe für die Ablehnung des Amtes eines Gemeindevorstehers oder Schöffen finden die Vorschriften der Absätze 1 bis 4 des § 8 mit der Maßgabe Anwendung, daß an die Stelle des Kreistages (Absatz 2, Ziffer 5 a. a. O.) die Gemeindevertretung und, wo eine solche nicht besteht, die Gemeindeversammlung tritt.

Wer sich ohne einen der im § 8 Absatz 2 bezeichneten Entschuldigungsgründe weigert, das Amt eines Gemeindevorstehers oder Schöffen zu übernehmen, oder das übernommene Amt drei Jahre hindurch zu versehen, sowie derjenige, welcher sich der Verwaltung solcher Ämter thatsächlich entzieht, kann durch Beschluß der Gemeindevertretung und, wo eine solche nicht besteht, des Gemeindevorstandes, für einen Zeitraum von drei bis sechs Jahren der Ausübung seines Rechts auf Teilnahme an der Vertretung und Verwaltung der Gemeinde für verlustig erklärt und um ein

Achtel bis ein Viertel stärker, als die übrigen Gemeindeangehörigen, zu den Gemeindeabgaben herangezogen werden.

Gegen den Beschluß der Gemeindevertretung, beziehungsweise des Gemeindevorstandes, findet innerhalb zwei Wochen die Klage bei dem Kreisausschusse statt.

§ 33 (H.)

ersetzt die Worte „Gemeindevorstehers oder Schöffen" in Abs. 1 durch „Gemeindevorstehers oder Beigeordneten",

§ 36 (H.-N.)

durch „eines Bürgermeisters oder Beigeordneten, sowie eines Gemeinde- oder Stiftungspflegers". Außerdem wird hinzugefügt: „Als Gemeindevorstand, beziehungsweise Gemeindevertretung, gelten die in § 38 des Gesetzes über die Zuständigkeit der Verwaltungs- und Verwaltungsgerichtsbehörden (Gesetz-Samml. S. 237) als solche bezeichneten Gemeindeorgane."

§ 26. (A.)

Die gewählten Gemeindevorsteher und Schöffen bedürfen der Bestätigung durch den Landrat.

Vor der Bestätigung ist der Amtsvorsteher mit seinem Gutachten zu hören.

Die Bestätigung kann unter Zustimmung des Kreisausschusses versagt werden.

Wird die Bestätigung versagt, so ist eine Neuwahl anzuordnen. Erhält auch diese die Bestätigung nicht, so ernennt der Landrat auf den Vorschlag des Amtsvorstehers unter Zustimmung des Kreisausschusses einen Stellvertreter auf so lange, bis eine erneuerte Wahl die Bestätigung erlangt hat.

Dasselbe findet statt, wenn keine Wahl zu stande kommt.

§ 31. (H.)

Die gewählten Gemeindevorsteher und Beigeordneten bedürfen der Bestätigung durch den Landrat.

Die Bestätigung kann unter Zustimmung des Kreisausschusses versagt werden.

Wird die Bestätigung versagt, so ist eine Neuwahl anzuordnen. Erhält auch diese die Bestätigung nicht, so ernennt der Landrat unter Zustimmung des Kreisausschusses einen Stellvertreter auf so lange, bis eine erneuerte Wahl die Bestätigung erlangt hat.

Dasselbe findet statt, wenn keine Wahl zu stande kommt.

§ 34. (H.-N.)

Die gewählten Bürgermeister (Schultheißen, Gemeindevorsteher) und Beigeordneten (Adjunkten, Stellvertreter, Vizebürgermeister), sowie die Gemeinde- und Stiftungspfleger in den vormals bayerischen Gebietsteilen bedürfen der Bestätigung durch den Landrat. Die Bestätigung kann von dem Landrate unter Zustimmung des Kreisausschusses versagt werden. Lehnt der Kreisausschuß die Zustimmung ab, so kann dieselbe auf den Antrag des Landrats durch den Regierungspräsidenten ergänzt werden. Wird die Bestätigung von dem Landrat unter Zustimmung des Kreisausschusses versagt, so steht binnen zwei Wochen dem Wahlkörper die Beschwerde an den Regierungspräsidenten zu, bei dessen Bescheide es verbleibt.

Ist die Bestätigung versagt worden, so ist eine Neuwahl anzuordnen. Erhält auch diese die Bestätigung nicht, so ernennt der Landrat einen Stellvertreter in der Regel aus der Zahl der Gemeindebürger auf so lange, bis eine erneuerte Wahl die Bestätigung erlangt hat.

Dasselbe findet statt, wenn keine Wahl zu stande kommt.

Soweit in den Gemeindeverfassungsgesetzen eine Ernennung der Bürgermeister und Beigeordneten vorgesehen ist (Großherzoglich Hessisches Gesetz, betreffend die Bildung des Ortsvorstandes und die Wahl des Gemeinderats, vom 8. Januar 1852 — Großherzoglich Hessisches Regierungsblatt, S. 33 — Artikel 2 und 6; Hessen-Homburgisches Gesetz, betreffend die Einrichtung des Gemeindewesens, vom 6. Dezember 1852 — Landgräflich Hessisches Regierungsblatt vom 12. Dezember 1852, Nr. 17 — Artikel 1; Gemeindeordnung für die Landdorfschaften der Stadt Frankfurt vom 12. August 1824 — Gesetz- und Statutensammlung der freien Stadt Frankfurt, Bd III, S. 263 — Artikel 4 und 14), steht dieselbe in den Landgemeinden fortan dem Landrate zu.

In den Kreisordnungen ist der Grundsatz durchgeführt, daß die Gemeindevorsteher gewählt werden, die erforderliche Bestätigung aber vom Landrate mit Zustimmung des Kreisausschusses versagt werden darf, wogegen bei den Verwaltern der Ortspolizei das Prinzip der Ernennung Platz greift. Wo, wie in Hessen-Nassau, infolge der Übertragung der Ortspolizei an die Gemeindevorsteher beide Grundsätze miteinander kollidierten, führte man ein gemischtes System ein. Einerseits werden in dieser Provinz die Gemeindevorsteher da, wo bisher keine Wahl stattfand, auch weiterhin ernannt. Andrerseits kann da, wo die Wahl besteht, die Zustimmung des Kreisausschusses zur Versagung der Bestätigung durch den Regierungspräsidenten ergänzt werden.

Als Grund zur Anfechtung des Beschlusses des Kreisausschusses kann es nicht angesehen werden, daß derselbe die gegen die Bestätigung der Wahl eines Gemeindevorstehers geltend gemachten Thatsachen nicht genügend geprüft und berücksichtigt habe. Entsch. des O.V.G. vom 27. Februar 1887, Bd. 11, S. 85.

§ 26 a. (A.)

Die Bestimmungen des § 26 finden auch auf andere Gemeindebeamte Anwendung, deren Wahl nach Maßgabe des Gesetzes der Bestätigung bedarf.

§ 32. (H.)

Die Bestimmungen des § 31 finden auch auf Angestellte und Diener der Gemeinde (§§ 23 und 24 des hannoverschen Gesetzes vom 28. April 1859, betreffend die Landgemeinden — Hannoversche Gesetz-Sammlung Seite 393 —) Anwendung, deren Wahl nach Maßgabe des Gesetzes der Bestätigung bedarf.

§ 35. (H.-N.)

Die Bestimmungen des § 34 finden auch auf Gemeindebeamte Anwendung, deren Wahl nach Maßgabe der Gemeindeverfassungsgesetze der Bestätigung bedarf.

§ 27. (A.)

Die Gemeindevorsteher und die Schöffen werden vor ihrem Amtsantritte von dem Landrate oder in seinem Auftrage von dem Amtsvorsteher vereidigt.

§ 25. (W.)

Die Bestätigung der Wahl des Gemeindevorstehers und dessen Stellvertreters (§ 38 a. a. O.) kann von dem Landrate nur unter Zustimmung des Kreisausschusses versagt werden. Erhält auch die im Falle der Nichtbestätigung anzuordnende Neuwahl die Bestätigung nicht, so ernennt der Landrat unter Zustimmung des Kreisausschusses einen Stellvertreter auf so lange, bis eine erneute Wahl die Bestätigung erlangt hat. Dasselbe findet statt, wenn keine Wahl zu stande kommt.

Der Gemeindevorsteher und dessen Stellvertreter werden von dem Landrat oder in seinem Auftrage von dem Amtmann vereidigt.

Die Bestimmungen wegen der Wahl und Bestätigung des Gemeindevorstehers finden auch auf andere Beamte der Landgemeinde Anwendung, soweit die Ernennung bisher dem Landrat zustand.

§ 25 (W.) faßt die §§ 26, 26a und 27 (A.) zusammen.

§ 28. (A.)

Die Gemeindevorsteher haben Anspruch auf Ersatz ihrer baren Auslagen und auf die Gewährung einer mit ihren amtlichen Mühewaltungen im billigen Verhältnisse stehenden Entschädigung.

Die Aufbringung derselben liegt der Gemeinde ob.

Alle fortlaufenden Geld- und Naturalbeiträge des Gutsherrn zur Remuneration des Gemeindevorstehers fallen fort.

Landdotationen, welche für die Verwaltung des Schulzenamts ausgewiesen sind, können auf Grund des gegenwärtigen Gesetzes nicht zurückgefordert werden. Sind solche Landdotationen allein oder in Verbindung mit Geld- oder Naturalbeiträgen von dem Gutsherrn gewährt, so ist derselbe berechtigt, hierfür von dem Gemeindevorsteher auch ferner die Wahrnehmung der Gutsvorstehergeschäfte, beziehungsweise die Vertretung hierbei in dem bisherigen Umfange (§ 31, Absatz 3) zu fordern.

Der Gutsherr wie die Gemeinde kann die Lösung eines derartigen Verhältnisses gegen Fortfall der Geld- und Naturalbeiträge und gegen Entschädigung für die Landdotationen verlangen. Der Gemeinde steht dabei das Recht zu, statt der Gewährung einer Entschädigung die Landdotation herauszugeben.

In betreff der Auseinandersetzung kommen die Vorschriften der §§ 41 bis 45 mit der Maßgabe zur Anwendung, daß zu den im ersten Absatze des § 45 erwähnten Kosten auch die Gutsherren nichts beizutragen haben.

Die Schöffen haben ihr Amt in der Regel unentgeltlich zu verwalten und nur auf den Ersatz barer Auslagen Anspruch.

Für die anderen Provinzen treffen in dieser Beziehung die Gemeindeordnungen die erforderlichen Bestimmungen.

§ 29. (A.)

Der Gemeindevorsteher ist die Obrigkeit des Gemeindebezirks und, sofern er nicht zugleich selbst Amtsvorsteher ist (§ 56, Absatz 5), das Organ des Amtsvorstehers für die Polizeiverwaltung.

Der Gemeindevorsteher hat vermöge dessen das Recht und die Pflicht, da, wo die Erhaltung der öffentlichen Ruhe, Ordnung und Sicherheit ein sofortiges polizeiliches Einschreiten notwendig macht, das dazu Erforderliche vorläufig anzuordnen und ausführen zu lassen.

§ 34. (H.)

Der Gemeindevorsteher ist die Obrigkeit des Gemeindebezirks und das Organ des Landrates für die Polizeiverwaltung.

Der Gemeindevorsteher hat vermöge dessen das Recht und die Pflicht, da, wo die Erhaltung der öffentlichen Ruhe, Ordnung und Sicherheit ein sofortiges polizeiliches Einschreiten notwendig macht, das Erforderliche vorläufig anzuordnen und ausführen zu lassen.

In den zu den Landgemeinden im Sinne der Gemeindegesetze gehörenden Städten und Flecken hat der Gemeindevorstand die Rechte und Pflichten des Gemeindevorstehers wahrzunehmen.

Ein natürlicher Ausfluß der Stellung des Gemeindevorstehers als Ortsobrigkeit und Verwalter des Kommunalvermögens ist das Recht desselben, zur Erfüllung der aus der Kommunalzubehörigkeit herrührenden Verpflichtungen gegen die Mitglieder der Gemeinde Zwang zu üben. Vgl. §§ 46, 57 II, 7 A. L.-R. Entsch. des O.V.G. vom 6. November 1880, Bd. 7, S. 140.

Zu den Pflichten des Gemeindevorstehers gehört auch die Behändigung der ihm vom Amtsvorsteher zu diesem Zwecke übergebenen polizeilichen Strafverfügungen. Dem Gemeindevorsteher werden damit keine Botendienste angesonnen, sondern nur die Behändigung durch das gewöhnliche Organ. Die Verweigerung der Ausführung eines derartigen Auftrages macht den Gemeindevorsteher disziplinarisch strafbar. Entsch. des O.V.G. vom 6. Juni 1876, Bd. 2, S. 86.

Der Abs. 3 des § 34 (H.) erklärt sich daraus, daß nach der Hannoverschen Städteordnung vom 24. Juni 1858 die Ausübung der Polizei nicht wie in den alten Provinzen einem Einzelbeamten, sondern dem ganzen Magistrate zusteht. Es wurde deshalb eine analoge Bestimmung für die nach der Landgemeindeordnung verwalteten Städte getroffen.

§ 30. (A.)

Der Gemeindevorsteher hat insbesondere das Recht und die Pflicht:

1) der vorläufigen Festnahme und Verwahrung einer Person nach den Vorschriften des § 127 der Strafprozeßordnung für das Deutsche Reich vom 1. Februar 1877 (Reichsgesetzbl. S. 253) und des § 6 des Gesetzes zum Schutze der persönlichen Freiheit vom 12. Februar 1850 (G.-S. S. 45);
2) die unter Polizeiaufsicht stehenden Personen zu beaufsichtigen;
3) die ihm von dem Amtsvorsteher, der Staats- oder Amtsanwaltschaft aufgetragenen polizeilichen Maßregeln auszuführen und Verhandlungen aufzunehmen;
4) die in den §§ 8 ff. des Gesetzes über die Aufnahme neu anziehender Personen vom 31. Dezember 1842 (G.-S. 1843, S. 5) vorgeschriebene Meldung entgegenzunehmen.

§ 35 (H.)

fügt unter Nr. 1 vor „§ 6" ein: „fortan auch in der Provinz Hannover in Kraft tretenden" und setzt am Ende noch hinzu:

„Auch sind von dem Gemeindevorsteher, sofern nicht die Ortspolizeiverwaltung im Gemeindebezirke einer für eine Stadt bestehenden Ortspolizeibehörde übertragen ist, wahrzunehmen die Rechte und Pflichten der Ortspolizeibehörde:

5) rücksichtlich der gutachtlichen Anhörung über die Gesuche um Erlaubnis zum Betriebe der Gastwirtschaft, der Schankwirtschaft, des Kleinhandels mit Branntwein oder Spiritus (§ 33 der Reichsgewerbeordnung vom 21. Juni 1869; § 114 des Gesetzes vom 1. August 1883 über die Zuständigkeit der Verwaltungs- und Verwaltungsgerichtsbehörden);
6) hinsichtlich der Erhebung der Klage auf Untersagung des Betriebes der in den §§ 33a, 35, 37, 42b, 53 Abs. 3 und 59a der Reichsgewerbeordnung bezeichneten Gewerbe (§ 119, Nr. 1 des Gesetzes

vom 1. August 1883; § 4a, c, d und e der Verordnung vom 31. Dezember 1883 zur Ausführung des Reichsgesetzes vom 1. Juli 1883, betreffend Abänderungen der Reichsgewerbeordnung — Gesetzsammlung 1884, S. 7);

7) hinsichtlich Erhebung der Klage auf Zurücknahme der in den §§ 33, 33a, 34, 42b, Abs. 1 der Reichsgewerbeordnung bezeichneten gewerblichen Konzession (§ 119 Nr. 2 des Gesetzes vom 1. August 1883; § 4a und b der Verordnung vom 31. Dezember 1883);

8) rücksichtlich der Ersatzgeldansprüche und der Pfändung von Tieren (§§ 69 bis 88 des Feld- und Forstpolizeigesetzes vom 1. April 1880 — Gesetzsammlung Seite 230).

Damit sind eine Reihe einzelner polizeilicher Funktionen dem Gemeindevorsteher übertragen und zwar in Hannover in umfassenderer Weise als in den östlichen Provinzen, da in Hannover der Amtsvorsteher als Mittelglied zwischen Landrat und Gemeindevorsteher fehlt. Für Westfalen sind die entsprechenden Bestimmungen in § 41 der Landgemeindeordnung getroffen, für Hessen-Nassau sind solche überflüssig, da den dortigen Bürgermeistern durch § 27 Kr.O. die Ortspolizei vollständig übertragen ist.

§ 31. (A.)

Für den Bereich eines selbständigen Gutsbezirks ist der Besitzer des Guts zu den Pflichten und Leistungen verbunden, welche den Gemeinden für den Bereich ihres Gemeindebezirks im öffentlichen Interesse gesetzlich obliegen.

Derselbe hat insbesondere die in den §§ 29, 30 aufgeführten obrigkeitlichen Befugnisse und Pflichten entweder in Person oder durch einen von ihm zu bestellenden, zur Übernahme des Amtes befähigten Stellvertreter auszuüben. Der letztere muß seinen beständigen Aufenthalt im Gutsbezirke oder in dessen unmittelbarer Nähe haben.

Es können jedoch auch außer dem im § 28 Abs. 4 vorgesehenen Falle seitens des Besitzers des Guts sämtliche oder einzelne Gutsvorstehergeschäfte an den Vorsteher einer benachbarten Gemeinde unter beider Zustimmung gegen eine angemessene Entschädigung übertragen werden.

Ehefrauen, sowohl groß- wie minderjährige, werden rücksichtlich der angeführten Rechte und Pflichten durch ihren Ehemann, Kinder unter väterlicher Gewalt durch ihren Vater und bevormundete Personen durch ihren Vormund oder Pfleger vertreten.

§ 36 (H.)

citiert in Abs. 2 statt der §§ 29, 30 die §§ 34 und 35 und läßt in Abs. 3 die Worte: „auch außer dem im § 28 Abs. 4 vorgesehenen Falle" fort.

§ 37 (H.-N.)

läßt die Worte: „auch außer dem im § 28 Abs. 4 vorgesehenen Falle" fort, und ersetzt die Worte: „insbesondere die in den §§ 29, 30 aufgeführten" durch „die ihm zustehenden."

§ 23. (W.)

Die in den §§ 3, 21, 25ff., 41 und 75 der Landgemeindeordnung vom 19. März 1856 erwähnten Vorrechte der Rittergüter (Rittergutsbesitzer) werden aufgehoben.

Die vorhandenen selbständigen Gutsbezirke bleiben bestehen. Die Bildung selbständiger Gutsbezirke erfolgt nach Maßgabe der Bestimmungen des § 3 der Landgemeindeordnung, ohne daß die Rittergutseigenschaft ferner in betracht kommt.

Was ein selbständiger Gutsbezirk ist, ist in der Kr.O. nicht gesagt. Historisch ist der Gutsbezirk das von der Gutsherrschaft unmittelbar bewirtschaftete Land im Gegensatz zu dem der Gutsunterthanen. Gegenwärtig ist jedoch das kommunalrechtliche Bestehen der Gutsbezirke von den privatrechtlichen Dispositionen des Eigentümers am Grund und Boden unabhängig. Gutsbezirke können also niemals durch Zerstückelungen des Gutes, sondern nur durch einen entsprechenden Akt der Staatshoheit aufgehoben werden. Entsch. des O.V.G. vom 22. November 1876, Bd. 1, S. 147. Über die herrschaftlichen Dorfauen in Schlesien und deren Zugehörigkeit zu den Gutsbezirken vgl. Entsch. des O.V.G. vom 19. April 1879, Bd. 5, S. 116.

Der § 31 Kr.O. beabsichtigt nicht, den Gutsbezirken neue Lasten aufzuerlegen, die öffentlich-rechtlichen Verpflichtungen der Inhaber selbständiger Güter neu zu regeln, sondern nur den bisherigen Rechtszustand zum Ausdruck zu bringen. Entsch. des O.V.G. vom 8. November 1884, Bd. 11, S. 164; vom 23. September 1885, Bd. 12, S. 230.

Aus der allgemeinen Verpflichtung des Gutsbesitzers, im Gutsbezirke die Leistungen und Pflichten zu übernehmen, welche den Gemeinden für den Bereich ihres Gemeindebezirks gesetzlich obliegen, wird insbesondere hergeleitet, die in den §§ 29, 30 und 79 Kr.O. (jetzt § 132 des Landesverwaltungsgesetzes) aufgeführten obrigkeitlichen Befugnisse und Pflichten entweder in Person oder durch einen von ihm zu bestellenden, zur Übernahme des Amtes befähigten Stellvertreter als Gutsvorsteher auszuüben. Entsch. des O.V.G. vom 4. Februar 1880, Bd. 6, S. 206.

Über die Stellung des Gutsvorstehers vgl. die Anm. zu § 8 Kr.O.

Im Geltungsbereiche der preußischen Schulordnung vom 11. Dezember 1845 ist der Gutsvorsteher bei Streitigkeiten über die Schulunterhaltungslast nicht der gesetzliche Vertreter der Vermögensrechte der Grundherren und der Anwohner. Entsch. des O.V.G. vom 28. Februar 1883, Bd. 9, S. 135.

§ 32. (A.) § 37. (H.) § 38. (H.-N.)

Die Bestellung eines Stellvertreters muß erfolgen, wenn

1) das Gut einer juristischen Person, einer Aktiengesellschaft oder einer Kommanditgesellschaft auf Aktien gehört, oder wenn mehrere Mitbesitzer sich nicht darüber einigen, wer von ihnen die Geschäfte des Gutsvorstehers wahrnehmen soll;
2) der Gutsbesitzer kein Angehöriger des Deutschen Reiches ist;
3) derselbe nicht seinen beständigen Aufenthalt im Gutsbezirke oder in dessen unmittelbarer Nähe hat, oder
4) wegen Krankheit oder aus anderen in seiner Person liegenden Gründen außer stande ist, die Pflichten eines Gutsvorstehers zu erfüllen.

In den vorstehend unter 1 bis 4 bezeichneten Fällen kann auf den Antrag des Gutsbesitzers auch ein Stellvertreter für den ernannten Gutsvorsteher bestellt werden, welcher in Fällen der Behinderung des letzteren die Gutsvorstehergeschäfte wahrzunehmen hat.

Für die von dem Hauptgute entfernt belegenen Teile eines selbständigen Gutsbezirkes kann von dem Kreisausschusse die Bestellung besonderer Stellvertreter angeordnet werden, sofern dies für eine ordnungsmäßige örtliche Verwaltung erforderlich ist.

Für Westfalen sind die entsprechenden Bestimmungen in § 67 der Landgemeindeordnung enthalten.

§ 33. (A.)

Der Gutsbesitzer, beziehungsweise der Stellvertreter, wird in seiner Eigenschaft als Gutsvorsteher von dem Landrate bestätigt. Die Bestätigung kann unter Zustimmung des Kreisausschusses versagt werden.

Der Gutsvorsteher wird vor seinem Amtsantritte von dem Landrate oder in dessen Auftrage von dem Amtsvorsteher vereidigt.

§ 38. (H.)

läßt die Worte: „oder in dessen Auftrage von dem Amtsvorsteher" fort.

§ 39 (H.-N.)

fügt am Schluß des Abs. 1 noch ein: „Lehnt der Kreisausschuß die Zustimmung ab, so kann dieselbe auf den Antrag des Landrats durch den Regierungspräsidenten ergänzt werden. Wird die Bestätigung von dem Landrat unter Zustimmung des Kreisausschusses versagt, so steht dem Gutsbesitzer binnen zwei Wochen die Beschwerde an den Regierungspräsidenten zu, bei dessen Bescheide es verbleibt", und läßt in Abs. 2 die Worte: „oder in dessen Auftrage von dem Amtsvorsteher" fort.

Vgl. die Anm. zu § 26 (A.) Kr.O.

§ 34. (A.)

Unterläßt der Besitzer des Guts in den im § 32 angegebenen Fällen oder wenn ihm die Bestätigung als Gutsvorsteher versagt worden ist, die Bestellung eines Stellvertreters oder befindet er sich im Konkurse, oder befindet er sich nicht im Besitze der bürgerlichen Ehrenrechte, so steht dem Landrat unter Zustimmung des Kreisausschusses die Ernennung des Stellvertreters auf Kosten des Besitzers zu.

§ 39 (H.)

citiert statt des „§ 32" den „§ 37" und fügt als Abs. 2 hinzu:

„Der Kreisausschuß beschließt, auf Antrag der Beteiligten, über die Remuneration stellvertretender Gutsvorsteher."

§ 40 (H.-N.)

citiert statt des „§ 32" den „§ 38" und fügt als Abs. 2 hinzu:

„Der Kreisausschuß beschließt auf Antrag der Beteiligten über die Remuneration stellvertretender Gutsvorsteher."

Die notwendige Voraussetzung für die rechtliche Existenz der amtlichen Stellung des stellvertretenden Gutsvorstehers ist der Auftrag des Gutsbesitzers oder die Ernennung des Landrats. Die Festsetzung der Entschädigung ist im ersteren Falle Privatsache der Beteiligten, im letzteren erfolgt sie beim Mangel einer gütlichen Einigung auf Anrufen eines der Beteiligten in Gemäßheit des § 34a Kr.O. Entsch. des O.V.G. vom 23. April 1881, Bd. 7, S. 183.

§ 34a. (A.)

Der Kreisausschuß beschließt auf Antrag der Beteiligten über die Festsetzung der Dienstunkostenentschädigung der Gemeindevorsteher, der baren Auslagen der Schöffen, der Remuneration stellvertretender Gutsvorsteher (§§ 28 und 34), sowie über die Festsetzung der Besoldungen und Remunerationen anderer Gemeindebeamten.

§ 26. (W.)

Der Gutsbesitzer (beziehungsweise der Stellvertreter) wird in seiner Eigenschaft als Gutsvorsteher von dem Landrate bestätigt. Die Bestätigung kann unter Zustimmung des Kreisausschusses versagt werden. Der Gutsvorsteher wird vor seinem Amtsantritt von dem Landrate vereidigt.

Unterläßt der Besitzer des Gutes in den im letzten Satze des § 67 a. a. O. angegebenen Fällen oder wenn ihm die Bestätigung als Gutsvorsteher versagt worden ist, die Bestellung eines Stellvertreters oder befindet er sich im Konkurse oder befindet er sich nicht im Besitze der bürgerlichen Ehrenrechte, so steht dem Landrate unter Zustimmung des Kreisausschusses die Ernennung des Stellvertreters auf Kosten des Besitzers zu.

Der Kreisausschuß beschließt auf Antrag der Beteiligten über die Remuneration stellvertretender Gutsvorsteher.

Die Verteilung der den selbständigen Gutsbezirken im öffentlichen Interesse obliegenden Lasten auf den Gutsbesitzer und die übrigen Einwohner (§ 68 a. a. O.) erfolgt durch ein Statut, welches der Bestätigung des Kreisausschusses nach Maßgabe des § 31 des Gesetzes über die Zuständigkeit der Verwaltungsgerichtsbehörden vom 1. August 1883 bedarf.

§ 26 (W.) faßt die §§ 33, 34 und 34a (A.) zusammen. Die dem § 34a entsprechende Bestimmung ist bereits als zweiter Absatz in § 39 (H.) und § 40 (H.-N.) aufgenommen. Die Kr.O. H., H.-N. und W. handeln jedoch nur von der Entschädigung des Gutsvorstehers, über die der Gemeindebeamten treffen die Gemeindeordnungen der betr. Provinzen Bestimmung.

Die Bezüge des stellvertretenden Gutsvorstehers sind kein Diensteinkommen im Sinne des Ges. v. 11. Juli 1822 bezw. für die neuen Provinzen der Verordnung vom 23. September 1867. Entsch. des O.V.G. vom 2. Juni 1880, Bd. 6, S. 119.

§ 35 (A.)

ist fortgefallen. Derselbe regelte das Verfahren bei Dienstvergehen der Gutsvorsteher, Gemeindevorsteher und Schöffen. Vgl. jetzt § 36 des Zuständigkeitsgesetzes.

Dritter Abschnitt.

Aufhebung der mit dem Besitze gewisser Grundstücke verbundenen Berechtigung und Verpflichtung zur Verwaltung des Schulzen-Amtes.

Dieser Abschnitt regelt die Aufhebung der bei Erlaß der Kr.O. nur noch in den östlichen Provinzen bestehenden Berechtigung und Verpflichtung der Besitzer gewisser Grundstücke zur Verwaltung des Schulzenamtes ihrer Gemeinde. Vgl. die Instr. v. 20. September 1873 (M.Bl. d. inn. Verw. S. 258). Die infolge dessen erforderlich werdende Lösung der öffentlichrechtlichen und privatrechtlichen Verhältnisse ist jetzt größtenteils vollständig zu Ende geführt.

§ 36. (A.)

Die mit dem Besitze gewisser Grundstücke verbundene Berechtigung und Verpflichtung zur Verwaltung des Schulzen-(Richter-) Amtes ist aufgehoben.

§ 37. (A.)

Infolge der Aufhebung der im § 36 gedachten Berechtigung und Verpflichtung treten auch diejenigen Festsetzungen außer Kraft, welche infolge der Zerstückelung von Lehn- und Erbschulzengütern nach § 16 des Gesetzes vom 3. Januar 1845 (G.-S. S. 25) über die Verbindung der Verwaltung des Schulzenamtes mit dem Besitze eines der Teile des zerstückelten Grundstücks oder die Ausweisung eines auskömmlichen Schulzengehalts in Grundstücken oder in Geld, beziehungsweise die Verteilung des Geldbeitrages auf die einzelnen Trennstücksbesitzer getroffen worden sind.

§ 38. (A.)

Grundstücke, Gerechtigkeiten und Einkünfte, welche den Schulzengutsbesitzern erweislich von der Gemeinde selbst für die Amtsverwaltung verliehen sind, fallen an die Gemeinde zurück.

§ 39. (A.)

Ebenso hören diejenigen Vorrechte und Befreiungen auf, welche dem Schulzengutsbesitzer für die Verwaltung des Schulzenamtes in Beziehung auf die aus dem Kommunalverbande oder aus anderen Verbänden, z. B. dem Kirchen- und Schulverbande, entspringenden Diensten und Abgaben, der Gemeinde oder deren Mitgliedern gegenüber bisher zustanden.

Auf weitere Vergütigungen hat die Gemeinde keinen Anspruch.

§ 40. (A.)

Die Beziehungen zwischen dem Besitzer des Schulzenguts und dritten Personen werden von den Vorschriften dieses Gesetzes nicht berührt.

In keinem Falle können jedoch Grundstücke, Gerechtigkeiten oder Befreiungen, welche dem Schulzengute, wenngleich mit Beziehung auf die dem Besitzer zustehende Verwaltung des Schulzenamts, von Dritten, insbesondere von dem Landesherrn oder von Gerichts- oder Gutsherren, sei es bei der Fundation des Schulzenguts oder später, ohne ausdrücklichen Vorbehalt des Widerrufs verliehen worden sind, sowie die etwa an Stelle der verliehenen Gerechtigkeiten und Freiheiten getretenen Landabfindungen und sonstigen Entschädigungen von den Verleihern oder deren Rechtsnachfolgern in Anspruch genommen und zurückgefordert werden. Dieselben verbleiben vielmehr dem Schulzengutsbesitzer auch nach Aufhebung der mit dem Schulzengute verbundenen Amtsverwaltung.

§ 41. (A.)

Die nach den §§ 38 und 39 etwa erforderliche Auseinandersetzung zwischen der Gemeinde und dem Schulzengutsbesitzer wird durch einen von dem Kreisausschusse zu ernennenden Kommissarius bewirkt.

Der über die Auseinandersetzung aufzunehmende Rezeß unterliegt der Prüfung und Bestätigung des Kreisausschusses.

§ 42. (A.)

Entstehen bei dem Auseinandersetzungsverfahren (§ 41) Streitigkeiten darüber, ob mit einem Grundstücke die Verpflichtung zur Verwaltung des Schulzenamtes verbunden ist, oder ob und welche Grundstücke, Gerechtigkeiten, Vorrechte oder Befreiungen der in den §§ 38 und 39 gedachten Art zurückzugewähren, beziehungsweise aufzuheben sind, oder wird die Vollziehung des Rezesses von den Beteiligten verweigert, oder die Bestätigung des Rezesses (§ 41, Absatz 2) von dem Kreisausschusse versagt, so sind die Verhandlungen zum weiteren Verfahren und zur Entscheidung an die betreffende Auseinandersetzungsbehörde (Generalkommission) abzugeben.

Gegen die Entscheidung der Generalkommission findet die Berufung an das Oberlandeskulturgericht statt, welches endgültig entscheidet.

Vor der Entscheidung in erster und zweiter Instanz ist das Gutachten des Kreisausschusses einzuholen und den Beteiligten zur Erklärung mitzuteilen.

§ 43. (A.)

Ist das Auseinandersetzungsverfahren zufolge § 42 auf die Auseinandersetzungsbehörde übergegangen, so steht dieser Behörde auch die Aufnahme, Prüfung und Bestätigung des Rezesses zu.

§ 44. (A.)

In betreff des Verfahrens (§§ 41 bis 43), sowie der Wirkung und Ausführung der Rezesse, gelten die hinsichtlich der Ablösung der Reallasten und der Regulierung der gutsherrlichen Verhältnisse bestehenden Vorschriften.

§ 45. (A.)

Zu den Kosten, welche die Ausführung der in diesem Gesetze den Kreisausschüssen und deren Kommissarien übertragenen Geschäfte verursacht, haben die Gemeinden und die Schulzengutsbesitzer nichts beizutragen.

Für das Verfahren bei den Auseinandersetzungsbehörden gelten die für dieselben bestehenden Kostenbestimmungen.

Vierter Abschnitt.

Von den Amtsbezirken und dem Amte der Amtsvorsteher.

§ 46. (A.)

Die Polizei wird im Namen des Königs ausgeübt. Die gutsherrliche Polizeigewalt ist aufgehoben.

Aus Abs. 1 folgt jedoch nicht, daß die Amtsvorsteher die Bezeichnung „Königlich" führen dürften. Ministerialreskript vom 15. Juni 1874 (M.Bl. der inn. Verw. von 1874, S. 159).

§ 47. (A.)

Behufs Verwaltung der Polizei und Wahrnehmung anderer öffentlicher Angelegenheiten wird jeder Kreis mit Ausschluß der Städte in Amtsbezirke geteilt.

Vgl. §§ 53 und 70 Kr.O.

§ 48. (A.)

Für die Bildung der Amtsbezirke gelten folgende Grundsätze:

1) Jeder Amtsbezirk soll thunlichst ein räumlich zusammenhängendes und abgerundetes Flächengebiet umfassen, dessen Größe und Einwohnerzahl dergestalt zu bemessen ist, daß einerseits die Erfüllung der durch das Gesetz der Amtsverwaltung auferlegten Aufgaben gesichert, anderseits die Unmittelbarkeit und die ehrenamtliche Ausübung der örtlichen Verwaltung nicht erschwert wird.

2) Gemeinden, welche eine den Bestimmungen des Gesetzes entsprechende Amtsverwaltung aus eigenen Kräften herzustellen vermögen, sind, wenn nicht die örtliche Lage die Zuschlagung anderer Gemeinde- oder Gutsbezirke notwendig macht, auf ihren Antrag zu einem Amtsbezirke zu erklären.

3) Gutsbezirke von abgesonderter Lage, welche ohne wesentliche Unterbrechung ein räumlich zusammenhängendes Gebiet von erheblichem Flächeninhalte umfassen, können auf Antrag ohne Rücksicht auf ihre Einwohnerzahl unter den übrigen Voraussetzungen der Nummern 1 und 2 zu Amtsbezirken erklärt werden.

4) Alle übrigen Gemeinden und Gutsbezirke werden zu Amtsbezirken vereinigt. Insbesondere sollen Gemeinden und Gutsbezirke, welche eine örtlich verbundene Lage haben, zu einem und demselben Amtsbezirke gehören.

Bei Abgrenzung der zusammengesetzten Amtsbezirke ist möglichst darauf zu achten, daß die innerhalb der Kreise bestehenden Verbände (Kirchspiele, Schulverbände, Wegebaubezirke u. s. w.) nicht zerrissen werden.

Über die Voraussetzungen, unter denen einzelne Gemeinden und Gutsbezirke zu Amtsbezirken erklärt werden können, vgl. die Instr. vom 18. Juni 1873 (M.Bl. d. inn. Verw. von 1873, S. 153).

§ 49. (A.)

Die Bildung der Amtsbezirke, sowie die etwa erforderliche Abänderung derselben erfolgt nach Anhörung der Beteiligten, auf Vorschlag des nach diesem Gesetze gewählten Kreistages, durch den Minister des Innern.

Die Revision und endgültige Feststellung, sowie jede spätere Abänderung der Amtsbezirke erfolgt durch den Provinzialrat im Einvernehmen mit dem Minister des Innern nach vorheriger Anhörung der Beteiligten und des Kreistages.

Die endgültige Feststellung der Amtsbezirke darf erst nach Ablauf einer öffentlich bekannt zu machenden angemessenen Frist stattfinden.

Veränderungen solcher Gemeinde- oder Gutsbezirksgrenzen, welche zugleich Amtsbezirksgrenzen sind, ziehen die Veränderung der letzten ohne weiteres nach sich.

Zu Abs. 2. Nach § 6 des Zuständigkeitsgesetzes vom 1. August 1883 erfolgt jetzt die Revision, endgiltige Feststellung und Abänderung der Amtsbezirke durch den Minister des Innern im Einvernehmen mit dem Bezirksausschusse nach vorheriger Anhörung der Beteiligten und des Kreistages.

§ 49 a. (A.)

Dem Provinzialrate steht die Befugnis zu, im Einvernehmen mit dem Minister des Innern ländliche Gemeinde- und Gutsbezirke, welche innerhalb der Feldmark einer zu einem Landkreise gehörigen Stadt belegen sind oder unmittelbar an dieselbe angrenzen, bezüglich der Verwaltung der Polizei nach Anhörung der Beteiligten und des Kreistages mit dem Bezirke der Stadt zu vereinigen, sofern dies im öffentlichen Interesse notwendig ist.

In Ermangelung einer Einigung unter den Beteiligten wird der Beitrag der betreffenden Landgemeinde, beziehungsweise des betreffenden Gutsbezirkes zu den Kosten der städtischen Polizeiverwaltung von dem Bezirksrate festgesetzt.

Der Provinzialrat kann im Einvernehmen mit dem Minister des Innern in den Fällen des ersten Absatzes gleichzeitig die Ausscheidung der betreffenden Landgemeinden und Gutsbezirke aus dem Amtsbezirke, welchem sie bisher angehörten, aussprechen. Über die hierdurch notwendig werdende Auseinandersetzung zwischen den Beteiligten beschließt der Kreisausschuß. Gegen den Beschluß findet innerhalb zwei Wochen der Antrag auf mündliche Verhandlung im Verwaltungsstreitverfahren statt.

Zu Abs. 1 und 3. An die Stelle des Provinzialrates ist wie in § 49 nach § 6 des Zuständigkeitsgesetzes vom 1. August 1883 der Minister des Innern getreten, der im Einvernehmen mit dem Bezirksausschuß nach Anhörung der Beteiligten und des Kreistages die betr. Verfügung trifft.

Zu Abs. 2. An die Stelle des Bezirksrates ist der Bezirksausschuß getreten.

Die Vereinigung der Landgemeinde mit der Stadtgemeinde bezüglich der Polizeiverwaltung und das gänzliche Ausscheiden der ersteren aus dem Amtsbezirke erfolgt gleichzeitig. Während über die Auseinandersetzung der Landgemeinde mit dem Amtsbezirke nach Abs. 3 der Kreisausschuß beschließt, setzt den Beitrag derselben zu den Kosten der städtischen Polizeiverwaltung nach Abs. 2 in Streitfällen der Bezirksausschuß fest. Entsch. des O.V.G. vom 29. November 1884, Bd. 11, S. 28.

§ 50. (A.)

Die Organe der Amtsverwaltung in den Amtsbezirken sind nach näherer Vorschrift dieses Gesetzes der Amtsvorsteher und der Amtsausschuß.

Amtsvorsteher und Amtsausschuß sind die Organe des Amtsbezirks als Korporation. Nach außen wird dieselbe durch den Amtsvorsteher vertreten. Entsch. des O.V.G. vom 18. September 1878, Bd. 4, S. 82. Vgl. auch § 55.

§ 51. (A.)

Für die Bildung des Amtsausschusses gelten bis zum Erlaß der Landgemeindeordnung folgende Bestimmungen:

1) In den zusammengesetzten Amtsbezirken besteht der Amtsausschuß aus Vertretern sämtlicher zum Amtsbezirke gehörigen Gemeinden und selbständigen Gutsbezirke. Jede Gemeinde und jeder Gutsbezirk ist wenigstens durch einen Abgeordneten zu vertreten.

   Die Vertretung der Gemeinden erfolgt zunächst durch den Gemeindevorsteher, sodann durch die Schöffen und, wenn auch deren Zahl nicht ausreicht, durch andere von der Gemeinde zu wählende Mitglieder.

   Die Zahl der von jeder Gemeinde zu entsendenden Vertreter, sowie der jedem Gutsbezirk einzuräumenden Stimmen wird mit Rücksicht auf die Steuerleistungen und die Einwohnerzahl durch ein nach Anhörung der Beteiligten auf den Vorschlag des Kreisausschusses von dem Kreistage zu erlassendes Statut geregelt. Beschwerden gegen dieses Statut unterliiegen der endgültigen Beschlußfassung des Bezirksrates.

Vertreter einer Gemeinde oder eines Gutsbezirks bei dem Amtsausschusse können nur Personen sein, welche die im § 96 unter a und b bezeichneten Eigenschaften besitzen.

2) In denjenigen Amtsbezirken, welche nur aus einer Gemeinde bestehen, nimmt die Gemeindeversammlung beziehungsweise Gemeindevertretung die Geschäfte des Ausschusses wahr.

3) In denjenigen Amtsbezirken, welche nur aus einem Gutsbezirke bestehen, fällt der Amtsausschuß weg.

§ 24. (W.)

In Ämtern, welche nicht nur aus einer Gemeinde bestehen (§ 75 a. a. O.)*) wird die Amtsversammlung gebildet:

1) aus den Vorstehern der zum Amtsverbande gehörigen Gemeinden und selbständigen Gutsbezirke,
2) aus gewählten Amtsverordneten, von denen aus jeder Gemeinde mindestens einer von der Gemeindeversammlung zu wählen ist.

Die Zahl der aus den Gemeinden zu wählenden Mitglieder der Amtsversammlung und der den Vorstehern selbständiger Gutsbezirke in der Amtsversammlung einzuräumenden Stimmen ist mit besonderer Rücksicht auf die Einwohnerzahl und Steuerkraft durch das Amtsstatut festzusetzen.

Wegen der Verpflichtung, die Stelle eines gewählten

*) Unter a. a. O. ist die im vorhergehenden § 23 Kr.O. (W.) citierte Landgemeindeordnung für Westfalen vom 19. März 1856 zu verstehen.

Amtsverordneten zu übernehmen und mindestens drei Jahre lang zu versehen, kommt § 78 a. a. O.*) zur Anwendung.

§ 24 (W.) modifiziert den § 75 der Landgemeindeordnung, der bei der Zusammensetzung der Amtsversammlungen statt der Gutsvorsteher die Besitzer der auf den Kreistagen virilstimmberechtigten Güter nannte. Da die Vorrechte der Rittergüter nach § 23 Kr.O. (W.) aufgehoben sind, war die hier getroffene anderweite Regelung der Zusammensetzung der Amtsversammlungen erforderlich.

§ 51 a. (A.)

Gegen das zum Zwecke der Wahl eines Abgeordneten zum Amtsausschusse (§ 51, Nr. 1) stattgehabte Wahlverfahren kann jedes Mitglied der Wahlversammlung innerhalb zwei Wochen Einspruch bei dem Vorsitzenden des Wahlvorstandes erheben. Die Beschlußfassung über den Einspruch, über welchen die Beteiligten vorab zu hören sind, steht dem Amtsausschusse zu.

Im übrigen prüft der Amtsausschuß die Legitimation seiner Mitglieder von Amtswegen und beschließt darüber.

Jede Wahl verliert dauernd oder vorübergehend ihre Wirkung, wenn sich ergibt, daß die für die Wählbarkeit vorgeschriebenen Bedingungen nicht vorhanden gewesen sind, oder wenn diese Bedingungen gänzlich oder zeitweise aufhören. Das Gleiche gilt in bezug auf die unmittelbar auf dem Gesetze beruhende Mitgliedschaft des Amtsausschusses. Der Amtsausschuß hat darüber zu beschließen, ob einer der gedachten Fälle eingetreten ist.

Gegen die nach Maßgabe der vorstehenden Bestimmungen gefaßten Beschlüsse des Amtsausschusses findet innerhalb zwei Wochen die Klage bei dem Kreisausschusse statt. Dieselbe steht auch dem Amtsvorsteher zu. Die Klage hat keine aufschiebende Wirkung; jedoch dürfen Ersatzwahlen vor rechtskräftiger Entscheidung nicht vorgenommen werden.

Für das Streitverfahren kann der Amtsausschuß einen besonderen Vertreter bestellen.

---

*) Siehe Note auf Seite 62.

§ 52. (A.)

Zu den Befugnissen des Amtsausschusses gehört:

1) die Kontrole sämtlicher und die Bewilligung derjenigen Ausgaben der Amtsverwaltung, welche vom Amtsbezirke aufgebracht werden (§§ 69 und 70, Absatz 4);
2) die Beschlußfassung über diejenigen Polizeiverordnungen, welche der Amtsvorsteher unter Mitwirkung des Amtsausschusses zu erlassen befugt ist (§ 62);
3) die Äußerung über Abänderungen des Amtsbezirkes (§ 49);
4) die Bestellung, sowie die Wahl besonderer Kommissionen oder Kommissarien zur Vorbereitung und Ausführung von Beschlüssen des Amtsausschusses;
5) die Beschlußfassung über sonstige Angelegenheiten, welche der Amtsvorsteher aus dem Kreise seiner Amtsbefugnisse dem Amtsausschusse zu diesem Zwecke unterbreitet.

Damit der Amtsvorsteher nicht sämtliche Kosten der Amtsverwaltung aus seinem Pauschquantum zu bestreiten hat, ist ein Amtsetat aufzustellen. Über die etatsmäßigen Ausgaben ist dem Amtsausschuß Rechnung zu legen, nicht aber über das Pauschquantum. Entsch. des O.V.G. vom 8. Januar 1881, Bd. 7, S. 121.

§ 53. (A.)

Die zu einem Amtsbezirke gehörigen Gemeinden und Gutsbezirke sind befugt, durch übereinstimmendeu Beschluß einzelne Kommunalangelegenheiten dem Amtsbezirke zu überweisen.

Handelt es sich hierbei um Aufbringung von Abgaben seitens des Amtsbezirkes, deren Aufbringungsmaßstab nicht gesetzlich feststeht, so muß sich die Übereinstimmung der Beteiligten auch auf den Aufbringungsmaßstab erstrecken.

Über solche dem Amtsbezirke überwiesene Kommunalangelegenheiten steht alsdann die Beschlußfassung dem Amtsausschusse zu.

Kraft des Gesetzes ist Kommunallast der Amtsbezirke lediglich die Tragung der Kosten der örtlichen Polizeiverwaltung, soweit die vom Staate zu diesem Zwecke überwiesenen Fonds nicht ausreichen (Vgl. § 70 Kr.O.). Im übrigen ist es der autonomen Beschlußfassung der zu einem Amtsbezirke gehörigen Gemeinden und Gutsbezirke überlassen, welche Kommunalangelegenheiten sie weiterhin dem Amtsbezirke überweisen wollen.

Abgabenpflichtig sind dem Amtsbezirke nicht die Bewohner desselben, sondern die den Amtsbezirk bildenden Gemeinden und Gutsbezirke. Es kann daher niemand zu den Amtslasten unmittelbar herangezogen werden. Entsch. des O.V.G. vom 13. Oktober 1876, Bd. 1, S. 119.

§ 54. (A.)

Der Amtsvorsteher beruft den Amtsausschuß und führt den Vorsitz mit vollem Stimmrechte. Die Sitzungen des Amtsausschusses sind öffentlich. Für einzelne Gegenstände kann durch einen in geheimer Sitzung zu fassenden Beschluß die Öffentlichkeit ausgeschlossen werden.

Der Amtsausschuß kann nur beschließen, wenn mehr als die Hälfte der Mitglieder anwesend ist. Eine Ausnahme hiervon findet statt, wenn die Mitglieder zum zweiten Male zur Verhandlung über denselben Gegenstand berufen, dennoch nicht in beschlußfähiger Anzahl erschienen sind. Bei der zweiten Berufung muß auf diese Bestimmung ausdrücklich hingewiesen werden.

Die Beschlüsse des Amtsausschusses werden nach Mehrheit der Stimmen gefaßt. Bei Stimmengleichheit gilt der Antrag als abgelehnt.

Ist der Amtsvorsteher in dem Amtsausschuß gleichzeitig Vertreter eines Gemeinde- oder Gutsbezirks, so hat er ein doppeltes Stimmrecht. Minist. Reskr. vom 9. Oktober 1874 (M.Bl. d. inn. Verw. von 1874, S. 257).

§ 54a. (A.)

Beschlüsse des Amtsausschusses, welche dessen Befugnisse überschreiten oder die Gesetze verletzen, hat der Amtsvorsteher, entstehenden Falles auf Anweisung der Aufsichtsbehörde, unter Angabe der Gründe, mit aufschiebender Wirkung zu beanstanden.

Gegen die Verfügung des Amtsvorstehers steht dem Amtsausschusse innerhalb einer Frist von zwei Wochen die Klage bei dem Kreisausschusse zu. Zur Wahrnehmung seiner Rechte im Verwaltungsstreitverfahren kann der Amtsausschuß einen besonderen Vertreter wählen.

§ 55. (A.)

Für die nach näherer Vorschrift dieses Gesetzes den Gemeinden und Gutsbezirken gemeinsamen Angelegenheiten stehen dem Amtsverbande die Rechte einer Korporation zu. Die Korporation wird nach außen durch den Amtsvorsteher vertreten.

Urkunden, welche das Amt verpflichten sollen, sind von dem Amtsvorsteher und mindestens einem Mitgliede des Amtsausschusses unter Anführung des betreffenden Beschlusses des Amtsausschusses zu vollziehen.

Unter den „gemeinsamen Angelegenheiten" sind lediglich die Kommunalangelegenheiten des Amtsbezirks zu verstehen. Darüber, was zu diesen gehört vgl. die Anm. zu § 53.

§ 55a. (A.)

Beschlüsse der Amtsverbände, betreffend die Veräußerung von Grundstücken oder Immobiliarrechten oder die Aufnahme von Anleihen, durch welche der Amtsverband mit einem Schuldenbestande belastet, oder der bereits vorhandene Schuldenbestand vergrößert werden würde, bedürfen der Bestätigung des Kreisausschusses. Ohne diese Genehmigung sind die bezeichneten Rechtsgeschäfte nichtig.

Bis zum Erlaß einer Landgemeindeordnung ist zur Aufnahme von Anleihen durch den Amtsausschuß die Zustimmung sämtlicher zu dem Amtsbezirke gehöriger Gemeinden und Gutsbezirke notwendig.

Gegen den Beschluß des Kreisausschusses finden die gewöhnlichen Rechtsmittel in Gemäßheit des § 121 des Landesverwaltungsgesetzes statt.

§ 55 b. (A.)

Der Kreisausschuß beschließt an Stelle der Aufsichtsbehörde:

1) über die Art der gerichtlichen Zwangsvollstreckung wegen Geldforderungen gegen Amtsverbände (§ 15 zu 4 des Einführungsgesetzes zur Deutschen Zivilprozeßordnung vom 30. Januar 1877, Reichsgesetzblatt S. 244);
2) über die Feststellung und den Ersatz der bei Kassen- und anderen Verwaltungen der Amtsverbände vorkommenden Defekte nach Maßgabe der Verordnung vom 24. Januar 1844 (G.-S. S. 52);
3) über die verweigerte Abnahme oder Entlastung von Rechnungen der rechnungsführenden Beamten.

Der Beschluß zu 2 und 3 ist, vorbehaltlich des ordentlichen Rechtsweges, endgültig.

Zu Nr. 1 vgl. § 153 Anh. zu Allg. Gerichtsordnung, wonach bei Exekutionen aus Erkenntnissen gegen Korporationen das Gericht sich mit der betr. Aufsichtsbehörde ins Einvernehmen setzen soll. Das E.G. zur C.P.O. § 15 Nr. 4 hat dies aufrecht erhalten, soweit es sich um Geldforderungen handelt und nicht dingliche Rechte verfolgt werden.

§ 55 c. (A.)

Die Aufsicht des Staates über die Verwaltung der Angelegenheiten der Amtsverbände wird in erster Instanz von dem Kreisausschusse, in höherer und letzter Instanz von dem Bezirksrate geübt.

Beschwerden bei den Aufsichtsbehörden in Angelegenheiten der Amtsverbände sind in allen Instanzen innerhalb zwei Wochen anzubringen.

Abs. 1 ist abgeändert durch § 5 des Zuständigkeitsgesetzes vom 1. August 1883:

„Die Aufsicht des Staates über die Verwaltung der Angelegenheiten der Amtsverbände wird unbeschadet der vorstehenden

Bestimmungen in erster Instanz von dem Landrate als Vorsitzenden des Kreisausschusses, in höherer und letzter Instanz von dem Regierungspräsidenten geübt."

§ 56. (A.)

Der Amtsvorsteher wird von dem Oberpräsidenten ernannt.

Die Ernennung erfolgt auf Grund von Vorschlägen des Kreistages, in welche aus der Zahl der Amtsangehörigen die zu Amtsvorstehern befähigten Personen aufzunehmen sind.

Lehnt ein Kreistag die Aufforderung des Oberpräsidenten zur Vervollständigung dieser Vorschläge ab, so hat der Provinzialrat auf Antrag des Oberpräsidenten darüber zu beschließen, ob und welche Personen nachträglich in die Vorschlagsliste aufzunehmen sind.

Die Ernennung erfolgt auf sechs Jahre. Der Amtsvorsteher wird von dem Landrate vereidigt.

In denjenigen Amtsbezirken, welche nur aus einer Gemeinde oder einem selbständigen Gutbezirke bestehen, ist der Gemeinde- beziehungsweise Gutsvorsteher zugleich Amtsvorsteher.

Das Vorschlagsrecht des Kreistages ist kein Wahlrecht. Eine unberechtigte Weigerung zur Übernahme des Amtes liegt daher nicht vor, wenn der Kreistag nur seine Vorschläge gemacht, sondern erst, wenn der Oberpräsident auf Grund derselben seine Entschließung getroffen hat. Entsch. des O.V.G. vom 29. Juni 1885, Bd. 12, S. 6. Vgl. auch die Anm. zu § 8.

§ 57. (A.)

Für jeden Amtsbezirk wird nach den für die Ernennung des Amtsvorstehers geltenden Bestimmungen (§ 56) ein Stellvertreter des letzteren ernannt.

Ist der Amtsvorsteher an der Wahrnehmung seiner Amtsgeschäfte verhindert, so hat der Stellvertreter dieselben zu übernehmen; der Landrat ist hiervon zu benachrichtigen, sobald die Verhinderung länger als drei Tage dauert.

Erledigt sich das Amt des Amtsvorstehers, so tritt bis zur Ernennung seines Nachfolgers der Stellvertreter für ihn ein.

Findet sich im Amtsbezirke keine zur Ernennung als Stellvertreter geeignete Person, so hat der Kreisausschuß die Stellvertretung einstweilen einem der benachbarten Amtsvorsteher, oder, nach vorherigem Einvernehmen mit der städtischen Vertretung, dem Bürgermeister einer benachbarten Stadt zu übertragen. Eine gleiche Anordnung erfolgt für den Fall des gleichzeitigen Abganges oder der gleichzeitigen Behinderung des Amtsvorstehers und seines Stellvertreters.

Ist der Amtsvorsteher bei der Erledigung eines Amtsgeschäftes persönlich beteiligt, so hat der Kreisausschuß den Stellvertreter oder einen der benachbarten Amtsvorsteher, beziehungsweise Bürgermeister, damit zu betrauen.

In den Gemeinden, welche einen eigenen Amtsbezirk bilden, vertritt nach der Bestimmung des Kreisausschusses einer der Schöffen den Gemeindevorsteher in seiner Eigenschaft als Amtsvorsteher.

In den Fällen der Absätze 5 und 6 ist der Beschluß des Kreisausschusses endgültig.

Zu Abs. 1. Der Stellvertreter wird also gleich dem Amtsvorsteher auf Grund der Vorschläge des Kreistages vom Oberpräsidenten auf sechs Jahre ernannt.

Zu Abs. 5. Persönliche Beteiligung des Amtsvorstehers liegt nur dann vor, wenn er ein von dem allgemeinen Interesse verschiedenes besonderes Privatinteresse, nicht aber, wenn er bloß ein amtliches Interesse hat. Entsch. des O.V.G. vom 10. Oktober 1876, Bd. 1, S. 240; vom 10. April 1880, Bd. 6, S. 359.

Im Falle der persönlichen Beteiligung des Amtsvorstehers hat der Kreisausschuß nach seinem Ermessen darüber zu beschließen, ob er mit Erledigung des betr. Geschäfts den Stellvertreter des Amtsvorstehers oder einen benachbarten Amtsvorsteher oder Bürgermeister beauftragen will. „Benachbart" bedeutet nicht aus einem „angrenzenden", sondern nur aus einem in der Nähe liegenden Bezirke. Entsch. des O.V.G. vom 19. Dezember 1883, Bd. 10, S. 347; vom 8. Oktober 1884, Bd. 11, S. 219.

Der benachbarte Amtsvorsteher bezw. Bürgermeister hat gegen den Amtsbezirk, in dem er vertretungsweise fungiert, keinen Anspruch auf Entschädigung für Mühewaltung, sondern nur für wirkliche vermögensrechtliche Aufwendungen. Entsch. des O.V.G. vom 29. November 1884, Bd. 11, S. 28.

§ 58. (A.)

Ist nach der Erklärung des Kreistages für einen Amtsbezirk weder eine zum Amtsvorsteher geeignete Person zu ermitteln, noch die zeitweilige Wahrnehmung der Amtsverwaltung durch den Vorsteher eines benachbarten Amtsbezirks, oder durch den Bürgermeister einer benachbarten Stadt thunlich, so bestellt der Oberpräsident auf Vorschlag des Kreisausschusses einen kommissarischen Amtsvorsteher.

Für die Übernahme der Verwaltung eines benachbarten Amtsbezirkes durch einen Bürgermeister ist die Zustimmung der städtischen Vertretung erforderlich.

Sofern die Verhältnisse es gestatten, kann ein kommissarischer Amtsvorsteher mit der Verwaltung zweier oder mehrerer Amtsbezirke gleichzeitig beauftragt werden.

§ 27. (W.)

Die Stelle des Amtmanns ist ein Ehrenamt, welches einem angesehenen und vorzugsweise aus den größeren Grundbesitzern auszuwählenden Amtseingesessenen übertragen werden soll. Ein Amtmann mit Besoldung soll nur angestellt werden, wenn ein geeigneter Ehrenamtmann nicht zu gewinnen ist.

Den Amtmann ernennt auf Grund der Vorschläge des Kreisausschusses, welche dieser nach Anhörung der Amtsversammlung zu machen hat, der Oberpräsident. Falls der Oberpräsident den sämtlichen Vorschlägen des Kreisausschusses keine Folge geben will, so bedarf es hierzu der Zustimmung des Provinzialrates. Lehnt der Provinzialrat die Zustimmung ab, so kann dieselbe auf Antrag des Oberpräsidenten durch den Minister des Innern ergänzt werden.

Die kommissarische Verwaltung des Amts wird von dem Oberpräsidenten angeordnet.

Über die Festsetzung der Besoldung, beziehungsweise der Dienstunkostenentschädigung der Amtmänner, beziehungsweise der Ehrenamtmänner beschließt der Kreisausschuß nach Anhörung der Amtsversammlung (§ 32 Nr. 4 des Gesetzes über die Zuständigkeit der Verwaltungs- und Verwaltungsgerichtsbehörden vom 1. August 1883).

Die nach § 36 des letzteren Gesetzes dem Landrate, in der Beschwerdeinstanz dem Regierungspräsidenten zustehende Befugnis zur Verhängung von Ordnungsstrafen gegen die Amtmänner wird bezüglich der Ehrenamtmänner dem Kreisausschuß, in der Beschwerdeinstanz dem Bezirksausschuß übertragen.

In betreff der Beigeordneten finden die wegen Vorschlag und Ernennung der Amtmänner geltenden Bestimmungen entsprechende Anwendung.

§ 28. (W.)

Im Falle der Pensionierung der besoldeten Beamten der Amtsverbände und Landgemeinden kommt bei der Berechnung der Dienstzeit auch die Zeit in Anrechnung, während welcher der zu pensionierende Beamte bei anderen Amtsverbänden oder Landgemeinden der Provinz angestellt gewesen ist.

Die Amtsverbände und Landgemeinden der Provinz werden zu einem Kassenverbande vereinigt, welchem es obliegt, den in Ruhestand versetzten besoldeten Beamten der Amtsverbände und Landgemeinden die ihnen zustehenden Pensionen zu zahlen.

Die zur Bestreitung der Pensionszahlungen erforderlichen Beiträge werden von den Amtsverbänden und Landgemeinden nach Verhältnis des jeweiligen Betrags des pensionsberechtigten Diensteinkommens der Beamten aufgebracht.

Die Pensionskasse wird durch Organe des Provinzialverbandes unter Aufsicht des Provinzialausschusses verwaltet. Im übrigen werden die Verhältnisse der Kasse durch ein nach Anhörung des Provinziallandtags von dem Minister des Innern zu erlassendes Regulativ geordnet.

Die Provinzialvertretung ist ermächtigt, einen Teil der gemäß § 1 Nr. 2 des Gesetzes vom 30. April 1873 (Gesetz-Sammlung S. 187) und § 26 des Gesetzes vom 8. Juli 1875 (Gesetz-Sammlung S. 497) zur Bestreitung der Kosten der Amtsverwaltung aus der Staatskasse jährlich zur Verfügung gestellten Summe an die Pensionskasse zu überweisen.

Die §§ 27, 28 Kr.O. (W.) bilden lediglich eine Novelle zur westfälischen Landgemeindeordnung, die sie mit der neuen Verwaltungsorganisation in Übereinstimmung bringen. Der § 28 bezweckt eine Erleichterung und Ausgleichung der Pensionslast der einzelnen Gemeinden.

§ 59. (A.)

Der Amtsvorsteher verwaltet:

1) die Polizei, insbesondere die Sicherheits-, Ordnungs-, Sitten-, Gesundheits-, Gesinde-, Armen-, Wege-, Wasser-, Feld-, Forst-, Fischerei-, Gewerbe-, Bau-, Feuer-Polizei u. s. w., soweit sie nicht durch besondere Gesetze dem Landrate oder anderen Beamten übertragen ist;
2) die sonstigen öffentlichen Angelegenheiten des Amts nach näherer Vorschrift dieses Gesetzes.

Unter der nach Ziffer 1 dem Amtsvorsteher übertragenen Wasserpolizei ist die Strom-, Schiffahrts- und Hafenpolizei nicht begriffen.

Auf den Amtsvorsteher ist die in diesem § präzisierte Ortspolizei, nicht dagegen die Landespolizei übergegangen. Die Ortspolizei verwaltet er dagegen selbständig und unter eigener Verantwortung, wenn er auch den Anweisungen der vorgesetzten Dienstbehörde Folge zu leisten hat.

Es erscheint demnach das Eingreifen des Landrats an Stelle des Amtsvorstehers nur da gerechtfertigt, wo der im öffentlichen

Interesse zu erreichende Zweck auf andere Weise nicht sicher gestellt werden kann. U. a. ist das Verbot, Fabrikabgänge in einen Privatfluß abzuleiten von dem Amtsvorsteher zu erlassen. Entsch. des O.V.G. vom 29 März 1884, Bd. 10, S. 357.

Die durch das Gesetz vom 7. März 1850 ausdrücklich dem Landrate übertragene Jagdpolizei ist nach § 59 Kr.O. auf den Amtsvorsteher nicht übergegangen. Entsch. des O.V.G. vom 17. März 1881, Bd. 7, S. 246.

§ 27. (H.-N.)

Mit der Verwaltung der Ortspolizei, soweit dieselbe nicht auf Grund bestehender Gesetze in einzelnen Gemeinden und Bezirken einer besonderen Staatsbehörde oder einem besonderen Staatsbeamten übertragen ist, oder in der Folge übertragen werden sollte, bleiben die Bürgermeister, beziehungsweise deren gesetzliche Stellvertreter, beauftragt.

In der Stadt Orb tritt für die Verwaltung der Ortspolizeigeschäfte an die Stelle des Magistrats der Bürgermeister.

In den auf Grund des § 8 Absatz 1 der Gemeindeordnung für die Städte und die Landgemeinden des vormaligen Kurfürstentums Hessen vom 23. Oktober 1834 (Kurhessische Gesetz-Sammlung von 1834, Nr. 181) gebildeten Bürgermeisterbezirken wird die Ortspolizei von dem mit der Verwaltung des Bürgermeisterbezirks betrauten Bürgermeister geführt.

Die Bürgermeister bleiben mit der Ortspolizei beauftragt. Welche Gegenstände zu derselben gehören, beantwortet sich daher nach den bisher geltenden Bestimmungen.

§ 28. (H.-N.)

Diejenigen Zweige der örtlichen Polizeiverwaltung, welche bei Erlaß dieses Gesetzes auf Grund gesetzlicher Vorschriften oder von der Aufsichtsbehörde erlassener Verfügungen von anderen Behörden als dem Bürgermeister verwaltet werden, sind fortan, soweit dies nicht schon jetzt der Fall ist, von dem Landrate wahrzunehmen.

Der Minister des Innern ist jedoch befugt, dieselben ganz oder zum Teil den Gemeinden zur eigenen Verwaltung zu überweisen.

§ 29. (H.-R.)

Dem Minister des Innern steht die Befugnis zu, im Einvernehmen mit dem Bezirksausschusse, ländliche Gemeinden und Gutsbezirke, welche innerhalb der Feldmark einer zu einem Landkreise gehörigen Stadt belegen sind oder unmittelbar an dieselbe angrenzen, bezüglich der Verwaltung der Polizei nach Anhörung der Beteiligten und des Kreistages mit dem Bezirk der Stadt zu vereinigen, sofern dies im öffentlichen Interesse notwendig ist.

In Ermangelung einer Einigung unter den Beteiligten wird der Beitrag der betreffenden Landgemeinde, beziehungsweise des betreffenden Gutsbezirkes zu den Kosten der städtischen Polizeiverwaltung von dem Bezirksausschusse festgesetzt.

Besondere Bestimmungen für den Landkreis Frankfurt a. M.

§ 30. (H.-R.)

Der Bezirk der Königlichen Polizeiverwaltung zu Frankfurt a. M. wird nach Maßgabe der Verordnung vom 29. Juni 1867 (Gesetz-Sammlung S. 917) auf sämtliche Gemeinden des Landkreises Frankfurt a. M. ausgedehnt.

Der Polizeipräsident zu Frankfurt a. M. ist zugleich Landrat des Landkreises Frankfurt a. M. Die Vertretung des Landrates führt ein vom Minister des Innern ernannter, zum höheren Verwaltungsdienst qualifizierter Beamter.

§ 31. (H.-R.)

Von den Bürgermeistern (Schultheißen) der zum Landkreise Frankfurt a. M. gehörigen Gemeinden sind wahrzunehmen die Rechte und Pflichten der Ortspolizeibehörde:

1) rücksichtlich der gutachtlichen Anhörung der Gesuche um Erlaubnis zum Betriebe der Gastwirtschaft, der Schankwirtschaft, des Kleinhandels mit Branntwein oder Spiritus (§ 33 der Reichsgewerbeordnung vom 21. Juni 1869, § 114 des Gesetzes vom 1. August 1883 über die Zuständigkeit der Verwaltungs- und Verwaltungsgerichtsbehörden);

2) hinsichtlich Erhebung der Klage auf Untersagung des Betriebes der in den §§ 33a, 35, 37, 42b, 53 Absatz 3 und 59a der Reichsgewerbeordnung bezeichneten Gewerbe (§ 119 Nr. 1 des Gesetzes vom 1. August 1883, § 4a, c, d und e der Verordnung vom 31. Dezember 1883 zur Ausführung des Reichsgesetzes vom 1. Juli 1883, betreffend Abänderungen der Reichsgewerbeordnung — Gesetz-Sammlung 1884, S. 7);

3) hinsichtlich Erhebung der Klage auf Zurücknahme der in den §§ 33, 33a, 34, 42b Absatz 1 der Reichsgewerbeordnung bezeichneten gewerblichen Konzessionen (§ 119 Nr. 2 des Gesetzes vom 1. August 1883, § 4a und b der Verordnung vom 31. Dezember 1883).

§ 32. (H.-N.)

Gegen ortspolizeiliche Verfügungen des Polizeipräsidenten finden in dem gesamten Landkreise Frankfurt a. M. die gleichen Rechtsmittel statt, wie in dem Stadtkreise.

§ 33. (H.-N.)

Die Bestimmungen in den §§ 24 und 25 finden auf den Landkreis Frankfurt a. M. keine Anwendung.

§ 29. (W.)

Bezüglich der Verwaltung der Angelegenheiten der Landgemeinden verbleiben dem Amtmann die demselben in §§ 28, 31, 37, 43, 46, 48 und 65 der Landgemeindeordnung vom 19. März 1856 übertragenen besonderen Geschäfte, sowie die Verpflichtung zur Unterstützung des Gemeindevorstehers nach Maßgabe des § 49 a. a. O. mitzuwirken. In betreff der allgemeinen Aufsicht über die Verwaltung der Angelegenheiten der Landgemeinden und Gutsbezirke (§§ 41, 74 a. a. O.) ist der Amtmann das Organ des Landrats, als Vorsitzenden des Kreisausschusses (§ 80 a. a. O., § 24 des Gesetzes über die Zuständigkeit der Verwaltungs- und Verwaltungsgerichtsbehörden vom 1. August 1883).

Die Verwaltung der Ortspolizei steht, soweit sie nicht gesetzlich anderen Behörden übertragen ist, dem Amtmann zu, und der Gemeindevorsteher ist dessen Organ (§ 41, 74 der Landgemeindeordnung vom 19. März 1856).

Vgl. die Anm. zu §§ 27, 28 (W.).

§ 60. (A.)

Der Amtsvorsteher hat das Recht und die Pflicht, da, wo die Erhaltung der öffentlichen Ordnung, Ruhe und Sicherheit sein Einschreiten notwendig macht, das Erforderliche anzuordnen und ausführen zu lassen.

Diese Bestimmung entspricht dem, was in § 10 II, 17 A.L.-R. als Aufgabe der Polizei bezeichnet ist. Das Einschreiten des Amtsvorstehers muß stets durch das öffentliche Interesse geboten sein.

§ 61. (A.)

Der Kreisausschuß bestimmt endgültig denjenigen Amtsvorsteher, beziehungsweise Bürgermeister, welcher die in bezug auf die öffentlichen Wege notwendigen Anordnungen zu treffen hat, wenn die Beteiligten verschiedenen Amtsbezirken, beziehungsweise Amts- und Stadtbezirken, angehören.

Diese Bestimmung findet gleichmäßig Anwendung auf die in Vorfluths- und anderen polizeilichen Angelegenheiten zu treffenden Anordnungen.

Gehört der betr. Weg verschiedenen Kreisen an, so hat der Regierungspräsident denjenigen Kreisausschuß zu bezeichnen, der den zuständigen Amtsvorsteher bestimmen soll. Entsch. des O.V.G. vom 15. Dezember 1883, Bd. 10, S. 188.

Hat der Amtsvorsteher auf Grund des § 61 einen über mehrere Amtsbezirke sich erstreckenden Auftrag ausgeführt, so erscheint, wenn es sich um Aufbringung der dem Amtsvorsteher in den fremden Amtsbezirken erwachsenen Kosten handelt, die Auffassung, daß der Kreis als Mandant hafte, bedenklich. Entsch. des O.V.G. vom 23. Juni 1884, Bd. 11, S. 15.

§ 62. (A.)

Das durch die §§ 5 ff. des Gesetzes vom 11. März 1850 (G.-S. S. 265) der Ortspolizeibehörde für den Umfang einer Gemeinde erteilte Recht zum Erlaß von Polizeistrafverordnungen wird auf den Amtsvorsteher mit der Maßgabe übertragen, daß er nicht nur für den Umfang einer einzelnen Gemeinde oder eines einzelnen Gutsbezirks, sondern auch für den Umfang mehrerer Gemeinden oder Gutsbezirke und für den Umfang des ganzen Amtsbezirkes unter Zustimmung des Amtsausschusses, auch im Falle des § 7 des Gesetzes, derartige Verordnungen zu erlassen befugt ist.

Versagt der Amtsausschuß die Zustimmung, so kann dieselbe auf Antrag des Amtsvorstehers durch Beschluß des Kreisausschusses ergänzt werden. Der Beschluß ist endgültig.

Die Gegenstände des Polizeiverordnungsrechts sind durch §§ 5 ff. des Gesetzes vom 11. März 1850 bestimmt.

§ 63. (A.)

Der Amtsvorsteher hat in den seiner Verwaltung anheimfallenden Angelegenheiten das Recht der vorläufigen

Straffestsetzung nach den Vorschriften des Gesetzes vom 14. Mai 1852 (G.-S. S. 245).

An die Stelle dieses Gesetzes ist jetzt das Gesetz vom 23. April 1883, betr. den Erlaß polizeilicher Strafverfügungen wegen Übertretungen (G.S. v. 1883, S. 65 ff.) getreten.

§ 64 (A.)

fällt aus. Derselbe handelte von der nunmehr reichsgesetzlich geregelten Polizeigerichtsbarkeit.

§ 65. (A.)

Die Gemeinde- und Gutsvorsteher sind verbunden, den Anweisungen und Aufträgen des Amtsvorstehers, welche derselbe in Gemäßheit seiner gesetzlichen Befugnisse in Dienstangelegenheiten an sie erläßt, nachzukommen, und können hierzu von ihm unter Anwendung der den Ortspolizeibehörden nach § 68 des Gesetzes über die Organisation der allgemeinen Landesverwaltung vom 26. Juli 1880 (G.-S. S. 291) zustehenden Zwangsmittel mit Ausnahme der Haftstrafe, angehalten werden. Ein Ordnungsstrafrecht steht dem Amtsvorsteher gegen die Gemeinde- und Gutsvorsteher nicht zu.

Die Gendarmen haben den Requisitionen des Amtsvorstehers in polizeilichen Angelegenheiten zu genügen. Der Dienstaufsicht des Amtsvorstehers unterliegen sie nicht.

An die Stelle des § 68 des Gesetzes vom 26. Juli 1880 ist gegenwärtig § 163 des Landesverwaltungsgesetzes getreten, welcher mit jenem gleich lautet.

§ 66. (A.)

Der Landrat und der Kreisausschuß sind befugt, für die Geschäfte der allgemeinen Landes- und Kreiskommunalverwaltung, sowie bei Beaufsichtigung der Kommunalangelegenheiten der zu dem Amtsbezirke gehörigen Gemeinden und Gutsbezirke die vermittelnde und begutachtende Thätigkeit des Amtsvorstehers in Anspruch zu nehmen.

Der Amtsvorsteher handelt in den hier bezeichneten Geschäften nicht wie bei der Polizeiverwaltung selbständig und auf eigene Verantwortung, sondern lediglich im Auftrage der betr. vorgesetzten Behörden.

Die aus § 66 Kr.O. erwachsenden Kosten gehören aber zu denen der Polizeiverwaltung. Entsch. des O.V.G. vom 29. November 1884, Bd. 11, S. 28.

§ 67. (A.)

Der Kreisausschuß beschließt über Beschwerden gegen Verfügungen der Amtsvorsteher in nicht polizeilichen Angelegenheiten.

Die Aufsicht über die Geschäftsführung der Amtsvorsteher führt der Landrat als Vorsitzender des Kreisausschusses.

Zu Abs. 1. Dies sind die in § 66 bezeichneten Geschäfte. Die Rechtsmittel gegen polizeiliche Verfügungen des Amtsvorstehers sind durch das Landesverwaltungsgesetz geregelt.

Zu Abs. 2. Die Vertretung des Landrats in dieser Befugnis bestimmt sich daher nach § 136 Abs. 2 Kr.O. (A.).

§ 68. (A.)

Bezüglich der Dienstvergehen der Amtsvorsteher finden die Bestimmungen des Gesetzes vom 21. Juli 1852, betreffend die Dienstvergehen der nicht richterlichen Beamten, (G.-S. S. 465), mit folgenden Maßgaben Anwendung:

1) über die Verhängung von Ordnungsstrafen gegen die Amtsvorsteher beschließt im Umfange des den Provinzialbehörden beigelegten Ordnungsstrafrechtes der Kreisausschuß und im Umfange des dem Minister beigelegten Ordnungsstrafrechtes der Regierungspräsident. Dem Landrate steht das Recht zur Verhängung von Ordnungsstrafen gegen die Amtsvorsteher nicht zu.

   Gegen den Beschluß des Kreisausschusses findet innerhalb zwei Wochen die Beschwerde an den Bezirksrat, gegen die Strafverfügungen des Regierungspräsidenten innerhalb gleicher Frist die Beschwerde an den Oberpräsidenten statt.

Gegen den auf die Beschwerde ergehenden Beschluß des Bezirksrates beziehungsweise des Oberpräsidenten, findet innerhalb zwei Wochen die Klage bei dem Oberwaltungsgerichte statt;

2) in dem auf Entfernung aus dem Amte gerichteten Verfahren wird die Einleitung des Disziplinarverfahrens von dem Landrate oder von dem Regierungspräsidenten verfügt und von demselben der Untersuchungskommissar, sowie der Vertreter der Staatsanwaltschaft für die erste Instanz ernannt.

Die entscheidende Behörde erster Instanz ist der Kreisausschuß, die entscheidende Behörde zweiter Instanz das Oberverwaltungsgericht. Der Vertreter der Staatsanwaltschaft bei dem Oberverwaltungsgerichte wird von dem Minister des Innern ernannt.

An die Stelle des Bezirksrates ist der Bezirksausschuß getreten.

Die von den Kreisausschüssen oder in den zur Zuständigkeit derselben gehörigen Sachen von den Verwaltungsgerichten festgesetzten Geldstrafen fließen zur Kreiskommunalkasse. Ministerialreskript vom 12. Dezember 1874 und vom 23. März 1878 (M.-Bl. d. inn. Verw. v. 1875 S. 2, v. 1878, S. 46).

§ 69. (A.)

Der Amtsvorsteher ist berechtigt, eine Amtsunkostenentschädigung zu beanspruchen, welche nach Anhörung der Beteiligten von dem Kreisausschusse als ein Pauschquantum festgesetzt wird.

In gleicher Weise erfolgt die Festsetzung der einem kommissarischen Amtsvorsteher zu gewährenden Remuneration.

Zu Abs. 1. Die Entschädigung soll kein Entgelt für persönliche Mühewaltung bilden, sondern dem Amtsvorsteher nur die erforderlichen sachlichen Mittel zur Führung der Geschäfte geben. Er hat über dieselbe als über ein „Pauschquantum" keine Rechnung zu legen. Eine willkürliche Herabsetzung des einmal normierten Pauschquantums ist unzulässig, sofern dieselbe nicht von vornherein vorbehalten ist. Entsch. des O.V.G. vom 9. Februar 1878, Bd. 4, S. 77.

§ 70. (A.)

Als Beitrag zu den Kosten der Amtsverwaltung überweist der Staat den Kreisen diejenigen Summen, welche er infolge des gegenwärtigen Gesetzes durch das Eingehen der Königlichen Polizeiverwaltungen, durch den Wegfall der Schulzenremunerationen und anderer Polizeiverwaltungskosten an den im Staatshaushaltsetat für das Jahr 1873 für eben genannte Zwecke veranschlagten Ausgaben fernerhin ersparen wird.

Die Verteilung des für jede Provinz festzustellenden Betrages auf die einzelnen Kreise erfolgt nach Maßgabe des Bedürfnisses durch die Provinzialvertretung, beziehungsweise durch eine von dieser zu erwählende Kommission.

Außerdem wird der Staat für die den Kreisen beziehungsweise Amtsbezirken durch die Wahrnehmung von Geschäften der Staatsverwaltung erwachsenden Ausgaben besondere Fonds überweisen. Das hierüber zu erlassende Gesetz wird über den Betrag und die Verteilung dieser Fonds nähere Anordnungen treffen.

Soweit die Kosten der Amtsverwaltung durch die vom Staate überwiesenen Beträge ihre Deckung nicht finden, trägt dieselben das Amt.

In den zusammengesetzten Amtsbezirken gilt für die Aufbringung der Verwaltungskosten in Ermangelung einer Vereinbarung unter den Beteiligten der nach Maßgabe dieses Gesetzes in dem Kreise für die Kreisabgaben festgestellte Maßstab.

Nicht der Kreis trägt die Kosten der Amtsverwaltung seiner Amtsbezirke, während diese dazu Beihilfen leisten, sondern umgekehrt muß jeder Amtsbezirk die Kosten seiner Verwaltung tragen und erhält hierzu vom Kreise eine Beihilfe aus der Dotation. Entsch. des O.V.G. vom 14. Mai 1879, Bd. 5, S. 60.

Die in Abs. 3 in Aussicht gestellten Gesetze sind inzwischen ergangen. Vgl. die unter III abgedruckten Dotationsgesetze.

Unter dem Schlußsatze ist nicht nur derjenige Maßstab zu verstehen, der nach § 12 Kr.O. der Feststellung des Kreistages unterliegt, sondern auch der durch die §§ 14, 15 allgemein feststehend geregelte. Entsch. des O.V.G. vom 30. Juni 1877, Bd. 2, S. 72.

§ 70a. (A.)

Auf Beschwerden und Einsprüche, betreffend:

1) das Recht zur Mitbenutzung der öffentlichen Einrichtungen und Anstalten des Amtsbezirkes;
2) die Heranziehung oder die Veranlagung zu den Kosten der Amtsverwaltung oder zu anderen Amtsabgaben

beschließt — in zusammengesetzten Amtsbezirken — der Amtsausschuß.

Beschwerden und Einsprüche der zu 2 gedachten Art sind innerhalb einer Frist von zwei Monaten nach Bekanntmachung der Abgabebeiträge bei dem Amtsvorsteher anzubringen. Einsprüche gegen die Höhe von Amtszuschlägen zu den direkten Staatssteuern, welche sich gegen den Prinzipalsatz der letzteren richten, sind unzulässig.

Gegen den Beschluß des Amtsausschusses findet innerhalb zwei Wochen die Klage bei dem Kreisausschusse statt. Hierbei finden die Vorschriften des § 19, Absatz 3, Satz 2 Anwendung.

Die Beschwerden und die Einsprüche, sowie die Klage, haben keine aufschiebende Wirkung.

§ 71. (A.)

In denjenigen Gemeinden und Gutsbezirken, welche einen Amtsbezirk für sich bilden, werden die Kosten der Amtsverwaltung gleich den übrigen Kommunalbedürfnissen aufgebracht. Solche Amtsbezirke haben keinen Anspruch auf die vom Staate gewährten Fonds.

§ 72. (A.)

Unterläßt oder verweigert ein Amtsverband die ihm gesetzlich obliegenden, von der Behörde innerhalb der Grenzen ihrer Zuständigkeit festgestellten Leistungen auf den Haushaltsetat zu bringen oder außerordentlich zu genehmigen, so verfügt der Landrat unter Anführung der Gründe die Eintragung in den Etat, beziehungsweise die Feststellung der außerordentlichen Ausgabe.

Gegen die Verfügung des Landrates steht dem Amtsverbande innerhalb zwei Wochen die Klage bei dem Bezirksverwaltungsgerichte zu. Zur Ausführung der Rechte des Amtsverbandes kann der Amtsausschuß einen besonderen Vertreter bestellen.

§ 73. (A.)

Die von den Amtsvorstehern in Gemäßheit des Gesetzes vom 14. Mai 1852 (G.-S. S. 245) endgültig festgesetzten Geldbußen und Konfiskate, sowie die von denselben festgesetzten Exekutivgeldbußen werden — soweit nicht in Ansehung gewisser Übertretungen besonders bestimmt ist, wohin die durch dieselben verwirkten Geldbußen oder Konfiskate fließen sollen — zur Amtskasse, beziehungsweise zu den Kassen der einen eigenen Amtsbezirk bildenden Gemeinden und Gutsbezirke vereinnahmt und zur Deckung der Kosten der Amtsverwaltung mitverwendet.

An die Stelle des Gesetzes vom 14. Mai 1852 ist jetzt das Gesetz vom 23. April 1883 (G.S. v. 1883, S. 65) getreten.

Fünfter Abschnitt.

Von dem Amte des Landrats.

§ 74. (A.) § 22. (H.) § 24. (H.-N.)

Der Landrat wird vom Könige ernannt.

Der Kreistag ist befugt, für die Besetzung des erledigten Landratsamtes geeignete Personen, welche seit mindestens einem Jahre dem Kreise durch Grundbesitz oder Wohnsitz angehören, in Vorschlag zu bringen.

Geeignet zur Bekleidung der Stelle eines Landrats sind diejenigen Personen, welche:

6*

1) die Befähigung zum höheren Verwaltungs- oder Justizdienste erlangt haben, oder
2) dem Kreise seit mindestens einem Jahre durch Grundbesitz oder Wohnsitz angehören und zugleich mindestens während eines vierjährigen Zeitraums, entweder
   a. als Referendare im Vorbereitungsdienste bei den Gerichten und Verwaltungsbehörden, oder
   b. in Selbstverwaltungsämtern des betreffenden Kreises, des Bezirkes oder der Provinz — jedoch nicht lediglich als Stellvertreter oder als Mitglieder von Kreiskommissionen

thätig gewesen sind.

Auf den Zeitraum von vier Jahren kann den zu 2b bezeichneten Personen eine Beschäftigung bei höheren Verwaltungsbehörden bis zur Dauer von zwei Jahren in Anrechnung gebracht werden.

§ 30 (W.)

sagt in Abs. 1: „Der an der Spitze der Verwaltung des Kreises stehende Landrat wird vom Könige ernannt."

Über „Grundbesitz oder Wohnsitz" vgl. die Anm. zu § 17 Pr.O.

Der § 74 bezeichnet nur diejenigen Personen, welche der Kreistag als geeignet vorschlagen kann. Das Kgl. Ernennungsrecht ist dagegen nicht auf diese Personen beschränkt.

Für den Landkreis Frankfurt a. M. finden dieser und der folgende § keine Anwendung. Vgl. § 33 Kr.O. (H.-N.).

§ 75. (A.) § 23. (H.) § 25. (H.-N.)

Behufs Stellvertretung des Landrats werden von dem Kreistage aus der Zahl der Kreisangehörigen zwei Kreisdeputierte auf je sechs Jahre gewählt. Dieselben bedürfen der Bestätigung des Oberpräsidenten. Sie sind von dem Landrate zu vereidigen.

Für kürzere Verhinderungsfälle kann der Kreissekretär als Stellvertreter eintreten.

§ 31 (W.)

fügt am Schluß des Abs. 2 hinzu: „Jedoch darf diese

Vertretung die Dauer von 14 Tagen in der Regel nicht überschreiten."

Zu Abs. 1. Gleichwohl kann die Staatsregierung mit Übergehung der Kreisdeputierten die Vertretung des Landrats einem Kgl. Beamten übertragen. Bei einer Erledigung des Landratsamtes kommt der § 75 nicht zur Anwendung. Entsch. des O.V.G. vom 17. Mai 1883, Bd. 10, S. 24.

Zu Abs. 2. Der Landrat als Vorsitzender des Kreisausschusses kann jedoch durch den Kreissekretär nicht vertreten werden. Vgl. § 136 Abs. 2 Kr.O. (A.).

§ 76. (A.)

Der Landrat führt als Organ der Staatsregierung die Geschäfte der allgemeinen Landesverwaltung im Kreise und leitet als Vorsitzender des Kreistages und des Kreisausschusses die Kommunalverwaltung des Kreises.

§ 24. (H.)

Der Landrat führt als Organ der Staatsregierung, vorbehaltlich der Vorschriften in den §§ 27 bis 30, die Geschäfte der allgemeinen Landesverwaltung und die örtliche Polizeiverwaltung im Kreise, beziehungsweise die Aufsicht über die letztere, soweit dieselbe anderen Behörden oder Beamten übertragen ist. (Vergl. jedoch § 25.)

Er leitet als Vorsitzender des Kreistages und des Kreisausschusses die Kommunalverwaltung des Kreises.

§ 26. (H.-N.)

Der Landrat führt als Organ der Staatsregierung die Geschäfte der allgemeinen Landesverwaltung im Kreise und leitet als Vorsitzender des Kreistages und des Kreisausschusses die Kommunalverwaltung des Kreises. Er hat insbesondere, vorbehaltlich der Bestimmungen in den §§ 27 ff. die gesamte Polizeiverwaltung im Kreise und in dessen einzelnen Stadtgemeinden, Landgemeinden und Gutsbezirken zu überwachen.

§ 32. (W.)

Der Landrat führt als Organ der Staatsregierung die Geschäfte der allgemeinen Landesverwaltung im Kreise und leitet als Vorsitzender des Kreistages und des Kreisausschusses die Kommunalverwaltung des Kreises. Er hat insbesondere die gesamte Polizeiverwaltung im Kreise und in dessen einzelnen Stadtgemeinden, Landgemeinden und Gutsbezirken zu überwachen.

§ 77. (A.)

Soweit die Rechte und Pflichten des Landrats nicht durch das gegenwärtige Gesetz abgeändert sind, behält es bei den darüber bestehenden Vorschriften auch ferner sein Bewenden.

Demgemäß hat der Landrat auch ferner die gesamte Polizeiverwaltung im Kreise und in dessen einzelnen Amtsbezirken, Gemeinden und Gutsbezirken zu überwachen.

Die Befugnisse des Landrats bezüglich der Beaufsichtigung der Kommunal- und Polizeiverwaltung der Gemeinden sind vorzugsweise enthalten in den einzelnen Gemeindeordnungen.

§ 25. (H.)

Die Einführung des Instituts der Amtsvorsteher nach Maßgabe der betreffenden Bestimmungen der Kreisordnung vom $\frac{\text{13. Dezember 1872}}{\text{19. März 1881}}$ (Gesetz-Sammlung 1881, Seite 155) in der Provinz kann auf Antrag des Provinziallandtages durch Königliche Verordnung erfolgen.

Diese Einführung wird aber schwerlich erfolgen, da man schon bei der neuen Kreiseinteilung dem Fehlen der Amtsbezirke Rechnung getragen und deshalb den Kreisen einen sehr geringen Umfang gegeben hat.

§ 26. (H.)

Der Landrat tritt an die Stelle des Kreishauptmanns und des Amtshauptmanns.

Maßgebend für die Funktionen des Landrats sind also außer der Kreisordnung diejenigen Bestimmungen, nach denen sich bisher die Thätigkeit des Kreishauptmanns und des Amtshauptmanns regelte, insbesondere die Hannoversche Amtsordnung vom 10. Mai 1859 (Hannoversche Gesetzsammlung von 1859, Abt. 1, S. 484) und die Verordnung vom 12. September 1867 (G.S. von 1867, S. 1497).

§ 27. (H.)

In den Städten, auf welche die Hannoversche revidierte Städteordnung vom 24. Juni 1858 (Hannoversche Gesetz-Sammlung S. 141) Anwendung findet, behält es bei den bestehenden Vorschriften hinsichtlich der Verwaltung der Polizei und der Wahrnehmung der Geschäfte der allgemeinen Landesverwaltung sein Bewenden.

Diese Vorschriften finden jedoch in den Städten Wunstorf, Eldagsen, Neustadt a. R., Münder, Pattensen, Bodenwerder, Moringen, Burgdorf, Gifhorn, Winsen a. d. L., Lüchow, Dannenberg, Otterndorf, Quakenbrück, Melle und Esens, sowie in den Gemeinden, welche, nachdem dies Gesetz in Kraft getreten sein wird, zur städtischen Verfassung übergehen, fortan mit der Maßgabe Anwendung, daß die Aufsicht über die Polizeiverwaltung und die Wahrnehmung der Geschäfte der allgemeinen Landesverwaltung dem Landrate zusteht. Zur Mitwirkung bei der letzteren sind die Magistrate gleich den Gemeindevorstehern verpflichtet.

§ 28. (H.)

1. Die auf Zuständigkeiten der Verwaltungs- und Verwaltungsgerichtsbehörden in Städten mit mehr als 10 000 Einwohnern bezüglichen Bestimmungen in den §§ 127 und 128 des Gesetzes über die allgemeine Landesverwaltung vom 30. Juli 1883 (Gesetz-Sammlung S. 195) und in anderen Gesetzen finden auf die im ersten Absatze des § 27 bezeichneten Städte, soweit sie nicht im Absatze 2 desselben Paragraphen ausgenommen sind, ohne Rücksicht auf deren Einwohnerzahl Anwendung.

2. Gegen die von dem Landrate als Ortspolizeibehörde ausgehenden Verfügungen, durch welche die Erlaubnis zum gewerbsmäßigen öffentlichen Verbreiten von Druckschriften (§ 43 der Reichsgewerbeordnung) versagt oder die nicht gewerbsmäßige öffentliche Verbreitung von Druckschriften (§ 5 des Reichsgesetzes über die Presse vom 7. Mai 1874, Reichs-Gesetzblatt S. 65) verboten worden ist, findet innerhalb zwei Wochen die Klage bei dem Bezirksausschusse statt (§ 116 des Gesetzes über die Zuständigkeit der Verwaltungs- und Verwaltungsgerichtsbehörden vom 1. August 1883).

Zu Nr. 1. Die §§ 127, 128 des Landesverwaltungsgesetzes werden hierdurch für die Provinz Hannover dahin abgeändert, daß es auf die Einwohnerzahl der betr. Stadt nicht ankommt.

§ 29. (H.)

Im Kreise Hadeln bleibt es in Beziehung auf die Zuständigkeit der Kirchspielsgerichte zur Verwaltung von Geschäften der Ortspolizei bei den Bestimmungen der Hannoverschen Verordnung vom 1. September 1852 (Hannoversche Gesetz-Sammlung S. 339).

§ 30. (H.)

Die im § 78 Absatz 3 der Hannoverschen Städteordnung vom 24. Juni 1858 begründete Befugnis der Regierung, den Bezirk der für eine Stadt bestehenden Polizeiverwaltung im Falle des Bedürfnisses über die Grenzen des Stadtgebiets hinaus zu erstrecken, steht dem Provinzialrate im Einverständnisse mit dem Minister des Innern zu; an den betreffenden, gegenwärtig bestehenden Verhältnissen wird nichts geändert. Auch ist der Minister des Innern befugt, für ostfriesische Inseln, für das Jadegebiet, sowie für Teile der Kreise Ilfeld, Bleckede, Geestemünde, Osterholz und Grafschaft Bentheim die örtliche Polizeiverwaltung besonderen Staatsbeamten — Hilfsbeamten des Landrats — zu übertragen.

Die Gemeinde- und Gutsvorsteher des betreffenden Distriktes sind in diesem Falle verbunden, den Anweisungen und Aufträgen des Hilfsbeamten, welche derselbe in Gemäßheit seiner gesetzlichen Befugnisse in Dienstangelegenheiten an sie erläßt, nachzukommen und können hierzu von ihm unter Anwendung der den Ortspolizeibehörden nach § 132 des Gesetzes über die allgemeine Landesverwaltung vom 30. Juli 1883 zustehenden Zwangsmittel, mit Ausnahme der Haftstrafe, angehalten werden.

Ein Ordnungsstrafrecht gegen die Gemeinde- und Gutsvorsteher, sowie die Befugnis zum Erlasse ortspolizeilicher Vorschriften (§ 5 der Verordnung vom 20. September 1867, Gesetz-Sammlung S. 1529) steht dem Hilfsbeamten nicht zu. Auch verbleibt dem Landrate die Befugnis, in dem Distrikte des Hilfsbeamten als Ortspolizeibehörde unmittelbar einzuschreiten.

§§ 78 bis 83 (A.)

fallen fort. Ihr Inhalt ist in das Landesverwaltungsgesetz §§ 127 ff., 132 ff., 142 ff. übergegangen.

Dritter Titel.

Von der Vertretung und Verwaltung des Kreises.

Erster Abschnitt.

Von der Zusammensetzung des Kreistages.

§ 84. (A.)

Die Kreisversammlung (der Kreistag) besteht in Kreisen, welche unter Ausschluß der im aktiven Militärdienste stehenden Personen 25 000 oder weniger Einwohner haben, aus 25 Mitgliedern. In Kreisen mit mehr als 25 000 bis zu 100 000 Einwohnern tritt für jede Vollzahl von 5000 und in Kreisen mit mehr als 100 000 Einwohnern für jede über die letztere Zahl überschießende Vollzahl von 10000 Einwohnern je ein Vertreter hinzu.

§ 40 (H.)

ersetzt die Zahlen 25000 durch 20000, 25 durch 20, 100000 durch 50000, 5000 durch 2500 und 10000 durch 5000.

§ 41 (H.-N.)

ersetzt die Zahlen 25000 durch 30000, 25 durch 20.

§ 33 (W.)

ersetzt die Zahlen 25000 durch 35000, 25 durch 20, 100000 durch 70000.

Der Kreistag ist vorwiegend ein kommunales Organ, in die allgemeine Landesverwaltung greift er nur über durch Ausübung des ihm zustehenden Wahl- bezw. Vorschlagsrechts zu den Ämtern eines Amtsvorstehers, Landrats, Kreisdeputierten und Kreisausschußmitgliedes.

§ 85. (A.)

Zum Zwecke der Wahl der Kreistagsabgeordneten werden drei Wahlverbände gebildet und zwar:

a) der Wahlverband der größeren ländlichen Grundbesitzer,
b) der Wahlverband der Landgemeinden und
c) der Wahlverband der Städte.

In Kreisen, in welchen keine Stadtgemeinde vorhanden ist, scheidet der Wahlverband der Städte aus.

Für Kreise, welche nur aus einer oder mehreren Städten bestehen, gelten die Vorschriften der §§ 169, 171 bis 175 dieses Gesetzes.

§ 41 (H.)

citiert statt „der §§ 169, 171 bis 175" „des § 101".

§ 42 (H.-N.)

citiert statt „der §§ 169, 171 bis 175" „des § 102".

§ 34 (W.)

citiert statt „der §§ 169, 171 bis 175" „des § 89", und sagt unter b statt „Landgemeinden" „Amtsverbände".

Die größeren Grundbesitzer brauchen nicht wie früher Rittergutsbesitzer zu sein. Vgl. die Einleitung.

§ 86. (A.)

Der Wahlverband der größeren ländlichen Grundbesitzer besteht aus allen denjenigen zur Zahlung von Kreisabgaben verpflichteten Grundbesitzern, mit Einschluß der juristischen Personen, Aktiengesellschaften und Kommanditgesellschaften auf Aktien, welche von ihrem gesamten, auf dem platten Lande innerhalb des Kreises belegenen Grundeigentume den Betrag von mindestens 225 Mark an Grund- und Gebäudesteuer entrichten, beziehungsweise zu entrichten haben würden, wenn sie nach Maßgabe des Gesetzes vom 21. Mai 1861 (Gesetz-Sammlung S. 253 und 317) zur Grund- beziehungsweise Gebäudesteuer veranlagt wären.

Nach Erlaß der Provinzialordnung bleibt den Provinzialvertretungen überlassen, für ihre Provinz oder auch für einzelne Kreise derselben den Betrag von 225 Mark auf den Betrag von 300 Mark zu erhöhen oder bis auf den Betrag von 150 Mark zu ermäßigen.

Für einzelne Kreise der Provinz Sachsen darf diese Erhöhung bis zu dem Betrage von 450 Mark erfolgen.

Dem Wahlverbande der größeren ländlichen Grundbesitzer treten diejenigen Gewerbetreibenden und Bergwerksbesitzer hinzu, welche wegen ihrer auf dem platten Lande innerhalb des Kreises betriebenen gewerblichen Unternehmungen in der Klasse A. I. der Gewerbesteuer mit dem Mittelsatze veranlagt sind (§ 14 Absatz 4).

§ 42. (H.)

ersetzt im Absatz 1 die Worte „den Betrag von mindestens 225 Mark" durch

„in dem Fürstentume Ostfriesland mindestens 450 Mark,

in den Bremenschen Marschen und im Lande Hadeln mindestens	360 Mark,
in dem Fürstentum Hildesheim mindestens	300 „
in den Fürstentümern Kalenberg, Göttingen und Grubenhagen, einschließlich des Eichsfeldes und der Grafschaft Hohnstein, ferner in dem Fürstentum Osnabrück und in den Marschdistrikten des Fürstentums Lüneburg, sowie in denjenigen der Grafschaft Hoya mindestens	240 „
und in den übrigen Teilen der Provinz mindestens	180 „ “

Absatz 2 lautet: „Der Provinzialvertretung bleibt überlassen, die maßgebenden Steuerbeträge bis auf den Betrag von 600 Mark zu erhöhen oder bis auf den Betrag von 150 Mark zu ermäßigen, sowie innerhalb dieser Grenzen für jeden Kreis einen einheitlichen Steuerbetrag festzustellen.“

Absatz 3 fällt fort.

§ 43 (H.-R.)

ersetzt im Absatz 1 die Worte „den Betrag von mindestens 225 Mark“ u. s. w. bis zum Schluß des Abs. durch: „180 Mark an Grundsteuer zu entrichten haben, beziehungsweise zu entrichten haben würden, wenn sie dazu nach Maßgabe des Gesetzes vom 21. Mai 1861 (Gesetz-Sammlung S. 253) veranlagt wären.“

Absatz 2 lautet: „Der Provinzialvertretung bleibt überlassen, diesen Steuerbetrag für einzelne Kreise bis auf den Betrag von 225 Mark zu erhöhen oder bis auf den Betrag von 150 Mark zu ermäßigen.“

Absatz 3 fällt fort.

Am Schluß wird noch hinzugefügt:

„Von der Teilnahme an dem Wahlverbande der größeren Grundbesitzer sind die zu dem Kreise gehörigen Gemeinden bezüglich ihres innerhalb des letzteren belegenen Grundbesitzes ausgeschlossen. Dasselbe gilt von denjenigen Vereinigungen von Grundbesitzern — Haubergsgenossenschaften, Märkerschaftsgenossen, Gemeindenutzungsberechtigte, Einwartsberechtigte u. s. w. —, deren gemeinschaftliches Eigentum nicht nachweislich durch ein besonderes privatrechtliches Verhältnis entstanden ist (vergl. § 1 Nr. 1 des Gesetzes über gemeinschaftliche Holzungen vom 14. März 1881, Gesetz-Sammlung S. 261)".

§ 35 (W.)

fügt in Absatz 1 hinter den Worten: „innerhalb des Kreises belegenen Grundeigentume" ein: „unter Ausschluß der dem Wahlverbande der Städte (§ 37) angehörigen Gemeindebezirke 225 Mark" u. s. w. wie Absatz 1 in § 43 (H.-N.).

Absatz 2 lautet: „Der Provinzialvertretung bleibt überlassen, diesen Steuerbetrag für einzelne Kreise bis auf den Betrag von 450 Mark zu erhöhen oder bis auf den Betrag von 150 Mark zu ermäßigen."

Der letzte Absatz lautet wie in § 43 (H.-N.). Doch werden die Worte: „Märkerschaftsgenossen, Gemeindenutzungsberechtigte, Einwartsberechtigte" ersetzt durch das Wort „Jahnschaften".

Die kommunale Eigenschaft eines ländlichen Gutes ist für die Wahlberechtigung gleichgiltig. Es können daher die Eigentümer einzelner selbständiger Güter allein deshalb, weil diese zusammen einen Gutsbezirk bilden, nicht eine Stimme im Kreise der größeren Grundbesitzer führen, auch wenn sie zusammen mehr als 225 Mk. an Grund- und Gebäudesteuer zahlen. Entsch. des O.V.G. vom 8. November 1876, Bd. 1, S. 113.

§ 87. (A.)

Der Wahlverband der Landgemeinden umfaßt:

1) sämtliche Landgemeinden des Kreises;
2) sämtliche Besitzer selbständiger Güter mit Einschluß der juristischen Personen, Aktiengesellschaften und Kommanditgesellschaften auf Aktien, welche nicht zu

dem Verbande der größeren Grundbesitzer (§ 86) gehören;

3) diejenigen Gewerbetreibenden und Bergwerksbesitzer, welche wegen ihrer auf dem platten Lande innerhalb des Kreises betriebenen gewerblichen Unternehmungen in der Klasse A. I. unter dem Mittelsatze veranlagt sind.

§ 43 (H.)

fügt unter 1 hinzu: „soweit dieselben nicht zum Wahlverbande der Städte (§§ 41 und 44) gehören."

§ 44 (H.-N.)

fügt unter 1 hinzu: „soweit dieselben nicht zum Wahlverbande der Städte (§§ 42 und 45) gehören," und am Schluß: „Auf die Gemeinden und die ihnen gleichgestellten Genossenschaften, welche innerhalb des Kreises selbständige Güter besitzen, findet der letzte Absatz des § 43 gleichmäßig Anwendung."

§ 36. (W.)

Der Wahlverband der Amtsverbände umfaßt die Amtsverbände des Kreises.

„Selbständige Güter" bilden den Gegensatz zu den Landgemeinden. Es sind also darunter die Gutsbezirke und die etwa noch vorhandenen kommunalfreien Grundstücke zu verstehen. Entsch. des O.V.G. vom 13. Oktober 1876, Bd. 1, S. 102.

§ 88. (A.)

Der Wahlverband der Städte umfaßt die Stadtgemeinden des Kreises.

§ 44. (H.)

Der Wahlverband der Städte umfaßt die Gemeinden des Kreises, welche bisher auf den Kreistagen oder auf dem Provinziallandtage im Städtestande vertreten gewesen sind. Diese Gemeinden sind im Titel III des gegenwärtigen Gesetzes unter dem Ausdrucke „Stadtgemeinde" oder „Stadt" begriffen.

§ 45. (H.-N.)

Der Wahlverband der Städte umfaßt im Regierungsbezirk Kassel die Gemeinden des Kreises, welche bisher auf dem Kreistage, beziehungsweise dem Kommunallandtage im Städtestande, vertreten gewesen sind, im Regierungsbezirk Wiesbaden diejenigen Gemeinden des Kreises, welche im § 22 dieses Gesetzes aufgeführt sind.

§ 37. (W.)

Der Wahlverband der Städte umfaßt die Gemeinden des Kreises, welche bisher auf dem Kreistage, beziehungsweise dem Provinziallandtage, im Städtestande vertreten gewesen sind, und diejenigen Gemeinden, denen später die Städteordnung verliehen wird.

Nach den Kr.O.A. und W. sind nur diejenigen Gemeinden im Stande der Städte bisher vertreten gewesen und werden auch weiterhin allein die dazu gehören, denen die Städteordnung verliehen ist. Nach den Kr.O.H. und H.-N. ist dagegen die Verfassung der Gemeinde in dieser Beziehung gleichgültig.

§ 89. (A.)

Die nach § 84 dieses Gesetzes jedem Kreise nach Maßgabe seiner Bevölkerungsziffer zustehende Zahl von Kreistagsabgeordneten wird auf die drei Wahlverbände der größeren Grundbesitzer, der Landgemeinden und der Städte nach folgenden Grundsätzen verteilt:

1) Die Zahl der städtischen Abgeordneten wird nach dem Verhältnisse der städtischen und ländlichen Bevölkerung, wie dasselbe durch die letzte allgemeine Volkszählung festgestellt worden ist, bestimmt. Die Zahl der städtischen Abgeordneten darf die Hälfte, und in denjenigen Kreisen, in welchen nur eine

Stadt vorhanden ist, ein Drittel der Gesamtzahl aller Abgeordneten nicht übersteigen.

2) Von der nach Abzug der städtischen Abgeordneten übrig bleibenden Zahl der Kreistagsabgeordneten erhalten die Verbände der größeren Grundbesitzer und der Landgemeinden ein jeder die Hälfte.

§ 45 (H.)

citiert statt des „§ 84" den „§ 40". Hinzugefügt wird am Schluß der Nr. 1: „Diese Beschränkung findet jedoch auf den Kreis Zellerfeld keine Anwendung", am Schluß der Nr. 2: „In denjenigen Kreisen aber, in welchen die Zahl der im Wahlverbande der größeren Grundbesitzer Wahlberechtigten nicht mindestens doppelt so groß ist, wie die aus der vorstehenden Bestimmung sich ergebende Zahl von Kreistagsabgeordneten dieses Wahlverbandes, erhält letzterer nur so viel Kreistagsabgeordnete, als sich ergeben, wenn für jeden derselben zwei Wahlberechtigte vorhanden sind, mindestens jedoch ein Drittel der Zahl sämtlicher ländlicher Kreistagsabgeordneten. Die dadurch ausfallende Zahl von Abgeordneten des Wahlverbandes der größeren Grundbesitzer fällt dem Wahlverbande der Landgemeinden zu."

§ 46 (H.-N.)

citiert statt des „§ 84" den „§ 41". Hinzugefügt wird am Schluß der Nr. 2: „In denjenigen Kreisen aber, in welchen die Zahl der im Wahlverbande der größeren Grundbesitzer Wahlberechtigten nicht mindestens doppelt so groß ist, wie die aus der vorstehenden Bestimmung sich ergebende Zahl von Kreistagsabgeordneten dieses Wahlverbandes, erhält letzterer nur so viel Kreistagsabgeordnete, als sich ergeben, wenn für jeden derselben zwei Wahlberechtigte vorhanden sind, mindestens jedoch im Regierungsbezirk Kassel ein Drittel und im Regierungsbezirk Wiesbaden ein Viertel der Zahl sämtlicher ländlichen Kreistagsabgeordneten. Die dadurch ausfallende Zahl von Abgeordneten des Wahlverbandes der größeren Grundbesitzer fällt dem Wahlverbande der Landgemeinden zu."

§ 38 (W.)

citiert statt des „§ 84" den „§ 33", ersetzt das Wort „Landgemeinden" überall durch „Amtsverbände" und macht am Schluß der Nr. 2 denselben Zusatz wie § 45 (H.).

§ 90. (A.)

Bleibt die vorhandene Zahl der in dem Wahlverbande der größeren Grundbesitzer Wahlberechtigten (§ 86) in einem Kreise unter der ihrem Verbande nach § 89 zukommenden Abgeordnetenzahl, so wählt dieser Verband nur so viele Abgeordnete, als Wähler vorhanden sind, und fällt die demselben hiernach abgehende Zahl von Abgeordneten dem Wahlverbande der Landgemeinden zu.

§ 46 (H.)

citiert statt des „§ 86" den „§ 42" und statt des „§ 89" den „§ 45".

§ 47 (H.-N.)

citiert statt des „§ 86" den „§ 43" und statt des „§ 89" den „§ 46".

§ 39 (W.)

citiert statt des „§ 86" den „§ 35" und statt des „§ 89" den „§ 38" und ersetzt das Wort „Landgemeinden" durch „Amtsverbände".

§ 91. (A.)

Zum Zwecke der Wahl der von dem Verbande der Landgemeinden zu wählenden Abgeordneten werden, unter möglichster Anlehnung an die Amtsbezirke, in räumlicher Abrundung und nach Maßgabe der Bevölkerung Wahlbezirke gebildet, deren jeder die Wahl von einem bis zwei Abgeordneten zu vollziehen hat.

§ 47. (H.) § 48. (H.-N.)

Zum Zwecke der Wahl der von dem Verbande der Landgemeinden zu wählenden Abgeordneten werden in räumlicher Abrundung und nach Maßgabe der Bevölkerung Wahlbezirke gebildet, deren jeder die Wahl von einem bis zwei Abgeordneten zu vollziehen hat.

§ 92. (A.) § 48. (H.) § 49. (H.-N.)

Die Zahl der vom Wahlverbande der Städte überhaupt zu wählenden Kreistagsabgeordneten wird auf die einzelnen Städte des Kreises nach Maßgabe der Seelenzahl verteilt.

Sind in einem Kreise mehrere Städte vorhanden, auf welche hiernach nicht je ein Abgeordneter fällt, so werden diese Städte behufs der Wahl mindestens eines gemeinschaftlichen Abgeordneten zu einem Wahlbezirke vereinigt.

Ist in einem Kreise neben anderen großen Städten nur eine Stadt vorhanden, welche nach ihrer Seelenzahl nicht einen Abgeordneten zu wählen haben würde, so ist derselben gleichwohl ein Abgeordneter zu überweisen.

§ 40 (W.)

fügt als Abs. 4 hinzu: „In gleicher Weise erfolgt die Verteilung der vom Wahlverbande der Amtsverbände zu wählenden Abgeordneten."

§ 93. (A.)

Ergeben sich bei den nach Maßgabe der §§ 89—92 des Gesetzes vorzunehmenden Berechnungen Bruchteile, so werden dieselben nur insoweit berücksichtigt, als sie $1/2$ erreichen oder übersteigen.

Übersteigen sie $1/2$, so werden sie für voll gerechnet; kommen sie $1/2$ gleich, so bestimmt das Los, welchem der bei der Verteilung beteiligten Wahlverbände und Wahlbezirke, beziehungsweise welcher Stadtgemeinde der Bruchteil für voll gerechnet werden soll.

§ 49 (H.)

citiert statt der „§§ 89—92" „§§ 45—48".

§ 50 (H.)

citiert statt der „§§ 89—92" „§§ 46—49".

§ 41 (W.)

citiert in Abs. 1 statt der „§§ 89—92" „§§ 38—40". Abs. 2 lautet: „Übersteigen sie $1/2$, so werden sie für voll gerechnet; kommen sie $1/2$ gleich, so bestimmt das Los, auf welcher Seite der Bruchteil für voll gerechnet werden soll."

§ 94. (A.) § 50. (H.) § 51. (H.-N.) § 42. (W.)

Zur Wahl der von dem Wahlverbande der größeren Grundbesitzer zu wählenden Kreistagsabgeordneten treten die zu diesem Verbande gehörigen Grundbesitzer, Gewerbetreibenden und Bergwerksbesitzer in der Kreisstadt unter dem Vorsitze des Landrats zusammen.

Die Wahlen erfolgen nach denen der Landgemeinden. Vgl. § 108 Abs. 1 Kr.O. (A.).

§ 95. (A.)

Bei dem Wahlakte hat jeder Berechtigte nur Eine Stimme.

Auch als Stellvertreter können Personen, welche bereits eine Stimme führen, ein ferneres Stimmrecht nicht ausüben. Ausgenommen sind die im § 97 Nr. 7 bezeichneten Vertreter.

§ 51 (H.)

citiert statt des „§ 97 Nr. 7" den „§ 53 Nr. 7".

§ 52 (H.-N.)

citiert statt des „§ 97 Nr. 7" den „§ 54 Nr. 7".

§ 43 (W.)

citiert statt des „§ 97 Nr. 7" den „§ 45 Nr. 7".

§ 96. (A.)

Das Recht zur persönlichen Teilnahme an den Wahlen (§ 94) steht vorbehaltlich der nachfolgenden besonderen Bestimmungen (§ 97), denjenigen Grundbesitzern, Gewerbetreibenden und Bergwerksbesitzern zu, welche

a. Angehörige des Deutschen Reiches und selbständig sind.

Als selbständig wird derjenige angesehen, welcher das 21. Lebensjahr vollendet hat, sofern ihm das Recht, über sein Vermögen zu verfügen und dasselbe zu verwalten, nicht durch gerichtliche Anordnung entzogen ist;

b. sich im Besitze der bürgerlichen Ehrenrechte befinden.

Das Wahlrecht geht verloren, sobald eines der vorstehenden Erfordernisse bei dem bis dahin Wahlberechtigten nicht mehr zutrifft. Es ruht während der Dauer eines Konkurses, ferner während der Dauer einer gerichtlichen Untersuchung, wenn dieselbe wegen Verbrechen oder wegen solcher Vergehen, welche den Verlust der bürgerlichen Ehrenrechte nach sich ziehen müssen oder können, eingeleitet oder wenn die gerichtliche Haft verfügt ist.

§ 52 (H.)

citiert statt des „§ 94" bezw. „97" den „§ 50" bezw. „53".

§ 53 (H.-N.)

citiert statt des „§ 94" bezw. „97" den „§ 51" bezw. „54".

§ 44 (W.)

citiert statt des „§ 94" bezw. „97" den „§ 42" bezw. „45".

Geisteskrankheit bewirkt das Ausscheiden des erkrankten Wahlmanns nur dann, wenn ihm durch gerichtliche Anordnung die Verfügung über sein Vermögen entzogen ist. Entsch. des O.V.G. vom 13. Dezember 1882, Bd. 8, S. 42.

Unter der gerichtlichen Haft ist nur die Untersuchungshaft, nicht aber die Strafhaft zu verstehen. Entsch. des O.V.G. vom 11. Mai 1885, Bd. 12, S. 11.

§ 97. (A.)

Durch Stellvertretung können sich an den Wahlen beteiligen:

1) der Staat durch einen Vertreter aus der Zahl seiner Beamten, seiner Domänenpächter oder der ländlichen Grundbesitzer des Kreises;
2) juristische Personen, Aktiengesellschaften und Kommanditgesellschaften auf Aktien durch einen Pächter oder mit Generalvollmacht versehenen Administrator eines im Kreise belegenen größeren Guts, oder durch einen Vertreter aus der Zahl der ländlichen Grundbesitzer des Kreises. Korporationen sind befugt, sich nach Maßgabe ihrer Statuten oder Verfassungen vertreten zu lassen;
3) Eltern durch ihre Söhne, welchen sie die Verwaltung selbständiger Güter dauernd übertragen haben;
4) unverheiratete Besitzerinnen durch Vertreter aus der Zahl der ländlichen Grundbesitzer des Kreises:
5) die Mitglieder regierender Häuser durch ein Mitglied ihrer Familie oder einen Vertreter aus der Zahl ihrer Beamten, ihrer Gutspächter oder ländlichen Grundbesitzer des Kreises;
6) die gemeinschaftlichen Besitzer eines größeren Grundeigentums (§ 86) durch einen Mitbesitzer, beziehungsweise die Teilnehmer eines gewerblichen Unternehmens durch einen derselben;
7) Ehefrauen, sowohl groß- wie minderjährige, können durch ihren Ehemann, Kinder unter väterlicher Gewalt durch ihren Vater, bevormundete Personen

durch ihren Vormund oder Pfleger vertreten werden. Wird die Vormundschaft oder Pflegschaft von weiblichen Personen geführt, so kann deren Vertretung nach Maßgabe der Bestimmung unter 4 erfolgen; insofern die unter Nr. 2 genannten Berechtigten im Deutschen Reiche ihren Sitz haben und die unter Nr. 3 bis 7 genannten Berechtigten Angehörige des Deutschen Reiches sind und sich im Genusse der bürgerlichen Ehrenrechte befinden.

Die Vertreter, mit Ausnahme der unter Nr. 7 bezeichneten, müssen in dem Kreise entweder einen Wohnsitz haben oder in demselben Grundeigentum besitzen. Außerdem gelten für die Vertreter die Grundsätze, welche der § 96 für die Wahlberechtigung vorschreibt.

§ 53 (H.)

citiert statt des „§ 86" bezw. „96" den „§ 42" bezw. „52" und fügt als vorletzten Absatz ein:

„Die den Mitgliedern regierender Häuser vorstehend unter Nr. 5 eingeräumte Befugnis steht auch zu: Dem Herzoge von Arenberg in den Kreisen Meppen, Aschendorf und Hümmling, dem Herzoge von Looz-Corswaren im Kreise Lingen, dem Fürsten von Bentheim im Kreise Bentheim, dem Grafen von Stolberg-Wernigerode und dem Grafen von Stolberg-Stolberg im Kreise Ilfeld."

§ 54 (H.-N.)

citiert statt des „§ 86" bezw. „96" den „§ 43" bezw. „53" und fügt als vorletzten Absatz ein:

„Die den Mitgliedern regierender Häuser vorstehend unter Nr. 5 eingeräumte Befugnis steht auch den Mitgliedern des Nassauischen und des Hessischen Fürstenhauses sowie der fürstlichen und gräflichen ehemals reichsunmittelbaren Familien zu."

§ 45 (W.)

citiert statt des „§ 86" bezw. „96" den „§ 43" bezw. „44".

Zu Nr. 2. Unter einem „größeren Gute" ist weder ein in kommunaler Beziehung selbständiges (Gutsbezirk), noch ein zur Teilnahme am Wahlverbande der größeren Grundbesitzer berechtigtes, sondern nur ein thatsächlich wirtschaftlich selbständiges zu verstehen, welches im Sprachgebrauche des gewöhnlichen Lebens als Gut bezeichnet wird. Entsch. des O.V.G. vom 23. Januar 1879, Bd. 5, S. 1.

Zu Nr. 3. Die Verpachtung fällt nicht unter den Begriff der Verwaltung. Entsch. des O.V.G. vom 16. Februar 1878, Bd. 3, S. 64.

§ 98. (A.)

In jedem Wahlbezirke des Wahlverbandes der Landgemeinden wird die Wahlversammlung gebildet:

1) durch Vertreter der einzelnen Landgemeinden;
2) durch die Besitzer der in dem Bezirke liegenden selbständigen Güter, welche nicht zu den größeren Grundbesitzern (§ 86) gehören;
3) durch diejenigen Gewerbtreibenden und Bergwerksbesitzer, welche wegen ihrer auf dem platten Lande innerhalb des Kreises betriebenen gewerblichen Unternehmungen in der Klasse A. I. der Gewerbesteuer unter dem Mittelsatze veranlagt sind.

Auf die in den Nummern 2 und 3 erwähnten Wahlberechtigten finden die Bestimmungen der §§ 95 bis 97 Anwendung.

§ 54 (H.)

citiert statt des „§ 86" bezw. „96 bis 97" den „§ 42" bezw. „51 bis 53".

§ 55 (H.-N.)

citiert statt des „§ 86" bezw. „96 bis 97" den „§ 43" bezw. „52 bis 54".

§ 46. (W.)

Die Wahl der Kreistagsabgeordneten der Amtsverbände erfolgt in denjenigen Amtsbezirken, welche für sich einen oder mehrere Abgeordnete zu wählen haben, durch die Amtsversammlung.

In denjenigen Amtsbezirken, welche mit anderen Amtsbezirken des Kreises zu einem Wahlverbande vereinigt sind, hat die Amtsversammlung auf je 250 Einwohner einen Wahlmann zu wählen. Durch statutarische Anordnung des Kreistages kann diese Zahl erhöht werden.

Die Wahlmänner des Wahlbezirks treten unter der Leitung des Landrates an den von dem Kreisausschusse zu bestimmenden Wahlorte behufs der Wahl der Kreistagsabgeordneten zusammen.

Wegen der „selbständigen Güter" vgl. die Anm. zu § 87 (A.)

§ 99. (A.)

Befinden sich in einem Wahlbezirke zwei oder mehrere Güter (§ 98 Nr. 2), deren jedes zu weniger als 60 Mark Grund- und Gebäudesteuer veranlagt ist, so werden die Besitzer derselben nach Anordnung des Kreisausschusses dergestalt zu Gesamt- (Kollektiv-) Stimmen vereinigt, daß auf jede Stimme, so weit möglich, ein Grund- und Gebäudesteuerbetrag von 60 Mark entfällt.

Der Kreisausschuß regelt die Art, in welcher das Kollektivstimmrecht ausgeübt wird.

§ 55 (H.)

citiert statt des „§ 98 Nr. 2" den „§ 54 Nr. 2".

§ 56 (H.-N.)

citiert statt des „§ 98 Nr. 2" den „§ 55 Nr. 2".

§ 100. (A.) §. 56. (H.)

Die Vertretung der Landgemeinden erfolgt bei Gemeinden:

1) von weniger als 400 Einwohnern durch einen Wahlmann,
2) von 400 und weniger als 800 Einwohnern durch zwei,

3) von 800 und weniger als 1200 Einwohnern durch drei,

4) von 1200 und weniger als 2000 Einwohnern durch vier,

5) von 2000 und weniger als 3000 Einwohnern durch fünf Wahlmänner,

und für jede fernere Vollzahl von 1000 Seelen durch einen ferneren Wahlmann.

Die Wahlmänner der Landgemeinden werden von der Gemeindeversammlung, in denjenigen Landgemeinden aber, in welchen eine gewählte Gemeindevertretung besteht oder eingeführt wird, von der letzteren und dem Gemeindevorstande aus der Zahl der stimmberechtigten Gemeindemitglieder durch absolute Stimmenmehrheit gewählt.

Die Wahlen erfolgen nach näherer Vorschrift des diesem Gesetze beigefügten Wahlreglements.

Ausgeschlossen von der Teilnahme an der Wahl in der Gemeindeversammlung sind diejenigen, welche zum Wahlverbande der größeren Grundbesitzer gehören.

§ 57 (H.-N.)

fügt am Schluß des Abs. 2 hinzu: „Als Gemeindevorstand beziehungsweise Gemeindevertretung gelten in den einzelnen Gemeinden die in § 38 des Gesetzes über die Zuständigkeit der Verwaltungs- und Verwaltungsgerichtsbehörden vom 1. August 1883 (Gesetz-Sammlung S. 237) als solche bezeichneten Gemeindeorgane.

In der Provinz Hannover sind die Forensen der Landgemeinden befugt, an dem Stimmrecht bei der Wahl der Wahlmänner in den Wahlbezirken des Verbandes der Landgemeinden teilzunehmen. Entsch. des O.V.G. vom 14. Dezember 1885, Bd. 12, S. 19. Vgl. Ministerialinstruktion vom 11. Mai 1884, Art. 1, Nr. 1, Ges. vom 28. April 1859 (Hannoversche Gesetzsamml. S. 393).

§ 101. (A.)

Befinden sich in einem Wahlbezirke zwei oder mehrere Gemeinden, deren jede weniger als 60 Mark Grund- und

Gebäudesteuer entrichtet und weniger als 100 Einwohner zählt, so werden dieselben nach Anordnung des Kreisausschusses in gleicher Weise, wie die Besitzer der in § 99 gedachten Güter, zu Gesamt- (Kollektiv-) Stimmen vereinigt.

§ 57 (H.)

citiert statt des „§ 99" den „§ 55".

§ 58 (H.-N.)

citiert statt des „§ 99" den „§ 56".

Gegen diese Beschlüsse des Kreisausschusses findet ein ordentliches Rechtsmittel nicht statt, dieselben können vielmehr nur beanstandet werden. Entsch. des O.V.G. vom 11. Juni 1883, Bd. 10, S. 44.

§ 102. (A.)

Wer als Besitzer eines selbständigen Guts, als Gewerbtreibender oder Bergwerksbesitzer zur Teilnahme an den Wahlen im Verbande der Landgemeinden persönlich berechtigt ist (§ 98 Nr. 2 und 3), darf die auf ihn gefallene Wahl als Wahlmann einer Landgemeinde ablehnen. Nimmt er die Wahl an, so ist er zur Ausübung seines persönlichen Wahlrechts nicht befugt.

Dagegen wird durch die Ausübung eines Wahlrechts als Wahlmann einer Landgemeinde die Ausübung des persönlichen Wahlrechts im Verbande der größeren Grundbesitzer nicht ausgeschlossen.

§ 58 (H.)

citiert statt „§ 98 Nr. 2 und 3" „§ 54 Nr. 2 und 3".

§ 59 (H.-N.)

citiert statt „§ 98 Nr. 2 und 3" „§ 55 Nr. 2 und 3".

§ 47. (W.)

Ausgeschlossen von der Teilnahme an der Wahl in der Amtsversammlung sind die Vertreter der selbständigen

Gutsbezirke, insofern sie zum Wahlverbande der größeren Grundbesitzer gehören, sowie die Vertreter der zum Wahlverbande der Städte gehörigen Stadtgemeinden.

Durch Ausübung eines Wahlrechts als Wahlmann einer Amtsversammlung wird die Ausübung des persönlichen Wahlrechts im Verbande der größeren Grundbesitzer nicht ausgeschlossen.

§ 47 (W.) faßt die §§ 47 Abs. 4 und 102 (A.) zusammen.

§ 103. (A.)

Die Vertreter der Gemeinden des Wahlbezirks, die Besitzer der zu dem letzteren gehörigen selbständigen Güter und die wahlberechtigten Gewerbetreibenden und Bergwerksbesitzer treten unter der Leitung des Landrats oder in dessen Auftrage eines Amtsvorstehers an dem von dem Kreisausschusse zu bestimmenden Wahlorte behufs der Wahl der Kreistagsabgeordneten zusammen.

§ 59. (H.) § 60 (H.-N.)

lassen die Worte: „oder in dessen Auftrage eines Amtsvorstehers" fort.

Die Wahlen müssen nach § 103 (A.) unter der Leitung des Landrates oder des daselbst bezeichneten Stellvertreters vorgenommen werden. Leitet die Wahl ein anderer als der gesetzlich bezeichnete Stellvertreter, so ist dieselbe ungiltig. Entsch. des O.V.G. vom 13. Februar 1882, Bd. 8, S. 42.

Die Bestimmung des Wahlortes steht dem Kreisausschusse zu. Die Nichtbeobachtung dieser Förmlichkeit macht die Wahl nichtig. Entsch. des O.V.G. vom 11. Mai 1885, Bd. 12, S. 11.

§ 104. (A.)

Die Wahl der städtischen Kreistagsabgeordneten erfolgt in denjenigen Städten, welche für sich einen oder mehrere Abgeordnete zu wählen haben, durch den Magistrat und die Stadtverordnetenversammlung, beziehungsweise das bürgerschaftliche Repräsentantenkollegium, welche zu diesem

Behufe unter dem Vorsitze des Bürgermeisters zu einer Wahlversammlung vereinigt werden.

In denjenigen Städten, welche mit anderen Städten des Kreises zu einem Wahlbezirke vereinigt sind, haben der Magistrat und die Stadtverordneten, beziehungsweise die bürgerschaftlichen Repräsentanten in vereinigter Sitzung auf je 250 Einwohner einen Wahlmann zu wählen. Durch statutarische Anordnung des Kreistages kann jene Zahl erhöht werden.

Die Wahlmänner des Wahlbezirks treten unter Leitung des Landrats an dem von dem Kreisausschusse zu bestimmenden Wahlorte zur Wahl der Abgeordneten zusammen.

§ 60 (H.)

ersetzt die Worte: „die Stadtverordnetenversammlung beziehungsweise das bürgerschaftliche Repräsentantenkollegium" beziehungsweise „die Stadtverordneten beziehungsweise die bürgerschaftlichen Repräsentanten" durch: „die Bürgervorsteher", und fügt zwischen Abs. 2 und 3 ein:

„In denjenigen, dem Wahlverbande der Städte angehörigen Gemeinden, welche nicht durch einen Magistrat und durch Bürgervorsteher vertreten werden, ist an deren Stelle die Wahl von der Gemeindeversammlung beziehungsweise, wenn eine gewählte Gemeindevertretung besteht, von dieser wahrzunehmen."

§ 61 (H.-N.)

ersetzt die Worte: „den Magistrat und die Stadtverordnetenversammlung beziehungsweise das bürgerschaftliche Repräsentantenkollegium" in Abs. 1 und den entsprechenden Ausdruck in Abs. 2 durch: „den Gemeindevorstand und die Gemeindevertretung" und fügt zwischen Abs. 2 und 3 ein:

„Als Gemeindevorstand beziehungsweise Gemeindevertretung sind die in den §§ 23 und 38 des Gesetzes über die Zuständigkeit der Verwaltungs- und Verwaltungsgerichtsbehörden vom 1. August 1883 (Gesetz-Sammlung S. 237), beziehungsweise im § 22 dieses Gesetzes als solche bezeichneten Gemeindeorgane anzusehen."

§ 48 (W.)

ersetzt die in § 60 (H.) bezeichneten Worte des § 104 (A.) durch: „den Gemeindevorstand und die Gemeindevertretung".

Der Ausdruck „bürgerschaftliches Repräsentantenkollegium" bezieht sich lediglich auf die Städte in Neuvorpommern.

Die Leitung der Wahlen steht dem Landrate zu. Die Vertretung desselben durch andere als die dazu in Behinderungsfällen berufenen Personen hat die Richtigkeit der Wahl zur Folge. Entsch. des O.V.G. vom 23. Januar 1878, Bd. 3, S. 60.

Der Besitz des Bürgerrechts ist die notwendige Voraussetzung zur Wählbarkeit als Mitglied des Kreistages im Wahlverbande der Städte. Dagegen ist die Bekleidung eines städtischen Amtes nicht mehr erforderlich. Entsch. des O.V.G. vom 17. Februar 1879, Bd. 5, S. 11. Vgl. § 106 Nr. 1 (A.).

§ 105. (A.) § 61. (H.) § 62. (H.-N.) § 49. (W.)

Die nach den vorstehenden Bestimmungen vorzunehmenden Wahlen erfolgen nach näherer Vorschrift des diesem Gesetze beigefügten Wahlreglements.

§ 106. (A.)

Wählbar zum Mitgliede des Kreistages und beziehungsweise zum Wahlmann ist:

1) im Wahlverbande der Städte jeder Einwohner der im Kreise belegenen Städte, welcher sich im Besitze des Bürgerrechts befindet;
2) in den Wahlverbänden der größeren Grundbesitzer, sowie der Landgemeinden ein jeder, seit einem Jahre in dem Kreise angesessene ländliche Grundbesitzer, sowie ein jeder, welcher in einer Versammlung dieser Verbände ein Wahlrecht ausübt und seit einem Jahre in dem Kreise einen Wohnsitz hat.

Für die Wählbarkeit zum Wahlmanne und zum Abgeordneten gelten die in § 96 für die Wahlberechtigung gegebenen Bestimmungen.

§ 62 (H.)

fügt hinter „Bürgerrechtes“ ein: „beziehungsweise, wo Bürgerrecht nicht besteht, des Gemeindestimmrechtes“ und citiert statt des „§ 96“ den „§ 52“.

§ 63. (H.=N.)

Wählbar zum Mitgliede des Kreistages und beziehungsweise zum Wahlmanne ist:

1) im Wahlverbande der Städte jeder Einwohner der im Kreise belegenen Städte, welcher sich im Besitze des Bürgerrechtes beziehungsweise, wo Bürgerrecht nicht besteht, des Gemeinderechtes befindet,
2) in den Wahlverbänden der größeren Grundbesitzer, sowie der Landgemeinden ein jeder, seit einem Jahre in dem Kreise angesessene ländliche Grundbesitzer, sowie ein jeder, welcher in einer Versammlung dieser Verbände ein Wahlrecht ausübt und seit einem Jahre dem Kreise durch Wohnsitz oder Grundbesitz angehört.

Für die Wählbarkeit zum Wahlmanne und zum Abgeordneten gelten die in § 53 für die Wahlberechtigung gegebenen Bestimmungen.

§ 50 (W.)

stimmt mit § 63 (H.=N.) überein, ersetzt jedoch in Nr. 2 die Worte: „dem Kreise durch Wohnsitz oder Grundbesitz angehört“ durch: „in dem Kreise einen Wohnsitz hat, sofern er nicht ein besoldetes Amt bekleidet, welches der Aufsicht des Landrats unterstellt ist“ und das Wort „Landgemeinden“ durch „Amtsverbände“.

Der Besitz des Bürgerrechtes ist Voraussetzung der Wählbarkeit auch für den Bürgermeister. Denn es ist nicht mehr der Umstand, ob jemand ein städtisches Amt bekleidet, sondern lediglich der Besitz des Bürgerrechts entscheidend. Entsch. des O.V.G. vom 17. Februar 1879, Bd. 5, S. 11.

Die Bestimmung des § 106 (A.) bezieht sich auch auf die im § 97 zugelassenen Vertreter, welche als solche ein Wahlrecht ausüben und für den bestimmten Wahltermin mit Vollmacht versehen sind. Entsch. des O.V.G. vom 28. November 1877, Bd. 3, S. 21.

Wenn die Wahl eines Kreistagsmitgliedes wegen Aufhörens der Wählbarkeit desselben wirkungslos geworden ist, so gewinnt er die Wählbarkeit als Vertreter seiner Ehefrau nur, wenn er die hierzu erforderlichen Voraussetzungen erfüllt. Entsch. des O.V.G. vom 22. Dezember 1877, Bd. 3, S 36.

§ 107. (A.) § 63. (H.) § 64. (H.-N.) § 51. (W.)

Die Kreistagsabgeordneten werden auf sechs Jahre gewählt.

Alle drei Jahre scheidet die Hälfte der Abgeordneten eines jeden Wahlverbandes aus und wird durch neue ersetzt. Ist diese Zahl nicht durch 2 teilbar, so scheidet das erste Mal die nächstgrößere Zahl aus. Die das erste Mal Ausscheidenden werden durch das Los bestimmt, welches der Landrat auf dem Kreistage zu ziehen hat.

Die Ausscheidenden können wieder gewählt werden.

Die beiden Sätze des Abs. 2 beziehen sich nicht nur auf die erste Ergänzungswahl der Abgeordneten. Vielmehr findet die Vorschrift auch dann Anwendung, wenn sich nicht eine entsprechende Anzahl durch Ablauf der sechsjährigen Wahlperiode erlöschender Mandate innerhalb des Wahlverbandes vorfindet. Entsch. des O.V.G. vom 14. Juni 1880, Bd. 6, S. 71.

§ 108. (A.)

Die Wahlen zur regelmäßigen Ergänzung des Kreistages finden alle drei Jahre im Monat November statt, sofern nicht durch statutenmäßige Anordnung seitens des Kreistages ein anderer Termin bestimmt wird. Die Wahlen in dem Verbande der Landgemeinden erfolgen vor den Wahlen im Verbande der größeren Grundbesitzer.

Ergänzungs- und Ersatzwahlen werden von denselben

Wahlverbänden, Stadtgemeinden und Wahlbezirken vorgenommen, von denen der Ausscheidende gewählt war.

Wo in städtischen oder ländlichen Wahlbezirken die Wahl von Wahlmännern durch dieses Gesetz vorgeschrieben ist (§§ 100 und 104), erfolgt dieselbe aufs neue vor jeder Wahl mit Ausnahme der Ersatzwahlen, bei welchen die früheren Wahlmänner fungieren.

Der Ersatzmann bleibt nur bis zum Ende derjenigen sechs Jahre in Thätigkeit, für welche der Ausgeschiedene gewählt war.

§ 64 (H.)

citiert statt der „§§ 100 und 104" die „§§ 56 und 60".

§ 65 (H.-N.)

citiert statt der „§§ 100 und 104" die „§§ 57 und 61".

§ 52 (W.)

citiert statt der „§§ 100 und 104" die „§§ 46 und 48".

§ 109. (A.) § 65. (H.) § 66 (H.-N.) § 53. (W.)

Die bei der regelmäßigen Ergänzung neugewählten Kreistagsabgeordneten treten, sofern nicht durch statutarische Anordnung ein anderer Termin bestimmt wird, ihr Amt mit dem Anfange des nächstfolgenden Jahres an; die Ausscheidenden bleiben bis zur Einführung der neugewählten Mitglieder in Thätigkeit. Die Einführung der Gewählten erfolgt durch den Vorsitzenden des Kreistages.

§ 110. (A.)

Für jeden Kreis werden alle drei Jahre vor jeder neuen Wahl der Kreistagsabgeordneten:

1) ein Verzeichnis der zum Wahlverbande der größeren Grundbesitzer gehörigen Grundbesitzer, Gewerbtreibenden und Bergwerksbesitzer unter Angabe der in dem § 86 enthaltenen Merkmale;

2) ein Verzeichnis der zum Wahlverbande der Landgemeinden gehörigen Besitzer selbständiger Gutsbezirke und wahlberechtigten Gewerbtreibenden und Bergwerksbesitzer unter Angabe der in den §§ 87, 98 und 99 enthaltenen Merkmale;
3) ein Verzeichnis der Landgemeinden unter Angabe der Zahl der von jeder einzelnen Gemeinde oder von den zu einer Kollektivstimme vereinigten Gemeinden zu wählenden Wahlmänner (§§ 100 und 101)

durch den Kreisausschuß aufgestellt, und durch das Kreisblatt, oder wo ein solches nicht besteht, durch das Amtsblatt zur öffentlichen Kenntnis gebracht.

Anträge auf Berichtigung dieses Verzeichnisses sind binnen einer Frist von vier Wochen nach Ausgabe des Blattes, durch welches das Verzeichnis veröffentlicht worden ist, bei dem Kreisausschusse anzubringen, welcher darüber beschließt. Gegen den Beschluß findet innerhalb zwei Wochen die Klage bei dem Bezirksverwaltungsgerichte statt.

§ 66 (H.)

ersetzt die „§§ 86, 87, 98, 99, 100 und 101“ durch die „§§ 42, 43, 54, 55, 56 und 57“ und das Wort „Bezirksverwaltungsgerichte“ durch „Bezirksausschusse“.

§ 67 (H.-N.)

ersetzt die „§§ 86, 87, 98, 99, 100 und 101“ durch die „§§ 43, 44, 55, 56, 57 und 58“ und das Wort „Bezirksverwaltungsgerichte“ durch „Bezirksausschusse“.

§ 54 (W.)

ersetzt in Abs. 1 den „§ 86“ durch „§ 35“, läßt die Nr. 2 und 3 fort und setzt statt „Bezirksverwaltungsgerichte“ „Bezirksausschusse“.

An die Stelle des Bezirksverwaltungsgerichts ist nach dem

Landesverwaltungsgesetze vom 30. Juli 1883 der Bezirksausschuß getreten.

Die Beschlüsse des Kreisausschusses über Berichtigungsanträge gehören zu den in Kommunalangelegenheiten des Kreises gefaßten (vgl. § 178 Kr.O. A.), da es sich hierbei um eigene Angelegenheiten der Kreiskorporation handelt. Entsch. des O.V.G. vom 11. Juni 1883, Bd. 10, S. 44.

§ 111. (A.)

Die Verteilung der Kreistagsabgeordneten auf die einzelnen Wahlverbände (§§ 89 und 90), die Bildung von Wahlbezirken für die Landgemeinden und die zum Verbande derselben gehörigen selbständigen Gutsbezirke, Gewerbtreibenden und Bergwerksbesitzer, sowie die Verteilung der Abgeordneten der Landgemeinden auf dieselben (§ 91), ingleichen die Verteilung der städtischen Abgeordneten auf die einzelnen Städte, beziehungsweise die Bildung von Städtewahlbezirken (§ 92), erfolgt auf den Vorschlag des Kreisausschusses durch den Kreistag und ist durch das Kreis- beziehungsweise Amtsblatt zur öffentlichen Kenntnis zu bringen.

§ 67 (H.)

ersetzt die „§§ 89, 90, 91, 92" durch die „§§ 45, 46, 47, 48".

§ 68 (H.-N.)

ersetzt die „§§ 89, 90, 91, 92" durch die „§§ 46, 47, 48, 49".

§ 55. (W.)

Die Verteilung der Kreistagsabgeordneten auf die einzelnen Wahlverbände (§§ 38 und 39), die Bildung von Wahlbezirken der Städte und der Amtsverbände (§ 40), ingleichen die Verteilung der städtischen Abgeordneten auf die einzelnen Städte, Amtsverbände und Wahlbezirke (§ 40) erfolgt auf den Vorschlag des Kreisausschusses durch den

Kreistag und ist durch das Kreis- beziehungsweise Amtsblatt zur öffentlichen Kenntnis zu bringen.

§ 112. (A.)

Die nach den Vorschriften des § 111 festgestellte Verteilung der Abgeordneten bleibt das erste Mal für drei Jahre, sodann für einen Zeitraum von je zwölf Jahren maßgebend. Nach dessen Ablauf wird sie durch den Kreisausschuß einer Revision unterworfen und der Beschluß des Kreistages über die etwa nach Maßgabe der Vorschriften der §§ 84, 89 bis 93 notwendigen Abänderungen eingeholt. In der Zwischenzeit erfolgt eine Revision nur:

1) wenn die Zahl der Städte des Kreises sich vermehrt oder vermindert, oder wenn eine Stadt in Gemäßheit des § 4 aus dem Kreisverbande ausscheidet. In diesen Fällen ist alsbald eine anderweite Verteilung der Abgeordneten auf die einzelnen Wahlverbände und eine Neuwahl sämtlicher Kreistagsabgeordneten vorzunehmen;
2) wenn die Zahl der Berechtigten in dem Verbande der größeren Grundbesitzer sich dergestalt vermehrt oder vermindert, daß nach § 90 die Zahl der diesem Verbande zukommenden Abgeordneten eine größere oder geringere wird, als bei der letzten Verteilung. In diesem Falle ist vor den nächsten regelmäßigen Ergänzungswahlen (§ 108) von dem Kreistage eine Berichtigung des Verteilungsplans vorzunehmen, und sind sodann nach diesem berichtigten Verteilungsplan die erforderlichen Ergänzungs- beziehungsweise Neuwahlen zu vollziehen.

§ 68 (H.)

citiert statt der §§ „111, 84, 89 bis 93, 90 und 108" die „§§ 67, 40, 45 bis 49, 45, 46 und 64",

§ 69 (H.-N.)

die „§§ 68, 41, 46 bis 50, 46, 47 und 65",

§ 56 (W.)

die „§§ 55, 33, 38 bis 41, 38, 39 und 52" und fügt im Eingange der Nr. 2 ein: „wenn die Zahl der Amtsverbände des Kreises sich vermehrt oder vermindert, sowie" u. s. w.

§ 112a. (A.)

Gegen die von dem Kreistage gemäß §§ 111 und 112 wegen Verteilung der Kreistagsabgeordneten gefaßten Beschlüsse steht den Beteiligten innerhalb einer Frist von vier Wochen nach Ausgabe des Blattes, durch welches die Verteilung bekannt gemacht worden ist, die Klage bei dem Bezirksverwaltungsgerichte zu.

Gegen die Endurteile des Bezirksverwaltungsgerichtes findet sowohl in diesen, wie in den Fällen des § 110, Absatz 2, nur das Rechtsmittel der Revision statt.

§ 69 (H.)

ersetzt die „§§ 111, 112 und 110 Abs. 2" durch die „§§ 67, 68 und 66 Abs. 2", sowie das Wort „Bezirksverwaltungsgericht" durch „Bezirksausschuß."

§ 70 (H.-N.)

ersetzt die „§§ 111, 112 und 110 Abs. 2" durch die „§§ 68, 69 und 67 Abs. 2", sowie das Wort „Bezirksverwaltungsgericht" durch „Bezirksausschuß".

§ 57 (W.)

ersetzt die „§§ 111, 112 und 110 Abs. 2" durch die „§§ 55, 56 und 54 Abs. 2", sowie das Wort „Bezirksverwaltungsgericht" durch „Bezirksausschuß".

An die Stelle des Bezirksverwaltungsgerichts ist nach dem Landesverwaltungsgesetze vom 30. Juli 1883 der Bezirksausschuß getreten.

§ 113. (A.)

Gegen das zum Zwecke der Wahl der Kreistagsabgeordneten stattgehabte Wahlverfahren kann jedes Mitglied einer Wahlversammlung innerhalb zwei Wochen Einspruch bei dem Vorsitzenden des Wahlvorstandes erheben. Die Beschlußfassung über den Einspruch, über welchen die Beteiligten vorab zu hören sind, steht dem Kreistage zu.

Im übrigen prüft der Kreistag die Legitimation seiner Mitglieder von Amtswegen und beschließt darüber.

Jede Wahl verliert dauernd oder vorübergehend ihre Wirkung, wenn sich ergibt, daß die für die Wählbarkeit vorgeschriebenen Bedingungen nicht vorhanden gewesen sind oder wenn diese Bedingungen gänzlich oder zeitweise aufhören. Der Kreistag hat darüber zu beschließen, ob einer dieser Fälle eingetreten ist.

Gegen die nach Maßgabe der vorstehenden Bestimmungen gefaßten Beschlüsse findet innerhalb zwei Wochen die Klage bei dem Bezirksverwaltungsgerichte statt. Die Klage hat keine aufschiebende Wirkung; jedoch dürfen bis zur rechtskräftigen Entscheidung Ersatzwahlen nicht stattfinden.

Für das Streitverfahren kann der Kreistag einen besonderen Vertreter bestellen.

Die Namen der Gewählten sind durch das Kreis- beziehungsweise Amtsblatt bekannt zu machen.

§ 70 (H.), § 71 (H.-N.), § 58 (W.)

ersetzen das Wort „Bezirksverwaltungsgerichte" durch „Bezirksausschusse".

Vgl. die Anm. zu § 112a (A.).

Die Prüfung der Legitimationen durch den Kreistag hängt nicht von der Erhebung eines Einspruchs gegen das Wahlverfahren ab, sondern erfolgt von Amtswegen, ohne daß hierfür eine bestimmte Frist vorgeschrieben wäre. Entsch. des O.V.G. vom 14. Dezember 1885, Bd. 12, S. 19.

In Abs. 2 wird keine Unterscheidung gemacht zwischen einem alten und einem neuen Kreistage. Daher kann ein vorschriftsmäßig einberufener Kreistag die Legitimation der aus Ergänzungswahlen hervorgegangenen Mitglieder vor seiner Ergänzung durch deren Eintritt prüfen. Entsch. des O.V.G. vom 19. Dezember 1877, Bd. 3, S. 32.

Unter den „Mitgliedern des Kreistages", deren Legitimation

der Kreistag von Amtswegen zu prüfen hat, können nur diejenigen verstanden werden, welche bis zur Prüfung ihrer Legitimation als einstweilen berechtigt zu Sitz und Stimme im Kreistage anzusehen sind. Entsch. des O.V.G. vom 10. November 1877, Bd. 3, S. 16; vom 24. Februar 1881, Bd. 7, S. 94.

Der Kreistag kann eine Wahl nur für ungiltig erklären, nicht aber beanstanden. Entsch. des O.V.G. vom 14. November 1877, Bd. 3, S. 18.

Jedes Kreistagsmitglied kann einen diesbezüglichen Beschluß des Kreistages durch die Klage angreifen. Entsch. des O.V.G. vom 5. September 1878, Bd. 4, S. 5.

Auch den Wahlmännern steht gegen einen die Ungiltigkeit ihrer eigenen Wahl aussprechenden Kreistagsbeschluß ein Klagerecht zu. Entsch. des O.V.G. vom 11. November 1880, Bd. 7, S. 54.

§ 114. (A.) § 71. (H.) § 72. (H.-N.) § 59. (W.)

Die Kreistagsabgeordneten erhalten weder Diäten noch Reisekosten.

Zweiter Abschnitt.

Von den Versammlungen und Geschäften des Kreistages.

§ 115. (A.) § 72. (H.) § 73. (H.-N.) § 60. (W.)

Der Kreistag ist berufen, den Kreiskommunalverband zu vertreten, über die Kreisangelegenheiten nach näherer Vorschrift dieses Gesetzes, sowie über diejenigen Gegenstände zu beraten und zu beschließen, welche ihm zu diesem Behufe durch Gesetze oder Königliche Verordnungen überwiesen sind oder in Zukunft durch Gesetz überwiesen werden.

§ 116. (A.)

Insbesondere ist der Kreistag befugt:

1) nach Maßgabe des § 20 statutarische und reglementarische Anordnungen zu treffen;
2) zu bestimmen, in welcher Weise Staatspräſtationen, welche kreisweise aufzubringen sind, und deren

Aufbringungsweise nicht schon durch das Gesetz vorgeschrieben ist, repartiert werden sollen.

Bei der Bestimmung im § 5 Nr. 3 des Gesetzes wegen der Kriegsleistungen vom 11. Mai 1851 (Gesetz-Sammlung S. 362) behält es sein Bewenden;

3) Ausgaben zur Erfüllung einer Verpflichtung oder im Interesse des Kreises zu beschließen, und zu diesem Behufe

über das dem Kreise gehörige Grund- beziehungsweise Kapitalvermögen zu verfügen, Anleihen aufzunehmen und die Kreisangehörigen mit Kreisabgaben zu belasten;

4) innerhalb der Vorschriften der §§ 10 bis 18 den Verteilungs- und Aufbringungsmaßstab der Kreisabgaben zu beschließen;

5) den Kreishaushaltsetat festzustellen und hinsichtlich der Jahresrechnung Decharge zu erteilen (§§ 127 und 129);

6) die Grundsätze festzustellen, nach welchen die Verwaltung des dem Kreise gehörigen Grund- und Kapitalvermögens, sowie der Kreiseinrichtungen und Anstalten zu erfolgen hat;

7) die Einrichtung von Kreisämtern zu beschließen, die Zahl und Besoldung der Kreisbeamten zu bestimmen;

8) die Wahlen zum Kreisausschusse (§ 130) und zu den durch das Gesetz für Zwecke der allgemeinen Landesverwaltung angeordneten Kommissionen zu vollziehen, sowie besondere Kommissionen und Kommissare für Kreiszwecke zu bestellen (§ 167).

Für die Vollziehung dieser Wahlen gelten die Vorschriften des diesem Gesetze beigefügten Reglements. Gegen das stattgehabte Wahlverfahren kann jedes Mitglied des Kreistages bis zum Schlusse des Kreistages Einspruch bei dem Vorsitzenden erheben. Die endgültige Beschlußfassung über den Einspruch steht dem Kreistage zu.

9) Gutachten über alle Angelegenheiten abzugeben, die ihm zu diesem Behufe von den Staatsbehörden überwiesen werden;

10) die durch Gesetz oder Königliche Verordnung (§ 115) ihm übertragenen sonstigen Geschäfte wahrzunehmen.

§ 73 (H.)

citiert statt der „§§ 127 und 129, 130, 167 und 115" die „§§ 83 und 86, 87, 99 und 72".

§ 74 (H.-N.)

citiert statt der „§§ 127 und 129, 130, 167 und 115" die „§§ 84 und 87, 88, 100 und 73".

§ 61 (W.)

citiert statt der „§§ 127 und 129, 130, 167 und 115" die „§§ 71 und 74, 75, 87 und 60".

§ 5 Nr. 3 des Gesetzes vom 11. Mai 1851 bestimmt: „Die Verteilung des Bedarfes erfolgt 3. innerhalb der Kreise auf die Gemeinden durch die Landräte unter Zuziehung eines von der Kreisvertretung gewählten Ausschusses." Der Kreistag braucht zu diesem Zwecke nicht einen besonderen Ausschuß zu wählen, kann vielmehr hiermit auch den Kreisausschuß beauftragen.

§ 117. (A.)

Über Fonds, welche der Gesamtheit des platten Landes oder der Städte gehören, steht den Kreistagsabgeordneten des platten Landes beziehungsweise der Städte die Verfügung allein zu.

Insbesondere haben über diejenigen Fonds, welche in der Kur- und Neumark Brandenburg aus den Kontributions-Überschüssen angesammelt sind, die Kreistagsabgeordneten des platten Landes allein zu verfügen.

Zu Abs. 2. Im vorigen Jahrhundert hatten die Kreise der

Mark Brandenburg die staatlichen Grundsteuern des flachen Landes, die sog. Kontribution, einzuziehen, aber nur eine ein- für allemal fest bestimmte Summe an die Staatskasse abzuliefern, während der Rest den Kreisen für Zwecke ihrer Kommunalverwaltung verblieb. Nachdem durch die Steuergesetzgebung des Jahres 1820 die Einziehung der Kontribution den Kreisen entzogen war, wurden den märkischen Kreisen als Ersatz der Kontributionsüberschüsse durch die Kabinettsordre vom 6. Mai 1838 jährliche Renten aus der Staatskasse zugebilligt, die jedoch, da die Städte zu der Kontribution nichts beigetragen hatten, nur dem flachen Lande zu gute kommen sollten. Vgl. meine Geschichte des Preußischen Verwaltungsrechts, Berlin 1884 ff., Bd. 3, S. 71.

§ 118. (A.) § 74. (H.) § 75. (H.-N.) § 62. (W.)

Der Landrat beruft die Kreistagsabgeordneten zum Kreistage durch besondere Einladungsschreiben, unter Angabe der zu verhandelnden Gegenstände, führt auf demselben den Vorsitz, leitet die Verhandlungen und handhabt die Ordnung in der Versammlung. In Behinderungsfällen übernimmt der dem Dienst- beziehungsweise Lebensalter nach älteste anwesende Kreisdeputierte den Vorsitz.

Mit Ausnahme dringender Fälle, in welchen die Frist bis zu drei Tagen abgekürzt werden darf, muß die Einladung sämtlichen Kreistagsabgeordneten mindestens 14 Tage vorher zugestellt werden. Gegenstände, die nicht in die Einladung zum Kreistage aufgenommen sind, können zwar zur Beratung gelangen, die Fassung eines bindenden Beschlusses über dieselben darf jedoch erst auf dem nächsten Kreistage erfolgen.

Anträge von Kreistagsabgeordneten auf Beratung einzelner Gegenstände sind bei dem Landrate anzubringen und in die Einladung zum nächsten Kreistage aufzunehmen, insofern sie vor Erlaß der Einladungsschreiben eingehen. Der Landrat ist verpflichtet, jährlich wenigstens zwei Kreistage anzuberaumen, außerdem aber ist er hierzu berechtigt, so oft es die Geschäfte erfordern. Die Zusammenberufung des Kreistags muß erfolgen, sobald dieselbe von einem Viertel der Kreistagsabgeordneten oder von dem Kreisausschusse verlangt wird.

Von einem jeden anzusetzenden Kreistage hat der Landrat dem Regierungspräsidenten unter Einsendung einer Abschrift des Einladungsschreibens Anzeige zu machen.

Der § 118 enthält keine Regel, über das Recht, den Ort der Kreistagsversammlungen zu bestimmen. Der Kreistag kann daher hierüber in Gemäßheit des § 20 Kr.O. statutarische Anordnungen treffen. Entsch. des O.V.G. vom 1. Juli 1878, Bd. 4, S. 1.

Zu Abs. 3. Die Anträge müssen sich innerhalb der dem Kreistage gesetzlich überwiesenen Zuständigkeit halten, widrigenfalls sie nicht zu berücksichtigen sind.

§ 119. (A.) § 75. (H.) § 76. (H.-N.) § 63. (W.)

Soll auf dem Kreistage Beschluß gefaßt werden:

1) über die Festsetzung des Abgaben-Verteilungsmaßstabes in Gemäßheit des § 12;
2) über Mehr- und Minderbelastungen einzelner Kreisteile in Gemäßheit des § 13;
3) über solche Gegenstände, welche Kreisausgaben notwendig machen, die nicht auf einer gesetzlichen Verpflichtung des Kreises beruhen,

so ist ein ausführlicher Vorschlag zu dem Beschlusse, welcher über

a. den Zweck desselben,
b. die Art der Ausführung,
c. die Summe der zu verwendenden Kosten,
d. die Aufbringungsweise

das Nötige enthält, von dem Kreisausschusse auszuarbeiten und jedem Abgeordneten mindestens 14 Tage vor Abhaltung des Kreistages schriftlich zuzustellen. Die Frist darf bis zu drei Tagen abgekürzt werden, wenn einem Notstande vorgebeugt oder abgeholfen werden soll.

Statt des Kreisausschusses kann aber auch eine besondere

Kommission eintreten. Ministerialreskript vom 28. Juni 1875 (Ministerialblatt der innern Verwaltung von 1875, S. 267).

§ 120. (A.) § 76. (H.) § 77. (H.-N.) § 64. (W.)

Die Sitzungen des Kreistages sind öffentlich. Für einzelne Gegenstände kann durch einen in geheimer Sitzung zu fassenden Beschluß der Versammlung die Öffentlichkeit ausgeschlossen werden.

§ 121. (A.) § 77. (H.) § 78. (H.-N.) § 65. (W.)

Der Kreistag kann nur beschließen, wenn mehr als die Hälfte der Mitglieder anwesend ist. Eine Ausnahme hiervon findet statt, wenn die Mitglieder des Kreistages, zum zweiten Male zur Verhandlung über denselben Gegenstand berufen, dennoch nicht in beschlußfähiger Anzahl erschienen sind. Bei der zweiten Zusammenberufung muß auf diese Bestimmung ausdrücklich hingewiesen werden.

§ 122. (A.) § 78. (H.) § 79. (H.-N.) § 66. (W.)

An Verhandlungen über Rechte und Verpflichtungen des Kreises darf derjenige nicht teil nehmen, dessen Interesse mit dem des Kreises im Widerspruche steht.

Wegen des „Interesse" vgl. die Anm. zu § 57 Abs. 5 (A.).

§ 123. (A.) § 79. (H.) § 80. (H.-N.) § 67. (W.)

Die Mitglieder des Kreisausschusses, welche nicht Mitglieder des Kreistages sind, werden zu den Versammlungen des Kreistages eingeladen und haben in denselben beratende Stimme.

D. h. sie können sich an keiner Abstimmung des Kreistages oder einer von demselben vorzunehmenden Wahl beteiligen.

§ 124. (A.) § 80. (H.) § 81. (H.-N.) § 68. (W.)

Die Beschlüsse des Kreistages werden nach Mehrheit der Stimmen gefaßt.

Bei Stimmengleichheit gilt der Antrag als abgelehnt.

Zu einem Beschlusse, durch welchen eine neue Belastung der Kreisangehörigen ohne eine gesetzliche Verpflichtung oder eine Veräußerung vom Grund- oder Kapitalvermögen des Kreises bewirkt oder eine Veränderung des festgestellten Verteilungsmaßstabes für die Kreisabgaben (§ 12) eingeführt werden soll, ist jedoch eine Stimmenmehrheit von mindestens zwei Drittel der Abstimmenden erforderlich.

§ 125. (A.) § 81. (H.) § 82. (H.-N.) § 69. (W.)

Über die Beschlüsse des Kreistages ist eine besondere Verhandlung aufzunehmen, in welcher die Namen der dabei anwesend gewesenen Mitglieder aufgeführt werden müssen. Diese Verhandlung wird von dem Vorsitzenden und von wenigstens 3 Mitgliedern des Kreistages vollzogen, welche zu diesem Behufe von der Versammlung vor dem Beginne der Verhandlung zu bestimmen und in letzterer aufzuführen sind.

Über die Wahl eines Protokollführers und die Formen der Verhandlung bestimmt im übrigen die von dem Kreistage zu beschließende Geschäftsordnung.

Der Inhalt der Kreistagsbeschlüsse ist, sofern der Kreistag nicht in einem einzelnen Falle etwas anderes beschließt, in einer von dem Kreistage zu bestimmenden Weise zur öffentlichen Kenntnis zu bringen.

Dem Regierungspräsidenten ist eine Abschrift des Protokolls einzureichen.

Die Verbindlichkeit der Kreistagsbeschlüsse ist durch die Publikation ihres Inhalts nicht bedingt. Entsch. des O.V.G. vom 25. Oktober 1880, Bd. 7, S. 49.

Das Muster einer Geschäftsordnung s. in der Zirkularverfügung vom 7. Juli 1873 (Min. Bl. der inn. Verw. von 1873, S. 215).

§ 126. (A.)

Petitionen und Eingaben, welche namens des Kreistags in bezug auf die seiner Beschlußnahme unterliegenden

Angelegenheiten (§§ 115 und 116) überreicht werden sollen, müssen auf dem Kreistage selbst beraten und vollzogen werden. Daß dies geschehen, ist in dergleichen Eingaben ausdrücklich zu bemerken.

§ 82 (H.)

citiert statt der „§§ 115 und 116" die „§§ 72 und 73".

§ 83 (H.-N.)

citiert statt der „§§ 115 und 116" die „§§ 73 und 74".

§ 70 (W.)

citiert statt der „§§ 115 und 116" die „§§ 60 und 61".

Dritter Abschnitt.

Von dem Kreishaushalte.

§ 127. (A.) § 83. (H.) § 84. (H.-N.) § 71. (W.)

Über alle Einnahmen und Ausgaben, welche sich im voraus bestimmen lassen, entwirft der Kreisausschuß jährlich einen Haushaltsetat, welcher von dem Kreistage festgestellt und demnächst in derselben Weise, wie die Kreistagsbeschlüsse, veröffentlicht wird.

Bei Vorlage des Haushaltsetats hat der Kreisausschuß dem Kreistage über die Verwaltung und den Stand der Kreis-Kommunalangelegenheiten Bericht zu erstatten.

Eine Abschrift des Etats und des Verwaltungsberichtes wird nach erfolgter Feststellung des ersteren sofort dem Regierungspräsidenten überreicht.

Ausgaben, welche außer dem Etat geleistet werden sollen, bedürfen der Genehmigung des Kreistages.

§ 128. (A.) § 84. (H.) § 85. (H.-N.) § 72. (W.)

Die Kreiskommunalkasse muß an einem bestimmten Tage in jedem Monate regelmäßig und mindestens einmal im Jahre außerordentlich revidiert werden. Die Revisionen werden von dem Vorsitzenden des Kreisausschusses vorgenommen. Bei den außerordentlichen Revisionen ist ein von dem Kreisausschuß zu bestimmendes Mitglied desselben zuzuziehen.

„Von dem Vorsitzenden des Kreisausschußes" heißt von dem Landrate bezw. von dessen in § 136 Kr.O. (A.) bestimmten Stellvertreter.

§ 128a. (A.)

Der Bezirksrat beschließt, an Stelle der Aufsichtsbehörde, über die Feststellung und den Ersatz von Defekten der Kreisbeamten nach Maßgabe der Verordnung vom 24. Januar 1844.

Der Beschluß ist vorbehaltlich des ordentlichen Rechtsweges endgültig.

§ 85 (H.), § 86 (H.-N.), § 73 (W.)

ersetzen das Wort „Bezirksrat" durch „Bezirksausschuß".

An die Stelle des Bezirksrates ist der Bezirksausschuß getreten.

§ 129. (A.) § 86. (H.) § 87. (H.-N.) § 74. (W.)

Die Jahresrechnung ist von dem Rendanten der Kreiskommunalkasse innerhalb der ersten vier Monate nach Schluß des Rechnungsjahres zu legen und dem Kreisausschusse einzureichen. Dieser hat die Rechnung zu revidieren, solche mit seinen Erinnerungen und Bemerkungen dem Kreistage zur Prüfung, Feststellung und Entlastung einzureichen und demnächst einen Rechnungsauszug zu veröffentlichen. Der Kreistag ist befugt, diese Prüfung durch eine hiermit zu beauftragende Kommission bewirken zu lassen.

Eine Abschrift des Feststellungsbeschlusses ist sofort dem Regierungspräsidenten vorzulegen.

Vierter Abschnitt.

Von dem Kreisausschusse, seiner Zusammensetzung und seinen Geschäften in der Kreiskommunal- und allgemeinen Landesverwaltung.

§ 130. (A.) § 87. (H.) § 88. (H.-N.) § 75. (W.)

Zum Zwecke der Verwaltung der Angelegenheiten des Kreises und der Wahrnehmung von Geschäften der allgemeinen Landesverwaltung wird ein Kreisausschuß bestellt.

Der Kreisausschuß ist das Verwaltungsorgan für die Kommunalangelegenheiten des Kreises, Verwaltungsbeschlußbehörde und Kreisverwaltungsgericht nach Maßgabe der hierüber ergangenen besonderen gesetzlichen Bestimmungen, sowie Waldschutzgericht in Gemäßheit des Gesetzes betreffend Schutzwaldungen und Waldgenossenschaften vom 6. Juli 1875 (G.S. von 1875, S. 416).

§ 131. (A.)

Der Kreisausschuß besteht aus dem Landrate und sechs Mitgliedern, welche von der Kreisversammlung aus der Zahl der Kreisangehörigen nach absoluter Stimmenmehrheit gewählt werden. Für die Wählbarkeit gelten die im § 96 für die Wahlberechtigung gegebenen Bestimmungen.

Geistliche, Kirchendiener und Elementarlehrer können nicht Mitglieder des Kreisausschusses sein; richterliche Beamten, zu denen jedoch die technischen Mitglieder der Handels-, Gewerbe- und ähnlicher Gerichte nicht zu zählen sind, nur mit Genehmigung des vorgesetzten Ministers.

§ 88 (H.)

citiert statt des „§ 96“ den „§ 52“,

§ 89 (H.-N.)

den „§ 53“,

§ 76 (W.)

den „§ 50“.

Ein gewähltes Kreisausschußmitglied kann im Disziplinarverfahren seiner Stelle nicht mehr enthoben werden, wenn es vor Beendigung desselben in gesetzlich zulässiger Weise sein Amt niedergelegt hat. Entsch. des O.V.G. vom 26. Mai 1883, Bd. 10, S. 371.

§ 132. (A.) § 89. (H.) § 90. (H.-N.) § 77. (W.)

Der Kreistag kann nach Bedürfnis einen Syndikus bestellen, welcher die Befähigung zum höheren Richteramte besitzt. Derselbe nimmt an den Sitzungen mit beratender Stimme teil.

Der Syndikus ist Beamter des Kreisverbandes, hat also die Rechte eines mittelbaren Staatsbeamten.

§ 133. (A.)

Die Wahl der Ausschußmitglieder erfolgt auf sechs Jahre mit der Maßgabe, daß bei Ablauf der Wahlperiode die Mitgliedschaft im Ausschusse bis zur Wahl des Nachfolgers fortdauert. Alle zwei Jahre scheidet ein Drittel der Mitglieder aus. Die das erste Mal Ausscheidenden werden durch das Los bestimmt. Die Ausgeschiedenen können wieder gewählt werden. Jede Wahl verliert ihre Wirkung mit dem Aufhören einer der für die Wählbarkeit vorgeschriebenen Bedingungen. Der Kreisausschuß hat darüber zu beschließen, ob dieser Fall eingetreten ist. Gegen den Beschluß des Kreisausschusses findet innerhalb zwei Wochen die Klage bei dem Bezirksverwaltungsgerichte statt. Die Klage steht auch dem Vorsitzenden des Kreisausschusses zu. Dieselbe hat keine aufschiebende Wirkung; jedoch dürfen bis zur rechtskräftigen Entscheidung Ersatzwahlen nicht stattfinden. Für das Streitverfahren kann der Kreisausschuß einen besonderen Vertreter bestellen.

Die Ausschußmitglieder werden vom Vorsitzenden vereidigt. Sie können nach Maßgabe der Bestimmungen des § 32 des Gesetzes über die Organisation der allgemeinen Landesverwaltung im Wege des Disziplinarverfahrens ihren Stellen enthoben werden.

§ 90 (H.)

ersetzt das Wort „Bezirksverwaltungsgericht" durch „Bezirksausschuß", „§ 32 des Gesetzes über die Organisation der allgemeinen Landesverwaltung" durch „§ 39 des Gesetzes über die allgemeine Landesverwaltung" und fügt am Schlusse des Abs. 2 ein: „Wird die Eidesleistung von einem Ausschußmitgliede abgelehnt, so ist an dessen Stelle ein Ausschußmitglied von dem Oberpräsidenten zu ernennen".

§ 91 (H.-N.), § 78 (W.)

ersetzen: „Bezirksverwaltungsgericht" durch „Bezirksausschuß", „§ 32 des Gesetzes über die Organisation der allgemeinen Landesverwaltung" durch „§ 32 des Gesetzes über die allgemeine Landesverwaltung".

An die Stelle des Bezirksverwaltungsgerichts ist der Bezirksausschuß getreten. Dem § 32 des Organisationsgesetzes entspricht jetzt der § 39 des Landesverwaltungsgesetzes vom 30. Juli 1883. Vgl. auch die Anm. zu § 131.

§ 134. (A.)

Der Kreisausschuß hat:

1) die Beschlüsse des Kreistages vorzubereiten und auszuführen, soweit damit nicht besondere Kommissionen, Kommissarien oder Beamte durch Gesetz oder Kreistagsbeschluß beauftragt werden;

2) die Kreisangelegenheiten nach Maßgabe der Gesetze und der Beschlüsse des Kreistages, sowie in Gemäßheit des von diesem festzustellenden Kreishaushaltsetats zu verwalten;

3) die Beamten des Kreises zu ernennen und deren Geschäftsführung zu leiten und zu beaufsichtigen;

Hinsichtlich der Besetzung der Kreisbeamtenstellen mit Militärinvaliden gelten die in Ansehung der Städte erlassenen Vorschriften; hinsichtlich der Dienstvergehen der Kreisbeamten finden die Bestimmungen des § 68 mit der Maßgabe Anwendung, daß das

Recht zur Verhängung von Ordnungsstrafen auch dem Landrate zusteht;

4) sein Gutachten über alle Angelegenheiten abzugeben, welche ihm von den Staatsbehörden überwiesen werden;

5) diejenigen Geschäfte der allgemeinen Landesverwaltung zu führen, welche ihm durch Gesetz übertragen werden.

§ 91 (H.), § 92 (H.-N.), § 79 (W.)

ersetzen den Passus: „hinsichtlich der Dienstvergehen der Kreisbeamten finden die Bestimmungen des § 68 mit der Maßgabe Anwendung, daß das Recht zur Verhängung von Ordnungsstrafen auch dem Landrate zusteht", durch den Satz: „hinsichtlich der Dienstvergehen der Kreisbeamten kommen die Bestimmungen des Gesetzes vom 1. August 1883 über die Zuständigkeit der Verwaltungs- und Verwaltungsgerichtsbehörden (Gesetz-Sammlung S. 273) inbetreff der Dienstvergehen der ländlichen Gemeindebeamten zur Anwendung".

Die Nr. 1—4 regeln die Thätigkeit des Kreisausschusses als des kommunalen Verwaltungsorgans des Kreises, 4 und 5 als eines Organs der allgemeinen Landesverwaltung. Die Nr. 5 ist jedoch nicht erschöpfend, sondern verweist nur auf die besonderen gesetzlichen Bestimmungen, wobei besonders das Landesverwaltungsgesetz in Betracht kommt.

§ 135 (A.)

fällt aus. Die darin enthaltenen Bestimmungen sind in das Zuständigkeitsgesetz übergangen.

§ 136. (A.) § 92. (H.) § 93. (H.-N.) § 80. (W.)

Der Landrat leitet und beaufsichtigt den Geschäftsgang des Ausschusses und sorgt für die prompte Erledigung der Geschäfte.

Der Landrat beruft den Kreisausschuß und führt in demselben den Vorsitz mit vollem Stimmrechte. Ist der

Landrat verhindert, so geht der Vorsitz auf seinen Stellvertreter über. Ist dies der Kreissekretär, so führt nicht dieser, sondern das hierzu vom Ausschusse gewählte Mitglied den Vorsitz.

Ist von der Regierung zur Vertretung des Landrats ein besonderer Beamter bestellt worden, so geht auch der Vorsitz im Kreisausschusse auf diesen über.

§ 137. (A.) § 93. (H.) § 94. (H.-N.) § 81. (W.)

Der Landrat führt die laufenden Geschäfte der dem Ausschusse übertragenen Verwaltung. Er bereitet die Beschlüsse des Ausschusses vor und trägt für die Ausführung derselben Sorge. Er kann die selbständige Bearbeitung einzelner Angelegenheiten einem Mitgliede des Kreisausschusses übertragen.

Er vertritt den Kreisausschuß nach außen, verhandelt namens desselben mit Behörden und Privatpersonen, führt den Schriftwechsel und zeichnet alle Schriftstücke namens des Ausschusses.

Urkunden über Rechtsgeschäfte, welche den Kreis gegen dritte verbinden sollen, ingleichen Vollmachten, müssen unter Anführung des betreffenden Beschlusses des Kreistages beziehungsweise Kreisausschusses von dem Landrate und zwei Mitgliedern des Kreisausschusses beziehungsweise der mit der Angelegenheit betrauten Kommission unterschrieben und mit dem Siegel des Landrates versehen sein.

Diese Vorschriften bezogen sich ursprünglich auf die gesamte Thätigkeit des Kreisausschusses sowohl in der Kommunalverwaltung wie in der allgemeinen Landesverwaltung. Nachdem jedoch in letzter Hinsicht das Verfahren des Kreisausschusses durch das Landesverwaltungsgesetz anderweit geregelt ist, gilt der § 137 (A.) jetzt nur noch für das Verfahren in Kommunalangelegenheiten.

§ 138. (A.) § 94. (H.) § 95. (H.-N.) § 82. (W.)

Die Anwesenheit dreier Mitglieder mit Einschluß des Vorsitzenden genügt für die Beschlußfähigkeit des Kreisausschusses.

Die Beschlüsse werden nach Stimmenmehrheit gefaßt. Ist eine gerade Zahl von Mitgliedern anwesend, so nimmt das dem Lebensalter nach jüngste gewählte Mitglied an der Abstimmung keinen Anteil.

Vgl. die Anm. zu § 137 (A.).

§ 139. (A.)

Betrifft der Gegenstand der Verhandlung einzelne Mitglieder des Kreisausschusses oder deren Verwandte und Verschwägerte in auf- oder absteigender Linie oder bis zu dem dritten Grade der Seitenlinie, so dürfen dieselben an der Beratung und Entscheidung nicht teilnehmen.

Ebensowenig dürfen die Mitglieder des Kreisausschusses bei der Beratung und Entscheidung solcher Angelegenheiten mitwirken, in welchen sie in anderer als öffentlicher Eigenschaft ein Gutachten abgegeben haben oder in anderer als öffentlicher Eigenschaft thätig gewesen sind.

Wird dadurch ein Kreisausschuß beschlußunfähig, so erfolgt, soweit es sich um Kreiskommunalangelegenheiten handelt, die Beschlußfassung durch den Kreistag im übrigen nach Maßgabe des § 54 des Gesetzes über die Organisation der allgemeinen Landesverwaltung.

§ 95 (H.), § 96 (H.-N.), § 83 (W.)

ersetzen den letzten Absatz durch die Worte:

„Wird dadurch ein Kreistag beschlußunfähig, so erfolgt die Beschlußfassung durch den Kreistag."

Zu Abs. 3 vgl. die Anm. zu § 137 (A.).

§§ 140 bis 163 (A.)

fallen fort. Dieselben sind durch das Landesverwaltungsgesetz §§ 50—126 ersetzt.

§ 164. (A.)

Soweit die eigenen Einnahmen des Kreisausschusses und die vom Staate hierzu nach § 70 zu überweisenden

Beiträge nicht ausreichen, werden die Kosten, welche die Geschäftsverwaltung desselben verursacht, von dem Kreise get ragen.

Die Mitglieder des Kreisausschusses erhalten eine ihren baaren Auslagen entsprechende Entschädigung. Über die Höhe derselben beschließt der Kreistag.

§ 96 (H.)

citiert statt des „§ 70" die „§§ 109 und 110";

§ 97 (H.-N.)

die „§§ 110 und 111";

§ 84 (W.)

die „§§ 97 und 98".

§ 97. (H.)

Der Kreisausschuß ist befugt, behufs der örtlichen Erledigung der zu seiner Zuständigkeit gehörigen Geschäfte die Mitwirkung der Ortspolizeibehörden, sowie der Gemeinde und Gutsvorsteher in Anspruch zu nehmen.

§ 98. (H.-N.)

Der Kreisausschuß ist befugt, behufs der örtlichen Erledigung der zu seiner Zuständigkeit gehörigen Geschäfte die Mitwirkung der Bürgermeister und Gutsvorsteher in Anspruch zu nehmen.

§ 85 (W.)

ersetzt die Worte: „Bürgermeister und Gutsvorsteher" durch „Amtmänner, sowie der Gemeindevorstände und Gutsvorsteher".

§ 165 (A.)

fällt fort.

§ 166. (A.) § 98. (H.) § 99. (H.-N.) § 86. (W.)

Im übrigen wird der Geschäftsgang bei den Kreisausschüssen durch ein von dem Minister des Innern zu erlassendes Regulativ geordnet.

Fünfter Abschnitt.

Von den Kreiskommissionen.

§ 167. (A.) § 99. (H.) § 100. (H.-N.) § 87. (W.)

Für die unmittelbare Verwaltung und Beaufsichtigung einzelner Kreisinstitute sowie für die Besorgung einzelner Kreisangelegenheiten kann der Kreistag nach Bedürfnis besondere Kommissionen oder Kommissare aus der Zahl der Kreisangehörigen bestellen, welche ebenso, wie die durch das Gesetz für Zwecke der allgemeinen Landesverwaltung angeordneten Kommissionen, ihre Geschäfte unter der Leitung des Landrats besorgen.

Der Landrat ist befugt, jederzeit den Beratungen der Kreiskommissionen beizuwohnen und dabei den Vorsitz mit vollem Stimmrechte zu übernehmen, soweit nicht hierüber hinsichtlich der für Zwecke der allgemeinen Landesverwaltung angeordneten Kommissionen etwas anderes gesetzlich bestimmt ist.

§ 168. (A.) § 100. (H.) § 101. (H.-N.) § 88. (W.)

Über die Gewährung von Diäten und Reisekosten an die Mitglieder der Kreiskommissionen zu bestimmen, bleibt dem Kreistage überlassen.

Vierter Titel.

Von den Stadtkreisen.

§ 169. (A.)

In denjenigen Kreisen, welche nur aus einer Stadt bestehen (Stadtkreise), werden die Geschäfte des Kreistages und des Kreisausschusses, die des letzteren, soweit sich dieselben auf die Verwaltung der Kreiskommunalangelegenheiten beziehen, von den städtischen Behörden nach den Vorschriften der Städteordnung wahrgenommen.

Die Bestimmungen des zweiten Abschnitts des ersten Titels finden auf Stadtkreise keine Anwendung.

§ 101 (H.)

fügt vor „des Kreistages" ein: „des Landrates".

§ 102 (H.-N.)

fügt vor „des Kreistages" ein „des Landrates" und ersetzt das Wort: „der Städteordnung" durch „der bezüglichen Gemeindeverfassungsgesetze".

§ 89 (W.)

fügt vor „des Kreistages" ein: „des Landrates" und nach „der Städteordnung": „vom 19. März 1856".

§ 170. (A.)

In den Stadtkreisen, mit Ausnahme des Stadtkreises Magdeburg, tritt an die Stelle des Kreisausschusses zur Wahrnehmung von Geschäften der allgemeinen Landesverwaltung in den durch die Gesetze bezeichneten Fällen der nach den Vorschriften der §§ 30 ff. des Gesetzes über die Organisation der allgemeinen Landesverwaltung gebildete Stadtausschuß.

§ 102 (H.), § 103 (H.-N.), § 90 (W.)

lassen die Worte: „mit Ausnahme des Stadtkreises Magdeburg" fort und citieren statt „der §§ 30 ff. des Gesetzes über die Organisation der allgemeinen Landesverwaltung.": „der §§ 37 ff. des Gesetzes über die allgemeine Landesverwaltung".

Die Ausnahme bezüglich des Stadtkreises Magdeburg wird mit der Inkommunalisierung der außer der Stadt Magdeburg zu demselben gehörigen Städte Neustadt und Buckau in die Stadt Magdeburg hinfällig.

An die Stelle der §§ 30 ff. des Organisationsgesetzes sind die §§ 37 ff. des Landesverwaltungsgesetzes vom 30. Juli 1883 getreten.

§ 171. (A.)

Der Kreistag des Stadtkreises Magdeburg besteht außer dem Oberbürgermeister der Stadt Magdeburg, welcher die Kreiskommunal-Verwaltung leitet und den Vorsitz im Kreistage mit vollem Stimmrecht führt, aus 11 Mitgliedern, von denen

1) die Altstadt Magdeburg mit Sudenburg . . 6,
2) die Neustadt Magdeburg 3,
3) die Stadt Buckau 2

Abgeordnete entsendet.

Vergl. die Anm. zu § 170 (A.) zu diesem und den folgenden §§.

§ 172. (A.)

Die Wahl der Kreistagsabgeordneten erfolgt nach den Vorschriften des § 104, Absatz 1.

§ 173. (A.)

Der Kreisausschuß des Stadtkreises Magdeburg besteht aus dem Oberbürgermeister der Stadt Magdeburg, in Behinderungsfällen dessem gesetzlichem Stellvertreter, als Vorsitzendem, und sechs Mitgliedern, welche von dem Kreistage aus der Zahl der Mitglieder der Magistrate der drei zum Stadtkreis Magdeburg gehörigen Städte gewählt werden.

§ 174. (A.)

Für den Kreistag und den Kreisausschuß des Stadtkreises Magdeburg gelten die Vorschriften der §§ 115 und 116, 118—131, 133 und 134, 136—139, Absatz 1 und 2 dieses Gesetzes, soweit sich dieselben auf die Verwaltung der Kreiskommunalangelegenheiten beziehen.

§ 175. (A.)

Die Bestimmungen des zweiten Abschnitts des ersten Titels finden auf den Stadtkreis Magdeburg gleichmäßige Anwendung.

Fünfter Titel.

Von der Oberaufsicht über die Kreisverwaltung.

§ 176. (A.)

Beschlüsse des Kreistages, welche folgende Angelegenheiten betreffen:

1) statutarische Anordnungen nach Maßgabe des § 20 Nr. 1;
2) Mehr- oder Minderbelastung einzelner Kreisteile (§ 13);
3) eine Belastung der Kreisangehörigen durch Kreisabgaben über 50 Prozent des Gesamtaufkommens der direkten Staatssteuern;
4) Veräußerungen von Grundstücken und Immobiliarrechten des Kreises;
5) Anleihen, durch welche der Kreis mit einem Schuldenbestande belastet oder der bereits vorhandene Schuldenbestand vergrößert werden würde, sowie die Übernahme von Bürgschaften auf den Kreis;
6) eine neue Belastung der Kreisangehörigen ohne gesetzliche Verpflichtung, insofern die aufzubringenden Leistungen über die nächsten fünf Jahre hinaus fort dauern sollen —

bedürfen in den Fällen zu 1 der landesherrlichen Genehmigung in den Fällen zu 2 der Bestätigung des Ministers des Innern, in den Fällen zu 3 der Bestätigung der Minister des Innern und der Finanzen, in den übrigen Fällen der Bestätigung des Bezirksrates.

Ohne die vorgeschriebene Bestätigung sind die betreffenden Beschlüsse des Kreistages nichtig.

§ 103 (H.), § 104 (H.-N.), § 91 (W.)

ersetzen das Wort „Bezirksrates" durch „Bezirksausschusses".

An die Stelle des Bezirksrates ist der Bezirksausschuß getreten.

Zu Nr. 2. Ein auf Grund dieser Bestimmung gefaßter und bestätigter Kreistagsbeschluß ist im Verwaltungsstreitverfahren nicht mit der Behauptung angreifbar, daß es unter den bestehenden Verhältnissen angemessen gewesen wäre, wenn der Kreistag ein Gut in eine niedrigere Interessentenklasse eingeschätzt hätte. Entsch. des O.V.G. vom 23. Mai 1879, Bd. 5, S. 56.

Zu Nr. 4. Unter den Begriff der Veräußerungen fallen auch die Verpfändungen.

§ 177. (A.)

Die Aufsicht des Staates über die Verwaltung der Angelegenheiten der Landkreise und des Stadtkreises Magdeburg wird von dem Regierungspräsidenten, in höherer und letzter Instanz von dem Oberpräsidenten geübt, unbeschadet der in den Gesetzen geordneten Mitwirkung des Bezirksrates und des Provinzialrates.

Beschwerden an die Aufsichtsbehörde in Kreisangelegenheiten sind in allen Instanzen innerhalb zwei Wochen anzubringen.

§ 104 (H.), § 105 (H.-N.), § 92 (W.)

lassen die Worte: „und des Stadtkreises Magdeburg" fort und ersetzen das Wort: „Bezirksrates" durch „Bezirksausschusses".

Über den Stadtkreis Magdeburg vgl. die Anm. zu § 170 (A.).

An die Stelle des Bezirksrates ist der Bezirksausschuß getreten.

Unter den „Angelegenheiten der Landkreise" sind lediglich deren Kommunalangelegenheiten zu verstehen.

§ 177 a. (A.) § 105. (H.) § 106. (H.-N.) § 93. (W.)

Die Aufsichtsbehörden haben mit den ihnen in den Gesetzen zugewiesenen Mitteln darüber zu wachen, daß die Verwaltung den Vorschriften der Gesetze gemäß geführt und in geordnetem Gange erhalten werde.

Die Aufsichtsbehörden sind zu dem Ende befugt, über alle Gegenstände der Verwaltung Auskunft zu erfordern, die Einsendung der Akten, insbesondere auch der Haushaltsetats und der Jahresrechnungen zu verlangen, sowie Geschäfts- und Kassenrevisionen an Ort und Stelle zu veranlassen.

§ 178. (A.)

Beschlüsse des Kreistages, der Kreiskommissionen, sowie in Kommunalangelegenheiten des Kreises gefaßte Beschlüsse des Kreisausschusses, welche deren Befugnisse überschreiten oder die Gesetze verletzen, hat der Landrat entstehenden Falles auf Anweisung der Aufsichtsbehörde, unter Angabe der Gründe mit aufschiebender Wirkung zu beanstanden.

Gegen die Verfügung des Landrates steht dem Kreistage, der Kreiskommission, beziehungsweise dem Kreisausschusse innerhalb zwei Wochen die Klage bei dem Bezirksverwaltungsgerichte zu. Dieselben können zur Wahrnehmung ihrer Rechte im Verwaltungsstreitverfahren einen besonderen Vertreter bestellen.

§ 106 (H.), § 107 (H.-N.), § 94 (W.)

ersetzen das Wort „Bezirksverwaltungsgerichte" durch „Bezirksausschusse".

An die Stelle des Bezirksverwaltungsgerichts ist der Bezirksausschuß getreten.

Der § 178 bezieht sich nur auf die Kommunalverwaltung des Kreises.

§ 179. (A.) § 107. (H.) § 108. (H.-N.) § 95. (W.)

Auf den Antrag des Staatsministeriums kann ein Kreistag durch Königliche Verordnung aufgelöst werden.

Es sind sodann Neuwahlen anzuordnen, welche binnen sechs Monaten vom Tage der Auflösung an erfolgen müssen.

Im Falle der Auflösung eines Kreistages bleiben die von demselben gewählten Mitglieder des Kreisausschusses und der Kreiskommissionen so lange in Wirksamkeit, bis der neu gebildete Kreistag die erforderlichen Neuwahlen vollzogen hat.

Zu Abs. 2. Die Wahl der Mitglieder des Kreisausschusses und der Kreiskommissionen erlischt schon vor Ablauf der Wahlperiode durch die Auflösung des Kreistages. Sie bleiben nur bis zur Neuwahl vorläufig im Amte.

§ 180. (A.)

Unterläßt oder verweigert ein Kreis die ihm gesetzlich obliegenden, von der Behörde innerhalb der Grenzen ihrer Zuständigkeit festgestellten Leistungen auf den Haushaltsetat zu bringen oder außerordentlich zu genehmigen, so verfügt der Regierungspräsident, unter Angabe der Gründe, die Eintragung in den Etat, beziehungsweise die Feststellung der außerordentlichen Ausgaben.

Gegen die Verfügung des Regierungspräsidenten steht dem Kreise innerhalb zwei Wochen die Klage bei dem Bezirksverwaltungsgerichte zu. Zur Ausführung der Rechte des Kreises kann der Kreistag einen besonderen Vertreter bestellen.

§ 108 (H.), § 109 (H.-N.), § 96 (W.)

ersetzen das Wort: „Bezirksverwaltungsgerichte" durch „Oberverwaltungsgerichte".

Zuständigkeitsgesetz vom 1. August 1883, § 4:

„Der zweite Absatz des § 180 der Kreisordnung vom 13. Dezember 1872 wird dahin geändert: Gegen die Verfügung des Regierungspräsidenten steht dem Kreise innerhalb zwei Wochen die Klage bei dem Oberverwaltungsgerichte zu.

Zur Ausführung der Rechte des Kreises kann der Kreistag einen besonderen Vertreter bestellen."

Der § 180 ist auch anwendbar, wenn nicht der Kreistag, sondern der Kreisausschuß eine Leistung verweigert oder unterlassen hat. Das Einschreiten der Aufsichtsbehörde erfordert, daß ein von der Behörde wahrzunehmendes öffentliches Interesse vorliegt. Entsch. des O.V.G. vom 6. März 1882, Bd. 8, S. 49.

Sechster Titel.

Besondere Bestimmungen für die Provinz Sachsen.

§ 181. (A.)

Für den Umfang der in der Provinz Sachsen belegenen Grafschaften Wernigerode, Stolberg-Stolberg mit dem vormaligen Amte Heringen, und Stolberg-Roßla mit dem vormaligen Amte Kelbra kommt dieses Gesetz mit den Maßgaben des Gesetzes vom 18. Juni 1876 (G.-S. S. 245) zur Anwendung.

Gesetz vom 18. Juni 1876.

§ 1. Mit dem 1. Oktober 1876 tritt in den Grafschaften Wernigerode, Stolberg-Stolberg mit dem vormaligen Amte Heringen und Stolberg-Roßla mit dem vormaligen Amte Kelbra die Kreisordnung vom 13. Dezember 1872 in allen ihren Teilen, jedoch unter Ausschluß des § 181, mit nachstehenden Maßgaben in Kraft:

1. Die Ernennung der Amtsvorsteher und deren Stellvertreter (§§ 56, 57), sowie die Bestellung kommissarischer Amtsvorsteher (§ 58) erfolgt in den genannten Grafschaften nach Anhörung der Besitzer derselben, des Grafen zu Stolberg-Wernigerode, beziehungsweise des Grafen zu Stolberg-Stolberg und des Grafen zu Stolberg-Roßla, unbeschadet des dem Kreistage nach §§ 56, 57 zustehenden Vorschlagsrechtes.

2. Der Landrat des Kreises Wernigerode wird nach Anhörung des Grafen zu Stolberg-Wernigerode vom Könige ernannt. Das der Kreisversammlung gemäß § 74 zustehende Vorschlagsrecht wird hierdurch nicht berührt.

3. Die Grafen zu Stolberg-Wernigerode, Stolberg-Stolberg und Stolberg-Roßla sind befugt, das in dem Kreise Wernigerode, beziehungsweise Sangerhausen ihnen zustehende Recht der Teilnahme an den von den Wahlverbänden der größeren Grundbesitzer zu vollziehenden Wahlen von Kreistagsabgeordneten durch Stellvertreter in gleicher Weise wie die Mitglieder der regierenden Häuser (§ 97, 5) auszuüben.

§ 2. In den Grafschaften Wernigerode und Stolberg ist noch vor dem im § 1 gedachten Zeitpunkte zur Wahl der Gemeindevorsteher und Schöffen, zur Bildung der Amtsbezirke und zur Ernennung oder Bestellung der Amtsvorsteher in Gemäßheit der Vorschriften der Kreisordnung zu schreiten.

§ 3. Von dem in § 1 angegebenen Zeitpunkt ab treten die von den Grafen zu Stolberg in dem § 1 bezeichneten Gebieten bestellten Polizeioberbeamten, Medizinal- und Lokalbeamten, sowie die gräfliche Regierung und das mit ihr verbundene Medizinalkollegium in Wernigerode außer Wirksamkeit.

Die Befugnisse und Obliegenheiten dieser Behörden gehen, mit allen Nutzungen und Lasten, auf die nach der Kreisordnung oder den sonst bestehenden allgemeinen Vorschriften zuständigen staatlichen oder kommunalen Behörden über.

§ 4. Die durch Aufhebung der gräflichen Behörden (§ 3) disponibel werdenden öffentlichen Beamten der Grafen zu Stolberg sind mit ihrem derzeitigen Gehalte, Dienstalter und Range in den unmittelbaren Staatsdienst zu übernehmen, oder geeigneten Falles für Rechnung der Staatskasse mit Wartegeld oder Pension in den Ruhestand zu versetzen. Lehnt einer dieser Beamten die anderweite Anstellung ab, so ist er mit Pension in Ruhestand zu setzen.

Urkundlich ꝛc.

Gegeben Bad Ems, den 18. Juni 1876.

§ 182 (A.)

fällt fort. Derselbe bezog sich auf die Einführung der Kr.O. in der Provinz Posen. Vgl. die Einleitung.

Siebenter Titel.

Allgemeine Übergangs- und Ausführungsbestimmungen.

§ 183. (A).

Bis zu einer anderweiten Beschlußfassung der Provinzialvertretungen tritt an die Stelle des im § 86 festgestellten Betrages von 225 Mark Grund- und Gebäudesteuer für die Kreise der Provinz Sachsen der Betrag von 300 Mark und für die Kreise des Regierungsbezirks Stralsund der Betrag von 750 Mark.

§ 184. (A.)

Für die ersten nach Maßgabe dieses Gesetzes vorzunehmenden Verteilungen und Wahlen der Kreistagsabgeordneten sind die dem Kreisausschusse beziehungsweise dem Kreistage übertragenen Befugnisse von dem Landrate wahrzunehmen. Ingleichen liegt für diese ersten Wahlen dem Landrate die Prüfung der Wahlprotokolle an Stelle des Kreisausschusses ob.

§ 185. (A.)

Für jeden Kreis wird die erfolgte Bildung der Amtsbezirke und die Ernennung der Amtsvorsteher durch eine von dem Oberpräsidenten durch das Amtsblatt zu erlassende Bekanntmachung zur öffentlichen Kenntnis gebracht. Bis zu diesem Zeitpunkte bleiben die rücksichtlich der örtlichen Polizeiverwaltung bestehenden Vorschriften in Kraft.

§ 186. (A.)

Die Amtsthätigkeit der jetzigen Gemeindevorsteher und Schöffen erlischt am 30. Juni 1874. Die schon jetzt gewählten Gemeindevorsteher und Schöffen bleiben jedoch in Funktion bis zum Ablauf der in dem gegenwärtigen Gesetze vorgeschriebenen sechsjährigen Amtsdauer, vom Tage ihrer Bestätigung gerechnet, sofern nicht eine Gemeinde eine frühere Wahl ausdrücklich beantragt.

§ 109. (H.)

Für die Durchführung der Kreisordnung, insbesondere zur Bestreitung der Kosten des Kreisausschusses, hat der Provinzialverband von Hannover vom Tage des Inkrafttretens dieses Gesetzes ab die Jahressumme von 284076 Mark, zur einen Hälfte nach dem Maßstabe des Flächeninhalts, zur andern Hälfte nach dem Maßstabe der durch die Zählung vom 1. Dezember 1880 festgestellten Zahl der Civilbevölkerung, auf die einzelnen Landkreise der

Provinz zu verteilen und denselben alljährlich in vierteljährlichen Teilzahlungen zu überweisen.

Scheidet gemäß des § 4 des gegenwärtigen Gesetzes eine Stadt aus einem Landkreise aus, so ist derjenige Teil der dem letzteren gemäß der Bestimmung im ersten Absatze überwiesenen Jahresrente, welcher nach dem daselbst vorgeschriebenen Maßstabe auf die ausscheidende Stadt entfallen würde, nach eben diesem Maßstabe auf sämtliche Landkreise der Provinz zu verteilen und um den hiernach auf jeden Landkreis entfallenden Betrag die Jahresrente desselben zu erhöhen.

§ 110. (H.)

Zu den im § 109 bezeichneten Zahlungen ist die Jahressumme zu verwenden, welche dem Provinzialverbande von Hannover gemäß § 26 Absatz 1 des Gesetzes vom 8. Juli 1875 (Gesetz-Sammlung Seite 497) aus den Einnahmen des Staatshaushalts überwiesen ist.

§ 110. (H.-N.)

Für die Durchführung der Kreisordnung, insbesondere zur Bestreitung der Kosten des Kreisausschusses, hat vom Tage des Inkrafttretens dieses Gesetzes ab, unter Berücksichtigung der im letzten Absatze vorgesehenen Ausgleichung, der Bezirksverband des Regierungsbezirks Kassel die Jahressumme von 91428 Mark und der Bezirksverband des Regierungsbezirks Wiesbaden die Jahressumme von 61944 Mark zur einen Hälfte nach dem Maßstabe des Flächeninhalts, zur andern Hälfte nach dem Maßstabe der durch die Zählung vom 1. Dezember 1885 festgestellten Zahl der Civilbevölkerung auf die einzelnen Landkreise der beiden Regierungsbezirke zu verteilen und denselben alljährlich in vierteljährlichen Teilzahlungen zu überweisen.

Zu diesen Zahlungen sind die Jahresrenten zu verwenden, welche gemäß § 26 Absatz 1 des Gesetzes vom 8. Juli 1875 (Gesetz-Samml. S. 497) den komunalständischen Verbänden in den Regierungsbezirken Kassel und Wiesbaden, beziehungsweise dem Stadtkreise Frankfurt a. M. aus den Einnahmen des Staatshaushalts überwiesen sind. Die dem Stadtkreise Frankfurt a. M. zustehende Jahresrente geht vom Tage des Inkrafttretens dieses Gesetzes ab auf den Bezirksverband des Regierungsbezirks Wiesbaden über.

Die im Absatz 1 bezeichneten Summen ermäßigen und beziehungsweise erhöhen sich um denjenigen Betrag, welcher für die dem Landkreise Frankfurt a. M. zugeteilten Ortschaften des bisherigen Kreises Hanau von der, dem kommunalständischen Verbande im Regierungsbezirke Kassel überwiesenen Jahresrente bei der hierüber stattfindenden Auseinandersetzung (§ 113) dem Bezirksverbande des Regierungsbezirks Wiesbaden abgetreten werden wird.

§ 111. (H.-N.)

Scheidet gemäß § 4 des gegenwärtigen Gesetzes eine Stadt aus einem Landkreise aus, so ist derjenige Teil der dem letzteren gemäß der Bestimmung im § 110 überwiesenen Jahresrente, welcher nach dem daselbst vorgeschriebenen Maßstabe auf die ausscheidende Stadt entfallen würde, nach eben diesem Maßstabe auf sämtliche Landkreise des betreffenden Regierungsbezirks zu verteilen und um den hiernach auf jeden Landkreis entfallenden Betrag die Jahresrente desselben zu erhöhen.

§ 97. (W.)

Für die Durchführung der Kreisordnung, insbesondere zur Bestreitung der Kosten des Kreisausschusses hat vom Tage des Inkrafttretens dieses Gesetzes ab der Provinzialverband von Westfalen die Jahressumme von 194874 Mark, soweit über dieselbe nicht gemäß § 28 dieses Gesetzes von der Provinzialvertretung anderweit verfügt wird, zur einen Hälfte nach dem Maßstabe des Flächeninhalts, zur andern Hälfte nach dem Maßstabe der durch die Zählung vom

1. Dezember 1885 festgestellten Zahl der Zivilbevölkerung auf die einzelnen Landkreise der Provinz zu verteilen und denselben alljährlich in vierteljährlichen Teilzahlungen zu überweisen.

Zu diesen Zahlungen ist die Jahresrente zu verwenden, welche gemäß § 26 Absatz 1 des Gesetzes vom 8. Juli 1875 (Gesetz-Samml. S. 497) dem Provinzialverbande aus den Einnahmen des Staatshaushalts überwiesen ist.

§ 98 (W.)

citiert statt des „§ 110" den „§ 97" und ist im übrigen mit § 111 (H.-N.) gleichlautend.

§ 99. (W.)

Die Vorschriften dieser Kreisordnung finden bezüglich der Mitglieder der ehemals reichsunmittelbaren Familien mit nachstehenden Maßgaben Anwendung:

1) Die Mitglieder der ehemals reichsunmittelbaren Familien, auch insoweit sie eine Befreiung von den persönlichen Staatssteuern genießen, sind von ihrem gesamten Einkommen gleich den übrigen Kreisangehörigen zu den auf das Einkommen gelegten Kreisabgaben beizutragen verpflichtet. Von ihrem Einkommen, welches aus anderen als den in § 14 bezeichneten Quellen fließt, können dieselben, wenn sie in verschiedenen Kreisen einen Wohnsitz haben, nur in dem Kreise ihres Hauptwohnsitzes zu Kreisabgaben herangezogen werden (§§ 14, 15, 16).
2) In denjenigen Amtsbezirken des Kreises Wittgenstein, zu welchen standesherrliche Besitzungen der Fürsten von Sayn-Wittgenstein-Hohenstein und von Sayn-Wittgenstein-Berleburg gehören, erfolgt die Ernennung der Amtmänner nach Anhörung des Fürsten von Sayn-Wittgenstein-Hohenstein bezw. des Fürsten von Sayn-Wittgenstein-Berleburg, unbeschadet der Vorschriften des § 27.

3) Die den Mitgliedern regierender Häuser nach § 45 Nr. 5 eingeräumte Befugnis, sich an den Wahlen zum Kreistage durch Stellvertretung zu beteiligen, steht auch den Mitgliedern der ehemals reichsunmittelbaren Familien zu.

§ 111. (H.)

Die Rechte und Pflichten der bisherigen kreisständischen Verbände, der Amts- und Amtsversammlungsbezirke, sowie der Wegeverbände, soweit dieselben zu den Bezirken der nach den §§ 1, 2 dieses Gesetzes gebildeten Kreise gehören, gehen, vorbehaltlich der Bestimmungen in den §§ 112 bis 115, auf den Kreiskommunalverband über. Im Kreise Ilfeld bleibt bis zu anderweitiger gesetzlicher Regelung der den bisherigen Amtsbezirk Hohenstein umfassende Wegeverband bestehen. Derselbe wird durch den Kreistag vertreten. In dem Landkreise Emden, sowie in den Kreisen Norden und Wittmund bilden die Nordseeinseln und die Gemeinde Wilhelmshaven nicht Teile des Kreiskommunalwegeverbandes.

Auf den Kreiskommunalverband des Kreises Hadeln gehen die Rechte nnd Pflichten des ständischen Kommunalverbandes des Landes Hadeln über.

§ 112. (H.-N.)

Die Rechte und Pflichten der bisherigen kreisständischen Verbände sowie der früheren Distriktsverbände (Distriktsgemeinden) im Kreise Gersfeld gehen auf den Kreiskommunalverband über. Die Auseinandersetzung, welche infolge der Teilung beziehungsweise Veränderung einzelner Kreise erforderlich wird, ist nach den Vorschriften des § 3 zu bewirken. Bei dem Verfahren werden die bisherigen Verbände beziehungsweise Verbandsteile von den Vertretungen der beteiligten neuen Kreise vertreten.

§ 100. (W.)

Die Rechte und Pflichten der bisherigen kreisständischen Verbände gehen auf den Kreiskommunalverband über.

§ 112. (H.)

Die Auseinandersetzung, welche infolge der durch die neue Kreisbildung eintretenden Zusammenlegung oder Teilung der im § 111 bezeichneten bisherigen Verbände erforderlich wird, ist nach den Vorschriften des § 3 zu bewirken. Bei dem Verfahren werden die bisherigen Verbände beziehungsweise Verbandsteile im Falle der Teilung von den Vertretungen der beteiligten neuen Kreise, im Falle der Zusammenlegung von denjenigen Mitgliedern der neuen Kreistage vertreten, welche in den betreffenden Bezirken gewählt sind, oder ihren Wohnsitz oder Grundbesitz haben.

§ 113. (H.)

Bei der Auseinandersetzung kann ausnahmsweise bestimmt werden, daß einzelne, auf Kosten oder unter Gewähr eines Amts- oder Amtsversammlungsbezirks errichtete Anstalten (zu vergleichen § 29 des Hannoverschen Gesetzes, betreffend die Amtsvertretung vom 28. April 1859 — Hannoversche Gesetz-Sammlung S. 423 —) von dem Übergange auf den Kreiskommunalverband auszuschließen und dem bisherigen Amtsbezirke beziehungsweise Amtsversammlungsbezirke vorzubehalten sind. In diesem Falle geht die Vertretung des Bezirks hinsichtlich der betreffenden Anstalten von der Amtsversammlung auf den Kreistag über.

Die Anwendbarkeit der vorstehenden Bestimmungen wird dadurch nicht ausgeschlossen, daß einzelne zu dem Bezirke gehörende Gemeinden durch die Vereinigung derselben mit einem anderen Kreise als der Bezirk selbst, von demselben getrennt werden. In diesem Falle erfolgt eine Auseinandersetzung zwischen den ausscheidenden Gemeinden und dem Bezirke nach den Vorschriften im § 112.

§ 113. (H.-N.)

Die Auseinandersetzung zwischen dem kommunalständischen

Verbande im Regierungsbezirk Kassel und dem kommunalständischen Verbande im Regierungsbezirk Wiesbaden wegen der dem Landkreise Frankfurt a. M. zugeteilten, bisher zu dem Kreise Hanau gehörigen Gemeinden ist durch ein nach Anhörung der letzteren zwischen den genannten Verbänden unter Genehmigung des Ministers des Innern, unbeschadet aller Privatrechte dritter, zu treffendes Übereinkommen zu bewirken.

Kommt ein solches Übereinkommen bis zum 1. Januar 1886 nicht zustande, so geschieht die betreffende Regelung im Wege Königlicher Verordnung. Streitigkeiten, welche sich bei der Ausführung ergeben, unterliegen der Entscheidung des Oberverwaltungsgerichts.

§ 114. (H.)

Wenn mehr als ein Wegeverband oder Wegeverbandsteil zu einem Kreisverbande gehören, gelten hinsichtlich des Überganges der Rechte und Pflichten derselben, unter Ausschluß des in den §§ 112 und 113 vorgesehenen Verfahrens, folgende Vorschriften:

1) Die privatrechtlichen Verbindlichkeiten der bisherigen Wegeverbände verbleiben den letzteren, falls dieselben nicht, unter Zustimmung eines jeden der vereinigten Wegeverbände und Wegeverbandsteile, vom Kreise übernommen werden (§ 103). Inbetreff dieser Zustimmung erfolgt die Vertretung der Wegeverbände und Wegeverbandsteile nach den Bestimmungen des § 112. Dieselben Bestimmungen gelten im Falle der Teilung eines Wegeverbandes für die Auseinandersetzung unter den Wegeverbandsteilen hinsichtlich der privatrechtlichen Verbindlichkeiten des Wegeverbandes.

   Bei der Abwickelung der den bisherigen Wegeverbänden, beziehungsweise Wegeverbandsteilen verbleibenden privatrechtlichen Verbindlichkeiten werden die selbständigen Städte, sofern sie für sich allein einen Wegeverband gebildet haben, auch fernerhin durch die städtischen Organe, die übrigen Wegeverbände und Wegeverbandsteile aber, an Stelle der bisherigen Amtsversammlung, durch den neuen Kreistag vertreten.

2) Bei dem Neubau der noch nicht ausgebauten Landstraßen und Landstraßenstrecken des gegenwärtigen Landstraßenetats ist, unter Rücksichtnahme auf die bisherigen Leistungen für den Neubau und die Unterhaltung der Landstraßen und die daraus herrührenden noch bestehenden privatrechtlichen Verbindlichkeiten, auf die künftige Unterhaltungslast und auf die übernommenen Bauverpflichtungen eine billige Ausgleichung unter den bisherigen Wegeverbänden oder Wegeverbandsteilen des Kreises durch Voraus- oder Minderbelastung derselben mit Wegeverbandsumlagen zu bewirken.

Darüber, ob und in welchem Umfange eine solche Ausgleichung stattfinden soll, beschließt der Kreistag. Der Beschluß bedarf der Bestätigung des Provinzialrates. Bei Versagung der Bestätigung kann der Provinzialrat unter Abänderung des Kreistagsbeschlusses eine Ausgleichung durch Beschluß feststellen. Der Beschluß ist endgültig.

3) Die Unterhaltung der Landstraßen geht ohne Ausgleichung auf den Kreis über. Abweichende Beschlüsse der Kreistage bedürfen der Bestätigung des Ministers des Innern. Ohne diese Bestätigung sind solche Kreistagsbeschlüsse nichtig.

§ 115. (H.)

Die Befugnisse, welche Amtsversammlungen hinsichtlich der Vertretung besonderer Kommunalverbände (Nebenanlageverbände u. s. w.) bisher zugestanden haben, gehen auf den Kreistag über. Gehört der Verbandsbezirk verschiedenen der neuen Kreise an, so hat der Oberpräsident den zuständigen Kreistag zu bestimmen. In diesem letzteren Falle steht den zu dem betreffenden Kreise nicht gehörenden Gemeinden die Befugnis zu, aus dem Verbande auszuscheiden. Die Auseinandersetzung zwischen den ausscheidenden Gemeinden und dem Verbande erfolgt nach den Vorschriften im § 112.

Desgleichen werden fortan der bisher durch die Landesversammlung vertretene Kommunalverband des Alten Landes durch den Kreistag des Kreises Jork, und die bisher durch die Stände des Landes Hadeln vertretenen besonderen Verbände (Deich- und Uferbauverband, Entwässerungsverband der Medem) durch den Kreistag des Kreises Hadeln vertreten.

§ 116. (H.)

Die für Kreisangelegenheiten in dem gegenwärtigen Gesetze getroffenen Bestimmungen über die Pflichten der Kreisangehörigen (§§ 8 und 9), über Beschwerden und Einsprüche (§ 19), sowie über die Zuständigkeiten des Kreistages und des Kreisausschusses finden auf die Angelegenheiten derjenigen besonderen Verbände und Bezirke, welche durch den Kreistag vertreten werden, sinngemäß Anwendung.

Beschlüsse des Kreistages über eine Abänderung des Verteilungsmaßstabes für die von diesen Verbänden aufzubringenden Abgaben bedürfen der Bestätigung des Bezirksausschusses.

§ 117. (H.)

An den Beschlüssen des Kreistages in Angelegenheiten derjenigen Verbände und Bezirke, welche durch den ersteren vertreten werden, nehmen nur diejenigen Kreistagsabgeordneten teil, welche in den betreffenden Bezirken gewählt sind, oder dort ihren Wohnsitz oder Grundbesitz haben.

§ 114. (H.-N.)

Der in dem vormals Landgräflich Hessischen Amtsbezirk

Homburg bestehende Kommunalverband wird aufgehoben und mit dem Obertaunuskreise vereinigt. Die Leistungen, welche der Amtsbezirkskasse bisher auf Grund rechtlicher Verpflichtung obgelegen haben, sind von dem Kreise mit der Maßgabe zu übernehmen, daß, soweit zur Erfüllung derselben nach Verwendung der auf den Kreis übergehenden Vermögensbestände die Erhebung von Abgaben erforderlich wird, letztere auf die Angehörigen des Bezirkes zu verteilen sind. An den Beschlüssen des Kreistages in den hierauf bezüglichen Angelegenheiten nehmen nur diejenigen Kreistagsabgeordneten teil, welche in dem Bezirke gewählt sind, oder dort ihren Wohnsitz oder Grundbesitz haben.

Die im Artikel 6 des Landgräflich Hessischen Gesetzes vom 9. Oktober 1849 (Archiv der Landgräflich Hessischen Gesetze und Verordnungen S. 476) dem Bezirksrate übertragene Mitaufsicht über die Anstalten des Bezirks ist fortan von einer durch den Kreistag aus Angehörigen des Bezirks zu wählenden Kreiskommission wahrzunehmen. Die Feststellung der Zahl der Mitglieder und der Amtsdauer derselben bleibt ebenso wie die Regelung des Geschäftsganges statutarischer Anordnung vorbehalten. Den Vorsitz in der durch landesherrliche Verfügung vom 12. November 1831 eingesetzten Amtsarmenkommission zu Homburg v. d. H. übernimmt an Stelle des Amtmanns der Landrat.

§ 115. (H.-N.)

In dem Kreise Gelnhausen bleibt bis zu anderweitiger Regelung der den vormals bayrischen Bezirk Orb umfassende Wegeverband bestehen. Die Verwaltung und Vertretung desselben geht auf den Kreis über. Für die Verteilung der von dem Verbande aufzubringenden Lasten sind fortan die Vorschriften in den §§ 10 ff. maßgebend.

Im übrigen wird der Kommunalverband des Bezirks Orb aufgehoben und mit dem Kreise Gelnhausen dergestalt vereinigt, daß die Distriktssparkasse zu Orb, sowie die sonstigen Vermögensobjekte des Bezirks unter Vorbehalt einer anderweiten Vereinbarung zwischen den Beteiligten gesondert zu verwalten, und die verfügbaren Überschüsse, beziehungsweise Erträge derselben zum Besten der zu dem Bezirke gehörigen Gemeinden zu verwenden sind.

In bezug auf die Teilnahme an den Beschlüssen des Kreistages hierüber, sowie in Angelegenheiten des Wegeverbandes finden die Vorschriften im Absatz 1 des § 114 entsprechende Anwendung.

§ 116. (H.-N.)

Die nach der Verordnung vom 26. März 1862 (Verordnungsblatt für das vormalige Herzogtum Nassau S. 81) dem Amtsbezirksrate zustehende Mitwirkung bei der Festsetzung der Besoldungen der Lehrer an den Volksschulen in den ehemals nassauischen Landesteilen geht unbeschadet der Vorschriften in § 45 des Gesetzes über die Zuständigkeit der Verwaltungs- und Verwaltungsgerichtsbehörden vom 1. August 1883 (Gesetz-Sammlung S. 237) auf den Kreisausschuß und in den zu Städten erklärten Gemeinden auf den Bezirksausschuß über.

Ferner sind die in § 9 Nr. 3 und 10 der Verordnung vom 24. Juli 1854 (Verordnungsblatt für das vormalige Herzogtum Nassau S. 160) dem Amtsbezirksrate zugewiesenen Funktionen bei der Beaufsichtigung der Bewirtschaftung der Gemeinde- und Stiftungswaldungen fortan von dem Kreisausschusse wahrzunehmen. An die Stelle des letzteren tritt jedoch für den Stadtkreis Wiesbaden der Bezirksausschuß mit der Maßgabe, daß bei einem Widerspruche zwischen dem Beschlusse des Bezirksausschusses und dem Gutachten der Forstbehörde im Falle des § 9 Nr. 3 a. a. O. der Oberpräsident zu entscheiden hat. Hinsichtlich der Beanstandung der von dem Kreisausschusse und dem Bezirksausschusse gefaßten Beschlüsse stehen dem Landrate beziehungsweise dem Regierungspräsidenten, die dem Amtmann in § 14 a. a. O. beigelegten Befugnisse zu. Über den Einspruch entscheidet der Regierungspräsident und im Stadtkreise Wiesbaden der Oberpräsident.

Soweit es sich endlich um die Festsetzung der Besoldungen der Bürgermeister in den zu Städten erklärten Gemeinden der vormals nassauischen Landesteile handelt, ist an Stelle des Amtsbezirksrates die Anhörung des Bezirksausschusses gemäß den Vorschriften in § 12 der nassauischen Gemeindeordnung vom 26. Juli 1854 (Verordnungsblatt für das vormalige Herzogtum Nassau S. 166) zu veranlassen.

Im Regierungsbezirk Kassel ist der Kreistag mit seinem Gutachten zu hören bei Bestimmung der in jedem Jahre von den Gemeinden auszuführenden Landwegebauten, sowie über die Heranziehung von Gemeinden zu Landwegebauten außerhalb ihrer Gemarkungen.

§ 118. (H.)

Das in § 22 vorgesehene Vorschlagsrecht für die Besetzung erledigter Landratsämter ruht bei der ersten Ernennung der Landräte in den neuen Kreisen, sofern das Landratsamt mit einem vor Erlaß dieses Gesetzes angestellten Kreis- oder Amtshauptmann besetzt wird.

§ 117 (H.-N.)

citiert statt des „§ 22" den „§ 24" und ersetzt die Worte „Kreis- oder Amtshauptmanne" durch „Landrate oder Amtmanne."

§ 119. (H.)

Das gegenwärtige Gesetz tritt mit dem 1. April 1885, jedoch nur gleichzeitig mit dem Gesetze über die Einführung der Provinzialordnung vom 29. Juni 1875 in der Provinz Hannover in Kraft.

Es ist aber noch vor dem gedachten Zeitpunkte zur Wahl der Kreistagsabgeordneten und des Kreisausschusses nach den Bestimmungen dieses Gesetzes zu schreiten und es sind für die dabei vorzunehmenden Verteilungen und Wahlen die Obliegenheiten des Kreistages, des Kreisausschusses und des Landrates von einem für jeden der neuen Kreise seitens des Oberpräsidenten zu ernennenden Kommissar wahrzunehmen.

§ 118. (H.-N.)

Das gegenwärtige Gesetz tritt vorbehaltlich der Bestimmungen im § 113 mit dem 1. April 1886, jedoch nur gleichzeitig mit dem Gesetze über die Einführung der Provinzialordnung vom 29. Juni 1875 in der Provinz Hessen-Nassau in Kraft. Zu dem gleichen Zeitpunkte werden die Gemeindebezirke Preungesheim, Berkersheim und Seckbach unter Abtrennung von dem Amtsgerichtsbezirk Bergen mit dem Bezirke des Amtsgerichts zu Bockenheim vereinigt.

Noch vorher ist zur Wahl der Kreistagsabgeordneten u. s. w. (wie in § 119 H.)

§ 101. (W.)

Das gegenwärtige Gesetz tritt mit dem 1. April 1887, jedoch nur gleichzeitig mit dem Gesetze über die Einführung der Provinzialordnung vom 29. Juni 1875 in der Provinz Westfalen in Kraft.

Noch vorher ist zur Wahl der Kreistagsabgeordneten und des Kreisausschusses nach den Bestimmungen dieses Gesetzes zu schreiten, und es sind für die dabei vorzunehmenden Verteilungen und Wahlen die Obliegenheiten des Kreistages und des Kreisausschusses von dem Landrate wahrzunehmen.

Vor der ersten Wahl der Kreistagsabgeordneten ist in denjenigen Landgemeinden und Amtsverbänden, in denen die Gemeindeversammlung beziehungsweise Amtsversammlung den Vorschriften dieses Gesetzes nicht entspricht, zu einer Neubildung derselben nach Maßgabe dieses Gesetzes zu schreiten.

Zu diesem Zwecke findet eine Neuwahl der Gemeindeverordneten im November 1886 statt und treten die neugewählten Gemeindeverordneten mit dem 1. Januar 1887 ihre Verrichtungen an. Demnächst ist im Januar 1887 eine Neuwahl der Amtsverordneten vorzunehmen, und treten die Neugewählten sofort nach erfolgter Wahl in die Amtsversammlung ein.

Das Stimmrecht der Besitzer der in der Rittergutsmatrikel eingetragenen Güter in der Gemeindeversammlung und der Amtsversammlung (§§ 26 und 75 der Landgemeindeordnung) erlischt mit Ende Dezember 1886.

§ 120. (H.)

Das Gesetz vom 30. Juli 1883 über die allgemeine Landesverwaltung (Gesetz-Sammlung Seite 195) und das Gesetz vom 1. August 1883 über die Zuständigkeit der Verwaltungs- und Verwaltungsgerichtsbehörden (Gesetz-Sammlung Seite 237) treten in der Provinz Hannover mit dem 1. Juli 1885 in Kraft.

Bis zu diesem Zeitpunkte sind die aus dem gegenwärtigen Gesetze sich ergebenden Zuständigkeiten

des Regierungspräsidenten von den Landdrosten,
des Bezirksausschusses von der Landdrostei,
des Provinzialrates von dem Oberpräsidenten

wahrzunehmen.

Auf die vor dem 1. Juli 1885 bereits anhängig gemachten Sachen finden in Beziehung auf die Zuständigkeit der Behörden, das Verfahren und die Zulässigkeit der Rechtsmittel die Bestimmungen der früheren Gesetze, jedoch mit den im § 7 und im zweiten Titel des Gesetzes vom 30. Juli 1883 über die allgemeine Landesverwaltung bezeichneten Abänderungen Anwendung.

§ 119 (H.-N.)

ersetzt die Worte „1885“ durch „1886“, „Hannover“ durch „Hessen-Nassau“, „Landdrostei“ durch „Regierung“ und läßt die Worte „des Regierungspräsidenten von dem Landdrosten“ fort.

§ 102 (W.)

ersetzt die Worte „1885" durch „1887", „Hannover" durch „Westfalen", „Landdrostei" durch „Regierung" und läßt die Worte „des Regierungspräsidenten von dem Landdrosten" fort.

§§ 187 bis 198 (A.)

fallen fort. Dieselben enthielten Bestimmungen über das Verwaltungsstreitverfahren.

§ 199. (A.)

Alle dem gegenwärtigen Gesetze zuwiderlaufenden Bestimmungen werden aufgehoben und treten, mit Vorbehalt der Vorschriften der §§ 12, 185 und 186, mit dem 1. Januar 1874 außer Kraft. Die bisherigen kreisständischen Kommissionen bleiben bis zur anderweitigen Beschlußnahme des Kreistages über ihren Fortbestand und ihre Zusammensetzung in Wirksamkeit.

Dies bezieht sich auch auf der Kr.O. zuwiderlaufende ältere Privilegien. Entsch. des O.V.G. vom 19. Januar 1880, Bd. 6, S. 33.

§ 121. (H.)

Mit dem im § 119 bezeichneten Zeitpunkte treten alle dem gegenwärtigen Gesetze zuwiderlaufenden Bestimmungen außer Kraft.

Die bisherigen kreisständischen Kommissionen und die Ausschüsse der Amtsversammlungen, sowie die Vertretungen derjenigen Verbände, welche fortan von dem Kreistage vertreten werden, bleiben aber bis zur anderweitigen Beschlußnahme des Kreistages über ihren Fortbestand in Wirksamkeit.

§ 120. (H.-N.)

Mit dem im § 118 bezeichneten Zeitpunkte treten alle dem gegenwärtigen Gesetze zuwiderlaufenden Bestimmungen außer Kraft.

Die bisherigen kreisständischen Kommissionen bleiben bis zur anderweitigen Beschlußnahme des Kreistages über ihren Fortbestand in Wirksamkeit.

§ 103. (W.)

Mit dem im § 101 bezeichneten Zeitpunkte treten alle dem gegenwärtigen Gesetze zuwiderlaufendeu Bestimmungen außer Kraft. Bei der Vorschrift des § 13 des Gesetzes, betreffend Ergänzung und Abänderung einiger Bestimmungen über Erhebung der auf das Einkommen gelegten direkten Kommunalabgaben, vom 27. Juli 1885 (Gesetz-Sammlung S. 327) behält es jedoch auch für die Provinz Westfalen sein Bewenden.

Die bisherigen kreisständischen Kommissionen bleiben bis zur anderweitigen Beschlußnahme des Kreistages über ihren Fortbestand in Wirksamkeit.

§ 200. (A.) § 122. (H.) § 121. (H.-N.) § 104. (W.)

Der Minister des Innern ist mit der Ausführung des gegenwärtigen Gesetzes beauftragt und erläßt die hierzu erforderlichen Anordnungen und Instruktionen.

Urkundlich rc.

Wahl-Reglement.

§ 1. (A., H., H.-N., W.)

Acht Tage vor der Wahl werden die Wähler zu den Wahlen mittels schriftlicher Einladung oder durch ortsübliche Bekanntmachung berufen. Die Einladung und Bekanntmachung muß das Lokal, den Tag und die Stunde der Wahl genau bezeichnen. Hinsichtlich der von dem Kreistage vorzunehmenden Wahlen bewendet es bei den für die Berufung des Kreistages vorgeschriebenen Fristen.

Dieser § ersetzt für Gemeinde u. s. w. Wahlen die § 19 II, 7 und §§ 53, 139 II, 6 A.L.=R. Entsch. des O.V.G. vom 21. Mai 1881, Bd. 7, S. 195.

§ 2. (A.)

Der Wahlvorstand besteht aus dem nach den bestehenden Vorschriften zur Leitung des Wahlaktes berufenen Beamten als Vorsitzenden und aus zwei oder vier von der Wahlversammlung aus der Zahl der Wähler zu wählenden Beisitzern. Der Vorsitzende ernennt einen der Beisitzer zum Protokollführer. In den Fällen der §§ 23, 51 Nr. 1 und 100 der Kreisordnung kann auch eine nicht zur Wählerversammlung gehörige Person zum Protokollführer ernannt werden.

§ 2 (H.)

ersetzt „der §§ 23, 51 Nr. 1 und 100" durch „des § 56",

§ 2 (H.=N., W.)

durch „des § 57".

Die gesetzmäßige Bildung des Wahlvorstandes ist unerläßliche Voraussetzung der Gültigkeit der Wahlen. Entsch. des O.V.G. vom 2. April 1881, Bd. 8, S. 120.

Vgl. auch die Anm. zu § 104 (A.).

§ 3. (A., H., H.=N., W.)

Während der Wahlhandlung dürfen im Wahllokale weder Diskussionen stattfinden, noch Ansprachen gehalten, noch Beschlüsse gefaßt werden. Ausgenommen hiervon sind Diskussionen und Beschlüsse des Wahlvorstandes, welche durch die Leitung des Wahlgeschäftes bedingt sind.

Vgl. § 2 des Wahlreglements zur Pr.O.

§ 4. (A., H., H.=N., W.)

Jede Wahl erfolgt in einer besonderen Wahlhandlung durch Stimmzettel.

Vgl. die Anm. zu § 8 des Wahlreglements zur Pr.O.

§ 5. (A., H., H.-N., W.)

Die Wähler werden in der Reihenfolge, in welcher sie in der Wählerliste verzeichnet sind, aufgerufen. Jeder Aufgerufene legt seinen Stimmzettel uneröffnet in die Wahlurne.

Die während der Wahlhandlung erscheinenden Wähler können an der nicht geschlossenen Wahl teilnehmen.

Sind keine Stimmen mehr abzugeben, so erklärt der Wahlvorstand die Wahl für geschlossen; der Vorsitzende nimmt die Stimmzettel einzeln aus der Wahlurne und verliest die darauf verzeichneten, von einem Beisitzer, welchen der Vorsitzende ernennt, laut zu zählenden Namen.

Nachdem der Wahlvorstand die erste Abstimmung für geschlossen erklärt hat, dürfen die inzwischen erschienenen Wahlmänner nicht noch nachträglich ihre Stimmen abgeben. Dagegen steht es ihnen frei, sich bei einer notwendig gewordenen engeren Wahl zu beteiligen. Entsch. des O.V.G. vom 14. November 1877, Bd. 3, S. 18.

§ 6. (A., H., H.-N., W.)

Ungültig sind:

1) Stimmzettel, welche nicht von weißem Papier, oder welche mit einem äußeren Kennzeichen versehen sind,
2) Stimmzettel, welche keinen oder keinen lesbaren Namen enthalten,
3) Stimmzettel, aus welchen die Person des Gewählten nicht unzweifelhaft zu erkennen ist,
4) Stimmzettel, auf welche mehr als ein Name, oder der Name einer nicht wählbaren Person verzeichnet ist,
5) Stimmzettel, welche einen Protest oder Vorbehalt enthalten.

§ 7. (A., H., H.-N., W.)

Alle ungültigen Stimmzettel werden als nicht abgegeben betrachtet. Über die Gültigkeit der Stimmzettel entscheidet vorläufig der Wahlvorstand.

Die Stimmzettel sind dem Wahlprotokolle beizufügen und so lange aufzubewahren, bis über die gegen das Wahlverfahren erhobenen Einsprüche rechtskräftig entschieden ist.

Vgl. die Anm. zu § 6 des Wahlreglements zur Pr.O.

§ 8. (A., H., H.-N., W.)

Als gewählt ist derjenige zu betrachten, welcher die absolute Stimmenmehrheit (mehr als die Hälfte der Stimmen) erhalten hat.

Ergibt sich keine absolute Stimmenmehrheit, so kommen diejenigen zwei Personen, welche die meisten Stimmen erhalten haben, auf die engere Wahl. Haben mehr als zwei Personen die meisten und gleich viel Stimmen erhalten, so entscheidet das durch die Hand des Vorsitzenden zu ziehende Los darüber, wer auf die engere Wahl zu bringen ist; in gleicher Weise erfolgt die Entscheidung, wenn auch die engere Wahl keine Stimmenmehrheit ergibt.

§ 9. (A., H., H.-N., W.)

Die Wahlprotokolle sind von dem Wahlvorstande zu unterzeichnen.

§ 10. (A, H., H.-N., W.)

Der Vorsitzende des Wahlvorstandes hat die Gewählten von der auf sie gefallenen Wahl mit der Aufforderung in Kenntnis zu setzen, sich über die Annahme oder Ablehnung innerhalb längstens fünf Tagen zu erklären. Wer diese Erklärung nicht abgibt, wird als ablehnend betrachtet.

§ 11. (A., H., H.-N., W.)

Wahlen, welche auf dem Kreistage vorzunehmen sind, können auch durch Akklamation stattfinden, sofern niemand Widerspruch erhebt.

Inhalt.

Erster Titel.

Von den Grundlagen der Kreis-Verfassung.

Zweiter Titel.

Von der Gliederung und den Ämtern des Kreises.

Dritter Titel.

Von der Vertretung und Verwaltung des Kreises.

Vierter Titel.

Fünfter Titel.

Sechster Titel.

Siebenter Titel.

Synoptische Tabelle zu den Kreisordnungen.*)

A.	H.	H.-N.	W.
§ 1	1	1	1
§ 2	2	2	2
§ 3	3	3	3
§ 4	4	4	4
§ 5	5	5	5
§ 6	6	6	6
§ 7	7	7	7
§ 8	8	8	8
§ 9	9	9	9
§ 10	10	10	10
§ 11	11	11	11
§ 12	12	12	12
§ 13	13	13	13
§ 14	14	14	14
§ 15	15	15	15
§ 16	16	16	16
§ 17	17	17	17
§ 18	18	18	18
§ 19	19	19	19
§ 20	20	20	20
§ 21	21	21	21
—	—	22—23	—
—	—	—	22
§§ 22—24	—	—	—
§ 25	33	36	—
§ 26	31	34	25
§ 26 a	32	35	25
§ 27	—	—	25

*) Ähnliche Tabellen erschienen zuerst in der Wochenschrift „Selbstverwaltung“, Jahrgang 1885, S. 217 ff. und Jahrgang 1886, S. 297 ff.

A.	H.	H.-R.	W.
§ 28	—	—	—
§ 29	34	—	—
§ 30	35	—	—
§ 31	36	37	23
§ 32	37	38	—
§ 33	38	39	
§ 34	39	40	26
§ 34 a			
§§ 36—50	—	—	—
§ 51	—	—	24
§§ 51 a—57	—	—	—
§ 58	—	—	27—28
§ 59	—	27—33	29
§§ 60—73	—	—	—
§ 74	22	24	30
§ 75	23	25	31
§ 76	24	26	32
§ 77	25—30	—	—
§ 84	40	41	33
§ 85	41	42	34
§ 86	42	43	35
§ 87	43	44	36
§ 88	44	45	37
§ 89	45	46	38
§ 90	46	47	39
§ 91	47	48	—
§ 92	48	49	40
§ 93	49	50	41
§ 94	50	51	42
§ 95	51	52	43
§ 96	52	53	44
§ 97	53	54	45
§ 98	54	55	46
§ 99	55	56	—
§ 100	56	57	—
§ 101	57	58	—
§ 102	58	59	47
§ 103	59	60	—
§ 104	60	61	48
§ 105	61	62	49
§ 106	62	63	50

A.	H.	H.-N.	W.
§ 107	63	64	51
§ 108	64	65	52
§ 109	65	66	53
§ 110	66	67	54
§ 111	67	68	55
§ 112	68	69	56
§ 112 a	69	70	57
§ 113	70	71	58
§ 114	71	72	59
§ 115	72	73	60
§ 116	73	74	61
§ 117	—	—	—
§ 118	74	75	62
§ 119	75	76	63
§ 120	76	77	64
§ 121	77	78	65
§ 122	78	79	66
§ 123	79	80	67
§ 124	80	81	68
§ 125	81	82	69
§ 126	82	83	70
§ 127	83	84	71
§ 128	84	85	72
§ 128 a	85	86	73
§ 129	86	87	74
§ 130	87	88	75
§ 131	88	89	76
§ 132	89	90	77
§ 133	90	91	78
§ 134	91	92	79
§ 136	92	93	80
§ 137	93	94	81
§ 138	94	95	82
§ 139	95	96	83
§ 164	96	97	84
—	97	98	85
§ 166	98	99	86
§ 167	99	100	87
§ 168	100	101	88
§ 169	101	102	89
§ 170	102	103	90

A.	H.	H.-R.	W.
§§ 171—175	—	—	—
§ 176	103	104	91
§ 177	104	105	92
§ 177 a	105	106	93
§ 178	106	107	94
§ 179	107	108	95
§ 180	108	109	96
§ 181	—	—	—
§§ 183—186	—	—	—
—	109, 110	110, 111	97, 98
—	—	—	99
—	111	112	100
—	112	} 113	—
—	113		
—	114—117	—	—
—	—	114—116	—
—	118	117	—
—	119	118	101
—	120	119	102
§ 199	121	120	103
§ 200	122	121	104

II. Die Provinzialordnung.

A. Abänderungs- und Einführungsgesetze.

1) Gesetz, betreffend die Abänderung von Bestimmungen der Provinzialordnung für die Provinzen Preußen, Brandenburg, Pommern, Schlesien und Sachsen vom 29. Juni 1875 und die Ergänzung derselben.

Vom 22. März 1881 (G.S. v. 1881, S. 176).

Wir Wilhelm, von Gottes Gnaden König von Preußen &c.

verordnen, mit Zustimmung beider Häuser des Landtages der Monarchie, was folgt:

Artikel I.

Die §§ 38, 112, 118 und 121 der Provinzialordnung für die Provinzen Preußen, Brandenburg, Pommern, Schlesien und Sachsen vom 29. Juni 1875 (Gesetz-Sammlung S. 335) werden durch nachstehende, den bisherigen Zifferzahlen entsprechende Bestimmungen ersetzt:

Die neuen Bestimmungen sind unten in den Text der Provinzialordnung aufgenommen.

Artikel II.

In der Überschrift und in der Einleitung der Provinzialordnung sind die Worte „Provinzen Preußen" durch „Provinzen Ost- und Westpreußen" und in dem § 98 Ziffer 5 die Worte „Verwaltungsgericht" und „Verwaltungsgerichte" durch „Bezirksverwaltungsgericht", beziehungsweise „Bezirksverwaltungsgerichte" zu ersetzen.

In den Fällen der §§ 23, 24, 98 Nr. 4 und 114 Absatz 2 beträgt die Frist zur Erhebung des Einspruches, beziehungsweise der Klage und der Beschwerde fortan zwei Wochen, in den Fällen des § 13 die Frist zur Anbringung der Anträge fortan vier Wochen.

Der fünfte Abschnitt des zweiten Titels (§§ 62 bis 86), sowie die §§ 2 Absatz 2, 126 und 127 kommen in Wegfall.

Vgl. die Anm. zu den betr. §§.

Artikel III.

Dieses Gesetz tritt am 1. April 1881 in Kraft.

Der Minister des Innern wird ermächtigt, den Text der Provinzialordnung vom 29. Juni 1875, wie er sich aus den in den Artikeln I und II festgestellten Änderungen ergibt, durch die Gesetz-Sammlung bekannt zu machen.

Urkundlich 2c.

Gegeben Berlin, den 22. März 1881.

2) Bekanntmachung, betreffend die Redaktion der Provinzialordnung für die Provinzen Ost- und Westpreußen, Brandenburg, Pommern, Schlesien und Sachsen.

Vom 22. März 1881 (G.S. v. 1881, S. 233).

Auf Grund des Artikels III, Absatz 2 des Gesetzes, betreffend die Abänderung von Bestimmungen der Provinzialordnung für die Provinzen Preußen, Brandenburg, Pommern, Schlesien und Sachsen vom 29. Juni 1875 und die Ergänzung derselben vom 22. März 1881 (Gesetz-Sammlung S. 176) wird der Text der Provinzialordnung vom 29. Juni 1875, wie er sich aus den in den Artikeln I und II des Gesetzes vom 22. März d. J. festgestellten Änderungen ergibt, nachstehend bekannt gemacht.

Berlin, den 22. März 1881.

Der Minister des Innern.

Im Allerhöchsten Auftrage:

v. Puttkamer.

3) Gesetz über die Einführung der Provinzialordnung vom 29. Juni 1875 in der Provinz Hannover.

Vom 7. Mai 1884 (G.S. v. 1884, S. 237).

Wir Wilhelm, von Gottes Gnaden König von Preußen rc.,

verordnen, mit Zustimmung beider Häuser des Landtages der Monarchie, für die Provinz Hannover, was folgt:

Artikel I.

Die Provinzialordnung vom 29. Juni 1875 (Gesetz-Sammlung S. 335) nebst den dazu ergangenen abändernden und ergänzenden Bestimmungen tritt unter Ausschluß der §§ 123 bis 125 und 127 bis 130 in der Provinz Hannover zugleich mit der Kreisordnung für die Provinz und unter folgenden Maßgaben in Kraft:

Die aus dem weiteren Texte des Art. I. sowie aus Art. II und III dieses Gesetzes sich ergebenden Abweichungen der hannöverschen Provinzialordnung von der altländischen sind unten in dem Texte der Provinzialordnung enthalten.

Artikel IV.

Mit dem Tage des Inkrafttretens des gegenwärtigen Gesetzes treten alle mit den Vorschriften derselben in Widerspruch stehenden oder mit demselben nicht zu vereinigenden gesetzlichen Bestimmungen außer Kraft.

Artikel V.

Der Minister des Innern ist mit der Ausführung des gegenwärtigen Gesetzes beauftragt und erläßt die hierzu erforderlichen Anordnungen und Instruktionen. Derselbe wird ermächtigt, den Text der Provinzialordnung vom 29. Juni 1875, wie er sich aus den in den Artikeln I, II, III festgestellten Änderungen ergibt, als „Provinzialordnung für die Provinz Hannover" durch die Gesetz-Sammlung bekannt zu machen.

Urkundlich 2c.

Gegeben Berlin, den 7. Mai 1884.

4) Bekanntmachung, betreffend die Provinzialordnung für die Provinz Hannover.

Vom 7. Mai 1884 (G.S. v. 1884, S. 242).

Auf Grund des Artikels V des Gesetzes über die Einführung der Provinzialordnung vom 29. Juni 1875 in der Provinz Hannover, vom 7. Mai 1884, wird der Text der Provinzialordnung vom 29. Juni 1875, wie er sich aus den in den Artikeln I, II, III des Gesetzes vom 7. Mai 1884 festgestellten Änderungen ergibt, als „Provinzialordnung für die Provinz Hannover" nachstehend bekannt gemacht.

Berlin, den 7. Mai 1884.

Der Minister des Innern.

v. Puttkamer.

5) Gesetz über die Einführung der Provinzialordnung vom 29. Juni 1875 in der Provinz Hessen-Nassau.

Vom 8. Juni 1885 (G.S. v. 1885, S. 242).

Wir Wilhelm, von Gottes Gnaden König von Preußen 2c.

verordnen, mit Zustimmung beider Häuser des Landtages der Monarchie, für die Provinz Hessen-Nassau, was folgt:

Artikel I.

Die Provinz Hessen-Nassau bildet einen mit den Rechten einer Korporation ausgestatteten Kommunalverband zur Selbstverwaltung seiner Angelegenheiten. Innerhalb desselben bleiben die kommunalständischen Verbände in den Regierungsbezirken Kassel und Wiesbaden, unter Einverleibung des bisherigen Stadtkreises Frankfurt a. M. in den kommunalständischen Verband des Regierungsbezirks Wiesbaden, als besondere Kommunalverbände zur Selbstverwaltung ihrer Angelegenheiten in derjenigen Begrenzung bestehen, welche sich aus der gleichzeitig mit diesem Gesetze in Kraft tretenden Kreisordnung für die Provinz Hessen-Nassau ergibt.

Die Provinz Hessen-Nassau bildete bisher nur einen Bezirk für die allgemeine Landesverwaltung, nicht aber einen Kommunalverband. Obgleich sie jetzt zu einem solchen umgestaltet ist, sind doch im Anschluß an den bisherigen Rechtszustand die Regierungsbezirke als Kommunalverbände bestehen geblieben. Eine Konsequenz dieser Thatsache ist Art. II, Abs. 1 dieses Gesetzes.

Artikel II.

Die Veränderung der Grenzen der Provinz, sowie der beiden Regierungsbezirke erfolgt durch Gesetz.

Die infolge einer derartigen Veränderung erforderliche Regelung der Verhältnisse ist auf dem im § 3 der Provinzialordnung vom 29. Juni 1875 bezeichneten Wege zu bewirken.

Veränderungen solcher Gemeinde- und Gutsbezirksgrenzen, welche zugleich Bezirksgrenzen, beziehungsweise Bezirks- und Provinzialgrenzen sind, ziehen die Veränderung der letzteren ohne weiteres nach sich.

Eine jede Veränderung der Bezirksgrenzen beziehungsweise der Bezirks- und Provinzialgrenzen, welche nicht durch Gesetz erfolgt, ist durch die Amtsblätter der beteiligten Bezirke, beziehungsweise Provinzen bekannt zu machen.

Zu Abs. 1. Für das übrige Staatsgebiet erfolgt nach § 4 Pr.O. nur die Veränderung der Provinzialgrenzen durch Gesetz. Daß in Hessen-Nassau auch die Veränderung der Bezirksgrenzen nur im Wege der Gesetzgebung erfolgen kann, erklärt sich aus der korporativen Verfassung der beiden Regierungsbezirke Kassel und Wiesbaden.

Artikel III.

Die §§ 5 bis 61 und 87 bis 122 der Provinzialordnung vom 29. Juni 1875 in der Fassung vom 22. März 1881 finden auf den Provinzialverband der Provinz Hessen-Nassau, sowie auf die Bezirksverbände der Regierungsbezirke Kassel und Wiesbaden mit folgenden Maßgaben Anwendung:

Die aus dem weiteren Texte des Art. III, sowie aus Art. IV—VII sich ergebenden Abweichungen der hessen-nassauischen Provinzialordnung von der altländischen sind unten im Texte der Provinzialordnung enthalten.

Artikel VIII.

Die Einverleibung des bisherigen Stadtkreises Frankfurt a. M. in den Kommunalverband des Regierungsbezirks Wiesbaden erfolgt mit dem 1. April 1886. Von demselben Zeitpunkte ab werden beide Verbände zu einem Landarmenverbande vereinigt.

Die infolge dieser Vereinigung erforderliche Regelung der Verhältnisse hat durch ein zwischen den beteiligten Verbänden unter Genehmigung des Ministers des Innern unbeschadet aller Privatrechte dritter zu treffendes Übereinkommen zu erfolgen.

Kommt ein solches Übereinkommen bis zum 1. Januar 1886 nicht zustande, so geschieht die betreffende Regelung im Wege Königlicher Verordnung. Streitigkeiten, welche sich bei der Ausführung ergeben, unterliegen der Entscheidung des Oberverwaltungsgerichts.

Artikel IX.

Die Artikel I—VII dieses Gesetzes treten gleichzeitig mit der Kreisordnung für die Provinz Hessen-Nassau in Kraft. Zu demselben Zeitpunkte verlieren alle mit den Vorschriften der ersteren in Widerspruch stehenden oder mit denselben nicht vereinigenden gesetzlichen Bestimmungen ihre Gültigkeit.

Artikel X.

Der Minister des Innern ist mit der Ausführung dieses Gesetzes beauftragt und erläßt die hierzu erforderlichen Anordnungen und Instruktionen. Derselbe wird ermächtigt, den Text der Provinzialordnung vom 29. Juni 1875, wie er sich aus den in den Artikeln I bis VII festgestellten Änderungen ergibt, als Provinzialordnung für die Provinz Hessen-Nassau durch die Gesetz-Sammlung bekannt zu machen.

Urkundlich 2c.

Gegeben Berlin, den 8. Juni 1885.

6) Bekanntmachung, betreffend die Provinzialordnung für die Provinz Hessen-Nassau.

Vom 8. Juni 1885 (G.S. v. 1885, S. 246).

Auf Grund des Artikels X des Gesetzes über die Einführung der Provinzialordnung vom 29. Juni 1875 in der Provinz Hessen-Nassau, vom 8. Juni 1885, wird der Text der Provinzialordnung vom 29. Juni 1875, wie er sich aus den in den Artikeln I bis VII des Gesetzes vom 8. Juni 1885 festgestellten Änderungen ergibt, als „Provinzialordnung für die Provinz Hessen-Nassau" nachstehend bekannt gemacht.

Berlin, den 8. Juni 1885.

Der Minister des Innern.
v. Puttkamer.

7) Gesetz über die Einführung der Provinzialordnung vom 29. Juni 1875 in der Provinz Westfalen.

Vom 1. August 1886 (G.S. v. 1886, S. 254).

Wir Wilhelm, von Gottes Gnaden König von Preußen rc.
verordnen, mit Zustimmung beider Häuser des Landtages der Monarchie, für die Provinz Westfalen, was folgt:

Artikel I.

Die Provinzialordnung vom 29. Juni 1875 (Gesetz-Sammlung von 1881, S. 234) nebst den dazu ergangenen abändernden und ergänzenden Bestimmungen tritt gleichzeitig mit der Kreisordnung für die Provinz mit den sich aus Artikel II, III, IV ergebenden Maßgaben in Kraft.

Die aus den folgenden Artikeln II bis IV sich ergebenden Änderungen sind im Texte der Provinzialordnung berücksichtigt.

Artikel V.

Der Minister des Innern wird ermächtigt, den Text der Provinzialordnung vom 29. Juni 1875, wie er sich aus den Artikeln I bis IV ergibt, als Provinzialordnung für die Provinz Westfalen durch die Gesetz-Sammlung bekannt zu machen.

Urkundlich rc.
Gegeben

8) Bekanntmachung, betreffend die Provinzialordnung für die Provinz Westfalen.

Vom 1. August 1886 (G.S. v. 1886, S. 255).

Auf Grund des Artikels V des Gesetzes über die Einführung der Provinzialordnung vom 29. Juni 1875 in der Provinz Westfalen, vom 1. August 1886, wird der Text der Provinzialordnung vom 29. Juni 1875, wie er sich aus den Artikeln I bis IV des Einführungsgesetzes ergibt, als Provinzialordnung für die Provinz Westfalen vom 1. August 1886 nachstehend bekannt gemacht.

Berlin, den 10. August 1886.

Der Minister des Innern.
v. Puttkamer.

B. Der Text der Provinzialordnung.

Wir Wilhelm, von Gottes Gnaden König von Preußen ꝛc.

verordnen, mit Zustimmung beider Häuser des Landtages, für die Provinzen Ost- und Westpreußen, Brandenburg, Pommern, Schlesien und Sachsen, was folgt:

Bei den anderen Provinzen tritt in der Eingangsformel der Name der entsprechenden Provinz ein.

Erster Titel.

Von den Grundlagen der Provinzialverfassung.

Erster Abschnitt.

Von dem Umfange und der Begrenzung der Provinzialverbände.

§ 1. (A., H., W.)

Jede Provinz bildet einen mit den Rechten einer Korporation ausgestatteten Kommunalverband zur Selbstverwaltung seiner Angelegenheiten.

Zum Kommunalverbande der Provinz (Provinzialverband) gehören alle innerhalb der Grenzen derselben belegenen Kreise und alle zu diesen Kreisen gehörenden Ortschaften.

Diejenigen Kreise und einzelnen Ortschaften, welche bisher zu einem anderen provinzialständischen Verbande gehört haben, treten aus diesem Verbande aus und in den Kommunalverband derjenigen Provinz ein, innerhalb deren Grenzen sie belegen sind.

§ 1. (H.-N.)

Die Provinz Hessen-Nassau bildet einen mit den Rechten einer Korporation ausgestatteten Kommunalverband zur Selbstverwaltung seiner Angelegenheiten. Innerhalb desselben bleiben die kommunalständischen Verbände in den Regierungsbezirken Kassel und Wiesbaden, unter Einverleibung des bisherigen Stadtkreises Frankfurt a. M. in den kommunalständischen Verband des Regierungsbezirks Wiesbaden, als besondere Kommunalverbände zur Selbstverwaltung ihrer Angelegenheiten in derjenigen Begrenzung bestehen, welche sich aus der gleichzeitig mit diesem Gesetze in Kraft tretenden Kreisordnung für die Provinz Hessen-Nassau bezüglich der beiden Regierungsbezirke ergibt.

Die Überschrift des ersten Abschnittes lautet in der Fassung für Hessen-Nassau: „Von dem Umfange und der Begrenzung des Provinzialverbandes und der Bezirksverbände."

Zu § 1 Abs. 1 (A., H., W.). Welches die Gegenstände der kommunalen Selbstverwaltung sind, ist in der Provinzialordnung nicht gesagt. Es richtet sich dies nach besonderen Gesetzen und den von den Organen der Provinz gesetzlich gefaßten Beschlüssen. Vgl. im einzelnen v. Brauchitsch, die neuen Preuß. Verwaltungsgesetze, herausgeg. v. Studt und Braunbehrens, Berlin 1884 ff., Bd. 2, S. 184.

Zu Abs. 2 u. 3. Früher deckten sich die Grenzen der kommunalen Provinzialverbände nicht allgemein mit denen der Provinzen als Bezirke der allgemeinen Landesverwaltung. Vielmehr waren vielfach die historischen Grenzen der ständischen Verbände aufrecht erhalten. Insbesondere gehörten zum ständischen Verbande der Provinz Brandenburg auch die Altmark und die pommerschen Kreise Schievelbein und Dramburg.

Über § 1 der hessen-nassauischen Pr.O. vgl. die Anm. zu Art. I des Einführungsgesetzes.

§ 2. (A., H., W.)

Die Haupt- und Residenzstadt Berlin scheidet aus dem Kommunalverbande der Provinz Brandenburg aus.

Dieser § fällt in der Redaktion für Hessen-Nassau fort.

§ 3. (A., H., W.)

Die infolge der Ausführung der Vorschrift des § 1

erforderliche Regelung der Verhältnisse ist, unbeschadet aller Privatrechte dritter, durch den Minister des Innern zu bewirken.

Streitigkeiten, welche hierbei entstehen, unterliegen der Entscheidung des Oberverwaltungsgerichts.

Vgl. die Anm. zu § 2.

Veränderung der Provinzialgrenzen.

§ 4. (A., H., W.)

Die Veränderung bestehender Provinzialgrenzen erfolgt durch Gesetz.

Die infolge einer derartigen Veränderung erforderliche Regelung der Verhältnisse ist auf dem im § 3. bezeichneten Wege zu bewirken.

Veränderungen solcher Gemeinde- oder Gutsbezirksgrenzen, welche zugleich Provinzialgrenzen sind, ziehen die Veränderung der letzteren ohne weiteres nach sich.

Eine jede Veränderung der Provinzialgrenzen, welche nicht durch Gesetz erfolgt, ist durch die Amtsblätter der beteiligten Provinzen bekannt zu machen.

§ 2. (H.-N.)

Abs. 1 lautet: „Die Veränderung der Grenzen der Provinz, sowie der beiden Regierungsbezirke erfolgt durch Gesetz;" Abs. 4 und 5: „Veränderungen solcher Gemeinde- oder Gutsbezirksgrenzen, welche zugleich Bezirksgrenzen, beziehungsweise Bezirks- oder Provinzialgrenzen sind, ziehen die Veränderungen der letzteren ohne weiteres nach sich. Eine jede Veränderung der Bezirksgrenzen, beziehungsweise der Bezirks- und Provinzialgrenzen, welche nicht durch Gesetz erfolgt, ist durch die Amtsblätter der beteiligten Bezirke, beziehungsweise Provinzen bekannt zu machen." Abs. 2 und 3 des § 2 Pr. O. (H.-N.) sind mit Abs. 2 und 3 des § 4 Pr. O. (A., H., W.) gleichlautend.

Über § 2 Pr.O. (H.-N.) vgl. die Anm. zu Art. II des Einführungsgesetzes.

Zweiter Abschnitt.

Von den Provinzialangehörigen, ihren Rechten und Pflichten.

§ 5. (A., H., W.)

Provinzialangehörige sind alle Angehörigen der zu der Provinz gehörigen Kreise.

§ 3. (H.-N.)

Bezirksangehörige sind alle Angehörigen der zu dem betreffenden Regierungsbezirke gehörigen Kreise, Provinzialangehörige alle Angehörigen der zu der Provinz gehörigen Kreise.

Vgl. § 6 Kr.O.: „Angehörige des Kreises sind, mit Ausnahme der nicht angesessenen servisberechtigten Militärpersonen des aktiven Dienststandes, alle diejenigen, welche innerhalb des Kreises einen Wohnsitz haben."

Rechte der Provinzialangehörigen.

§ 6. (A., H., W.)

Die Provinzialangehörigen sind berechtigt:

1) zur Teilnahme an der Verwaltung und Vertretung des Provinzialverbandes nach näherer Vorschrift dieses Gesetzes;
2) zur Mitbenutzung der öffentlichen Einrichtungen und Anstalten des Provinzialverbandes nach Maßgabe der für dieselben bestehenden Bestimmungen.

§ 4. (H.-N.)

Statt „Provinzial-" heißt es in der Fassung für Hessen-Nassau regelmäßig „Bezirks- beziehungsweise Provinzial-". Im übrigen lautet § 4 (H.-N.) dem § 6 (A., H., W.) gleich.

Zu § 6 Nr. 1. Hierzu sind aber auch diejenigen berechtigt, welche der Provinz nur durch Grundbesitz angehören, ohne in derselben wie die Provinzialangehörigen im engeren Sinne ihren Wohnsitz zu haben. Vgl. § 17 Abs. 1 Pr.O.

12*

Beitragspflicht zu den Provinzialabgaben.

§ 7. (A., H., W.)

Die Provinzialangehörigen sind verpflichtet, nach näherer Vorschrift dieses Gesetzes zu den Provinziallasten beizutragen.

§ 5. (H.-N.)

Vgl. die Bemerkung zu § 4 (H.-N.).

Bezüglich der Provinzialabgaben (in Hessen-Nassau der Bezirks- und Provinzialabgaben) ist diese Verpflichtung nur eine mittelbare, da die Steuern für die Provinz nach § 106 Pr.O. nicht auf die Provinzialangehörigen, sondern auf die einzelnen Städte und Landkreise der Provinz verteilt werden. Bezüglich der Ehrenämter in der Provinzialverwaltung wird ein Zwang zu deren Übernahme, wie ihn § 8 Kr.O. für die Kreisverwaltung festsetzt, nicht ausgeübt.

Dritter Abschnitt.

Von Provinzialstatuten und Reglements.

§ 8. (A., H., W.)

Die Provinzialverbände sind befugt:

1) zum Erlasse besonderer statutarischer Anordnungen über solche ihre Verfassung betreffenden Angelegenheiten, hinsichtlich deren das Gesetz auf statutarische Regelung verweist, oder keine ausdrücklichen Vorschriften enthält. Das Statut darf den bestehenden Gesetzen nicht widersprechen;
2) zum Erlasse von Reglements über besondere Einrichtungen des Provinzialverbandes.

Die Provinzialstatuten und Reglements sind auf Kosten der Provinzialverbände durch die Amtsblätter der Provinz bekannt zu machen.

§ 6. (H.-N.)

Vgl. die Bemerkung zu § 4 (H.-N.).

Die bisher erlassenen Provinzialstatuten s. bei v. Brauchitsch, a. a. O., Bd. 2, S. 228 ff.

Zweiter Titel.

Von der Vertretung und Verwaltung der Provinzialverbände.

Erster Abschnitt.

Von der Zusammensetzung der Provinziallandtage.

§ 9. (A., H., W.)

Die Provinzialversammlung (der Provinziallandtag) besteht aus Abgeordneten der Land- und Stadtkreise der Provinz.

§ 7. (H.-N.)

Die Bezirksversammlungen (die Kommunallandtage) bestehen aus Abgeordneten der Land- und Stadtkreise der Regierungsbezirke.

Über dieses Wahlsystem und dessen Gegensatz zur früheren unmittelbaren Wahl durch die Provinzialangehörigen s. die Einleitung.

Zahl der Mitglieder der Provinziallandtage.

§ 10. (A.)

In den Provinzen Preußen, Brandenburg, Pommern und Sachsen werden für jeden Kreis zwei Abgeordnete, in der Provinz Schlesien für jeden Kreis mit weniger als 40,000 Einwohnern ein Abgeordneter, für jeden Kreis mit 40,000 oder mehr Einwohnern zwei Abgeordnete gewählt. Erreicht die Einwohnerzahl eines Kreises

1) in der Provinz Schlesien 80,000,
2) in der Provinz Preußen 60,000,
3) in den Provinzen Brandenburg und Sachsen 50,000,
4) in der Provinz Pommern 40,000 Einwohner, so werden drei Abgeordnete gewählt.

Für jede fernere Vollzahl von 50,000 Einwohnern tritt ein Abgeordneter hinzu.

§ 10. (H.)

Zum Provinziallandtage werden für jeden Kreis mit weniger als 30000 Einwohnern ein Abgeordneter, für jeden Kreis mit 30000 bis zu 80000 Einwohnern zwei Abgeordnete und für jeden Kreis, welcher die Einwohnerzahl von 80000 erreicht, drei Abgeordnete gewählt.

Für jede fernere Vollzahl von 50000 Einwohnern tritt ein Abgeordneter hinzu.

Dem Provinziallandtage bleibt es überlassen, durch statutarische Anordnung zwei angrenzende Landkreise, welche nur je zwei Abgeordnete zu wählen haben, oder deren einer nur einen und der andere nur zwei Abgeordnete zu wählen hat, sowie 2 oder 3 derjenigen Landkreise, welche nur je einen Abgeordneten zu wählen haben, zu Wahlbezirken zu verbinden, und die Wahlorte zu bestimmen.

Die Wahlbezirke wählen diejenige Zahl der Abgeordneten, welche gemäß Absatz 1 auf die zusammengelegten Kreise trifft.

§ 8. (H.-N.)

Zu den Bezirksversammlungen (Kommunallandtagen) werden für jeden Kreis mit weniger als 20000 Einwohnern ein Abgeordneter, für jeden Kreis mit 20000 bis 40000 Einwohnern zwei Abgeordnete, für jeden Kreis mit 40000 bis 60000 Einwohnern drei Abgeordnete gewählt. Für jede weitere Zahlenreihe von 1 bis 20000 Einwohnern tritt ein Abgeordneter hinzu. Der Stadtkreis Frankfurt a. M. erhält diejenige Anzahl von Abgeordneten, welche sich nach dem Verhältnis seiner Bevölkerungsziffer zu der Gesamtziffer der Bevölkerung der übrigen Kreise des Regierungsbezirks Wiesbaden ergibt. Bleiben hierbei Bruchteile, welche die Hälfte übersteigen, so werden sie als voll berechnet; andernfalls bleiben sie unberücksichtigt. Dem Provinziallandtage bleibt es überlassen, durch statutarische Bestimmungen zwei angrenzende Landkreise, welche nur je einen oder zwei Abgeordnete zu wählen haben, zu Wahlbezirken zu vereinigen und die Wahlorte zu bestimmen. Die Wahlbezirke wählen diejenige Zahl der Abgeordneten, welche auf die zusammengelegten Kreise trifft.

§ 10. (W.)

Für jeden Kreis mit weniger als 35000 Einwohnern wird ein Abgeordneter, für jeden Kreis mit 35000 oder mehr Einwohnern werden zwei Abgeordnete gewählt. Erreicht die Einwohnerzahl eines Kreises 70000, so werden drei Abgeordnete gewählt. Für jede fernere Vollzahl von 50000 Einwohnern tritt ein Abgeordneter hinzu.

§ 11. (A.)

Den Provinziallandtagen bleibt es überlassen, durch statutarische Anordnung in geeigneten Fällen zwei derjenigen angrenzenden Landkreise, welche nur je zwei Abgeordnete zu wählen haben, unter Zustimmung der betreffenden Kreistage zu Wahlbezirken zu verbinden und die Wahlorte zu bestimmen.

In der Provinz Schlesien können außerdem in gleicher Weise zwei Landkreise, deren einer nur einen und der andere nur zwei Abgeordnete zu wählen hat, sowie zwei oder drei derjenigen Landkreise, welche nur je einen Abgeordneten zu wählen haben, zu Wahlbezirken verbunden werden.

Die Wahlbezirke wählen diejenige Zahl der Abgeordneten, welche gemäß § 10 auf die zusammengelegten Kreise trifft.

§ 11 (H.)

fällt aus, da die entsprechende Bestimmung bereits in § 10 (H.) aufgenommen ist. Dasselbe ist in § 8 (H.-N.) geschehen.

§ 11. (W.)

Dem Provinziallandtage bleibt überlassen, durch statutarische Anordnung, zwei angrenzende Landkreise, welche einen oder zwei Abgeordnete zu wählen haben, zu Wahlbezirken zu vereinigen und die Wahlorte zu bestimmen.

§ 12. (A., H., W.)

Die Feststellung der Zahl der von den einzelnen Kreisen beziehungsweise Wahlbezirken zu wählenden Abgeordneten erfolgt vor jeder neuen Wahl (§§ 20 und 122) durch den Provinzialausschuß und wird durch die Amtsblätter der Provinz zur öffentlichen Kenntnis gebracht.

Der Feststellung ist die durch die jeweilige letzte Volkszählung ermittelte Einwohnerzahl der Kreise beziehungsweise Wahlbezirke, mit Ausschluß der aktiven Militärpersonen, zu Grunde zu legen.

§ 9. (H.-N.)

Abs. 1 lautet: „Die Feststellung der Zahl der von den einzelnen Kreisen beziehungsweise Wahlbezirken zu wählenden Abgeordneten erfolgt vor jeder neuen Wahl (§§ 17 und 95) und wird durch das Amtsblatt des Regierungsbezirks zur öffentlichen Kenntnis gebracht."

Abs. 2 ist mit § 12 Abs. 2 (A., H., W.) gleichlautend.

§ 13. (A., H., W.)

Anträge auf Berichtigung der Feststellung sind innerhalb vier Wochen nach Ausgabe des Amtsblatts, durch welches die Feststellung veröffentlicht worden ist, bei dem Provinzialausschusse anzubringen, welcher darüber endgültig beschließt.

§ 10 (H.-N.)

sagt statt „Provinzialausschusse" „Landesausschusse", stimmt im übrigen mit § 13 (A., H., W.) überein.

Vollziehung der Wahlen.

§ 14. (A., H., W.), § 11. (H.-N.).

Die Abgeordneten der Landkreise werden von den Kreistagen gewählt.

Erfolgt die Bildung von Wahlbezirken, so treten die Kreistage der zu dem Wahlbezirke gehörigen Landkreise unter dem Vorsitze des von dem Oberpräsidenten zu ernennenden Wahlkommissars zu einer Wahlversammlung zusammen.

Zu Abs. 1. Es ist hierbei zulässig, die Wahl einer Mehrzahl von Abgeordneten in einem Wahlakte vorzunehmen. Entsch. des O.V.G. vom 16. Mai 1882, Bd. 8, S. 11.

§ 15. (A., H., W.)

Die Abgeordneten der Stadtkreise werden von dem Magistrate und der Stadtverordnetenversammlung beziehungsweise dem bürgerschaftlichen Repräsentantenkollegium in gemeinschaftlicher Sitzung unter dem Vorsitze des Bürgermeisters, die Abgeordneten des Stadtkreises Magdeburg werden von dem Kreistage gewählt.

§ 12. (H.-N.)

Die Abgeordneten der Stadtkreise werden von dem Gemeindevorstande (Magistrat, Stadtrat, Gemeinderat) und der Gemeindevertretung (Stadtverordnetenversammlung, große Ausschußversammlung, Bürgerausschuß) in gemeinschaftlicher Sitzung unter dem Vorsitze des Bürgermeisters gewählt.

Die besonderen Bestimmungen für den Stadtkreis Magdeburg werden mit der Inkommunalisierung der zu demselben außer der Stadt Magdeburg gehörigen Städte Buckau und Neustadt in die Stadt Magdeburg gegenstandslos.

§ 16. (A., H., W.)

Die Vollziehung der Wahlen der Provinziallandtagsabgeordneten erfolgt nach näherer Vorschrift des diesem Gesetze beigefügten Wahlreglements.

§ 13 (H.-N.)

sagt statt „Provinzial" „Kommunal".

Wählbarkeit zum Abgeordneten.

§ 17. (A., H., W.)

Wählbar zum Mitgliede des Provinziallandtages ist jeder selbständige Angehörige des Deutschen Reichs, welcher das dreißigste Lebensjahr vollendet hat, sich im Besitze der bürgerlichen Ehrenrechte befindet und seit mindestens einem Jahre der Provinz durch Grundbesitz oder Wohnsitz angehört.

Als selbständig gilt derjenige, welchem das Recht, über sein Vermögen zu verfügen und dasselbe zu verwalten, nicht durch gerichtliche Anordnung entzogen ist.

§ 14. (H.-N.)

sagt in Abs. 1 statt „Provinzial" „Kommunal" und statt „der Provinz" „dem Regierungsbezirke".

Zu Abs. 1. Es wird für die Wählbarkeit nicht einjähriger Grundbesitz oder einjähriger Wohnsitz, sondern einjährige Angehörigkeit an die Provinz bis zur Wahl gefordert. Diese Angehörigkeit sollen sowohl Wohnsitz als Grundbesitz begründen können, so daß dieselbe so lange nicht unterbrochen wird, als nicht beide Beziehungen zur Provinz gleichmäßig fehlen. Der Einwand der simulierten Erwerbung von Grundbesitz würde nur zuläßig sein, wenn nachgewiesen würde, daß, falls die Auflassung thatsächlich simuliert wäre, trotz der auf Grund derselben im Grundbuche erfolgten Eigentumsübertragung das Eigentum an dem Grundstücke auf den Gewählten nicht übergegangen wäre, und somit der Nachweis der durch Grundbesitz fortgesetzten Angehörigkeit an die Provinz mangeln würde. Entsch. des O.V.G. vom 25. April 1876, Bd. 1, S. 15.

Die Frage, wann ein Wohnsitz an einem Orte begründet ist, liegt wesentlich auf thatsächlichem Gebiete. Entsch. des O.V.G. vom 31. Mai 1883, Bd. 10, S. 1.

Verlust der Wählbarkeit.

§ 18. (A., H., W.)

Die Wählbarkeit geht verloren, sobald eines der im § 17 gedachten Erfordernisse bei dem bis dahin Wählbaren nicht mehr zutrifft. Sie ruht während der Dauer eines Konkurses, ferner während der Dauer einer gerichtlichen Untersuchung, wenn dieselbe wegen Verbrechen oder wegen solcher Vergehen, welche den Verlust der bürgerlichen Ehrenrechte nach sich ziehen müssen oder können, eingeleitet, oder wenn die gerichtliche Haft verfügt ist.

§ 15 (H.-N.)

citiert statt des § 17 den demselben in der H.-N. Pr. O. entsprechenden § 14.

Dauer der Wahlperiode der Abgeordneten.

§ 19. (A., H., W.)

Die Abgeordneten zum Provinziallandtage werden auf sechs Jahre gewählt.

Jede Wahl verliert dauernd oder vorübergehend ihre Wirkung mit dem gänzlichen oder zeitweisen Aufhören einer der für die Wählbarkeit vorgeschriebenen Bedingungen. Der Provinziallandtag hat darüber zu beschließen, ob einer dieser Fälle eingetreten ist.

§ 16. (H.-N.)

Vgl. die Bemerkung bei § 13 (H.-N.)

Zu Abs. 2. Vgl. die Anm. zu § 17.

Anordnung der Wahlen.

§ 20. (A., H., W.)

Die Vornahme der Wahlen zum Provinziallandtage wird durch den Oberpräsidenten angeordnet.

§ 17. (H.-N.)

Vgl. die Bemerkung zu § 13 (H.-N.)

§ 21. (A., H., W.)

Die Namen der neugewählten Abgeordneten sind von dem Oberpräsidenten durch die Amtsblätter der Provinz bekannt zu machen.

Die Einführung derselben erfolgt durch den Vorsitzenden des Provinziallandtages.

§ 18. (H.-N.)

Vgl. die Bemerkung zu § 14 (H.-N.).

Ersatzwahlen.

§ 22. (A., H., W.)

Die Ersatzwahlen für die im Laufe der Wahlperiode Ausgeschiedenen werden von denjenigen Land- und Stadtkreisen beziehungsweise Wahlbezirken vorgenommen, von denen die Ausgeschiedenen gewählt waren.

Die Vollziehung der Ersatzwahlen muß innerhalb längstens sechs Monaten und wo möglich vor dem Zusammentritte des nächsten Provinziallandtages erfolgen. Die Ersatzmänner bleiben nur bis zum Ende desjenigen Zeitraums in Thätigkeit, für welchen die Ausgeschiedenen gewählt waren.

§ 19. (H.-N.)

Vgl. die Bemerkung zu § 13 (H.-N.).

Einspruch gegen das stattgehabte Wahlverfahren und Entscheidung über die Gültigkeit der Wahlen.

§ 23. (A., H., W.)

Gegen das stattgehabte Wahlverfahren kann jedes Mitglied der Wahlversammlung innerhalb zehn Tagen Einspruch bei dem Vorsitzenden des Wahlvorstandes erheben. Die Beschlußfassung über den Einspruch, über welchen die Beteiligten vorab zu hören sind, steht dem Provinziallandtage zu. Im übrigen prüft der Provinziallandtag die Legitimation seiner Mitglieder von Amtswegen und beschließt darüber.

§ 20. (H.-N.)

Vgl. die Bemerkung zu § 13 (H.-N.)

Die Einlegung des Rechtsmittels des Einspruchs hat ein bereits stattgehabtes, zum Abschluß gelangtes Wahlverfahren zur Voraussetzung. Die frühere Geltendmachung des Rechtsmittels ist daher nichtig. Entsch. des O.V.G. vom 26. November 1885, Bd. 12, S. 1.

Der Provinziallandtag hat insbesondere zu prüfen, ob nach den Stimmzetteln in Gemäßheit des § 6 Nr. 2 des Wahlreglements die Person des Gewählten unzweifelhaft zu erkennen ist. Entsch. des O.V.G. vom 2. Mai 1876, Bd. 1, S. 8.

§ 24. (A., H., W.)

Gegen die nach Maßgabe der §§ 19 und 23 gefaßten Beschlüsse des Provinziallandtages findet innerhalb zwei Wochen die Klage bei dem Oberverwaltungsgerichte statt. Die Klage hat keine aufschiebende Wirkung, jedoch dürfen bis zur Entscheidung des Oberverwaltungsgerichts Ersatzwahlen nicht stattfinden.

§ 21 (H.-N.)

citiert statt der „§§ 19 und 23" die entsprechenden „§§ 16 und 20" der H.-N. Pr. O. und sagt statt „Provinziallandtages" „Kommunallandtages".

Vgl. die letzte Anm. zu § 23. Demjenigen, dessen Wahl nach § 24 angegriffen wird, ist durch Beiladung zum Streitverfahren die Möglichkeit zu gewähren, sein Interesse an der Aufrechterhaltung der Wahl zu wahren. Entsch. des O.V.G. vom 2. Mai 1876, Bd. 1, S. 8.

Über die Vertretung des Provinziallandtages in dem Verfahren vor dem Oberverwaltungsgerichte vgl. die Anm. zu § 58.

Zweiter Abschnitt.

Von den Versammlungen der Provinziallandtage.

Einberufung des Provinziallandtages.

§ 25. (A., H., W.)

Der Provinziallandtag wird von dem Könige alle zwei Jahre wenigstens einmal berufen, außerdem aber so oft es die Geschäfte erfordern.

§ 22. (H.-N.)

Der Kommunallandtag wird von dem Könige alle drei Jahre wenigstens einmal berufen, außerdem aber, so oft es die Geschäfte erfordern.

§ 26. (A., H., W.)

Die Ladung der Mitglieder, die Eröffnung und Schließung des Provinziallandtages erfolgt durch den Oberpräsidenten der Provinz als Königlichen Kommissarius oder den für ihn in dieser Eigenschaft ernannten Stellvertreter.

§ 23. (H.-N.)

Vgl. die Bemerkung zu § 13 (H.-N.).

Königlicher Kommissarius bei dem Provinziallandtage.

§ 27. (A., H., W.)

Der Königliche Kommissarius ist die Mittelsperson bei allen Verhandlungen der Staatsbehörden mit dem Provinziallandtage.

Der Kommissarius teilt dem Provinziallandtage die Vorlagen der Staatsregierung mit und empfängt die von ihm abzugebenden Erklärungen und Gutachten.

Der Königliche Kommissarius, sowie die zu seiner Vertretung oder Unterstützung abgeordneten Staatsbeamten sind befugt, den Sitzungen des Provinziallandtages und der von ihm zur Vorbereitung seiner Beschlüsse gewählten Kommissionen beizuwohnen; dieselben müssen auf Verlangen zu jeder Zeit gehört werden.

§ 24. (H.-N.)

Vgl. die Bemerkung zu § 13 (H.-N.).

Öffentlichkeit der Sitzungen des Provinziallandtages.

§ 28. (A., H., W.)

Die Sitzungen des Provinziallandtages sind öffentlich. Für einzelne Gegenstände kann durch besonderen, in geheimer Sitzung gefaßten Beschluß die Öffentlichkeit ausgeschlossen werden.

§ 25. (H.-N.)

Vgl. die Bemerkung zu § 13 (H.-N.).

Beschlußfähigkeit des Provinziallandtages.

§ 29. (A., H., W.)

Der Provinziallandtag kann nur beschließen, wenn mehr als die Hälfte der im § 10 vorgeschriebenen Mitgliederzahl anwesend ist.

Als anwesend gelten auch diejenigen Mitglieder, welche sich der Abstimmung enthalten.

§ 26 (H.-N.)

citiert statt des „§ 10" den demselben entsprechenden „§ 8" der H.-N. Pr.O. und ersetzt das Wort „Provinziallandtag" durch „Kommunallandtag".

Fassung der Beschlüsse nach absoluter Stimmenmehrheit.

§ 30. (A., H., W.)

Der Provinziallandtag faßt seine Beschlüsse nach Stimmenmehrheit. Die Stimmenmehrheit wird ohne Mitzählung derjenigen festgestellt, die sich der Abstimmung enthalten haben. Bei Stimmengleichheit gilt der gestellte Antrag als abgelehnt.

§ 27. (H.-N.)

Vgl. die Bemerkung zu § 13 (H.-N.).

Teilnahme der Mitglieder des Provinzialausschusses, des Landdirektors und der oberen Beamten an den Sitzungen des Provinziallandtages.

§ 31. (A., W.)

Die Mitglieder des Provinzialausschusses, sowie der Landesdirektor (Landeshauptmann) und die ihm zugeordneten oberen Beamten (§§ 87 und 93) können, sofern sie nicht selbst Mitglieder des Provinziallandtages sind, den Sitzungen desselben mit beratender Stimme beiwohnen.

Der Provinziallandtag kann jedoch beschließen, einzelne, die Mitglieder des Provinzialausschusses, den Landesdirektor oder die ihm zugeordneten oberen Beamten persönlich berührende Gegenstände in deren Abwesenheit und in geheimer Sitzung zu verhandeln, sofern dieselben nicht Mitglieder des Provinziallandtages sind.

§ 31. (H.)

Die Mitglieder des Provinzialausschusses, sowie die Mitglieder des Landesdirektoriums und die demselben nach § 93 zugeordneten oberen Beamten können, sofern sie nicht selbst Mitglieder des Provinziallandtages sind, den Sitzungen desselben mit beratender Stimme beiwohnen.

Der Provinziallandtag kann jedoch beschließen, einzelne, die Mitglieder des Provinzialausschusses, die Mitglieder des Landesdirektoriums oder die demselben nach § 93 zugeordneten oberen Beamten persönlich berührende Gegenstände in deren Abwesenheit und in geheimer Sitzung zu verhandeln, sofern dieselben nicht Mitglieder des Provinziallandtages sind.

§ 28 (H.-N.)

ersetzt die Worte „Provinzialausschuß" durch „Landesausschuß", „Provinziallandtag" durch „Kommunallandtag" und „§§ 87 und 93" durch „§§ 60 und 66", lautet aber im übrigen wie § 31 (A., W.).

Wahl des Vorsitzenden des Provinziallandtages und seines Stellvertreters.

§ 32. (A., H., W.)

Unter dem Vorsitze des an Jahren ältesten Mitgliedes, welchem die beiden jüngsten Mitglieder als Schriftführer und Stimmzähler zur Seite stehen, wählt der Provinziallandtag nach näherer Vorschrift des diesem Gesetze beigefügten Wahlreglements einen Vorsitzenden und einen Stellvertreter.

Dieselben fungieren während der Sitzungsperiode und in der darauf folgenden Zwischenzeit bis zum Zusammentritte des nächsten Provinziallandtages.

§ 29. (H.-N.)

Vgl. die Bemerkung zu § 13 (H.-N.).

Geschäftsordnung des Provinziallandtages.

§ 33. (A., H., W.)

Der Vorsitzende leitet die Verhandlungen. Er eröffnet und schließt die Sitzungen und handhabt die Ordnung in denselben. Er kann jeden Zuhörer entfernen lassen, welcher Zeichen des Beifalls oder des Mißfallens gibt oder sonst eine Störung verursacht.

Im übrigen regelt der Provinziallandtag seinen Geschäftsgang durch eine Geschäftsordnung.

§ 30. (H.-N.)

Vgl. die Bemerkung zu § 13 (H.-N.).

Dritter Abschnitt.

Von den Geschäften des Provinziallandtages.

a) Im allgemeinen.

§ 34. (A., H., W.)

Der Provinziallandtag ist berufen:

I. über diejenigen die Provinz betreffenden Gesetzentwürfe, sowie sonstigen Gegenstände sein Gutachten abzugeben, welche ihm zu dem Ende von der Staatsregierung überwiesen werden;

II. den Provinzialverband zu vertreten, und nach näherer Vorschrift dieses Gesetzes über die Angelegenheiten desselben, sowie über diejenigen Gegenstände zu beraten und zu beschließen, welche ihm durch Gesetze oder Königliche Verordnungen überwiesen sind, oder in Zukunft durch Gesetz überwiesen werden.

§ 31. (H.-N.)

Der Kommunallandtag ist berufen, den Bezirksverband zu vertreten, und nach näherer Vorschrift dieses Gesetzes über die Angelegenheiten desselben, sowie über diejenigen Gegenstände zu beraten und zu beschließen, welche ihm durch Gesetze oder Königliche Verordnungen überwiesen sind oder in Zukunft durch Gesetz überwiesen werden.

Zu § 34 I. Während nach dem vor Erlaß der Pr.O. geltenden Gesetze vom 5. Juni 1823 (s. Einleitung) dem Provinziallandtage einzelne Gesetzentwürfe vorgelegt werden mußten, ist es jetzt in das Ermessen der Staatsregierung gestellt, welche Gegenstände sie dem Provinziallandtage zur gutachtlichen Äußerung vorlegen will.

b) Im besonderen.

§ 35. (A., H., W.)

Zu den Befugnissen und Obliegenheiten des Provinziallandtages gehören insbesondere folgende:

I. Der Provinziallandtag beschließt über den Erlaß von Statuten und Reglements gemäß § 8.

§ 32 (H.-N.)

ersetzt „Provinzial-" durch „Kommunal-" und „gemäß § 8" durch „gemäß § 6".

§ 36. (A., H., W.)

II. Der Provinziallandtag beschließt, in welcher Weise Staatspräſtationen, welche von dem Provinzialverbande aufzubringen sind, und deren Aufbringungsweise nicht schon durch das Gesetz vorgeschrieben ist, verteilt werden sollen.

§ 33 (H.-N.)

ersetzt „Provinziallandtag" durch „Kommunallandtag" und „Provinzialverband" durch „Bezirksverband".

§ 37. (A. W.)

III. Der Provinziallandtag beschließt über die zur Erfüllung von Verpflichtungen oder im Interesse der Provinz erforderlichen Ausgaben.

Er beschließt zu dem Ende:

1) über die Verwendung der dem Provinzialverbande aus der Staatskasse überwiesenen Jahresrenten und Fonds nach näherer Vorschrift des Gesetzes, betreffend die Ausführung der §§ 5 und 6 des Gesetzes vom 30. April 1873 wegen der Dotation der Provinzial- und Kreisverbände;
2) über die Verwendung der Einnahmen aus sonstigem Kapital- und Grundvermögen des Provinzialverbandes, sowie über die Verwendung des Kapitalvermögens selbst;
3) über die Aufnahme von Anleihen und die Übernahme von Bürgschaften;

4) über die Ausschreibung von Provinzialabgaben.

§ 37 (H.)

wird unter Nr. 1) hinter dem Worte „Kreisverbände“ eingefügt: „und nach den Vorschriften des sechsten Titels der gleichzeitig mit diesem Gesetze ergehenden Kreisordnung für die Provinz Hannover“.

§ 34 (H.-N.)

ersetzt das Wort „Provinziallandtag“ durch „Kommunallandtag“, „Provinzialverband“ durch „Bezirksverband“, „Provinzialabgaben“ durch „Bezirksabgaben“ und fügt unter Nr. 1 hinter „Kreisverbände“, ein „vom 8. Juli 1875 (Gesetz-Sammlung S. 497) und nach den Vorschriften des sechsten Titels der gleichzeitig mit diesem Gesetze ergehenden Kreisordnung für die Provinz Hessen-Nassau“.

Zu § 37 (H.): Vgl. §§ 109, 110 Kr.O. für Hannover.
Zu § 44 (H.-N.): Vgl. §§ 110, 111 Kr.O. für Hessen-Nassau.

§ 38. (A., H., W.)

IV. Der Provinziallandtag beschließt über die Veräußerung von Grundstücken und Immobiliarrechten. Durch Provinzialstatut kann dem Provinzialausschusse für einzelne Verwaltungszweige und Anstalten die Befugnis zur Veräußerung von Grundstücken minderen Wertes beigelegt werden.

§ 35 (H.-N.)

ersetzt das Wort „Provinziallandtag“ durch „Kommunallandtag“, „Provinzialstatut“ durch „Bezirksstatut“ und „Provinzialausschuß“ durch „Landesausschuß“.

Der zweite Satz beruht auf der Novelle von 1881 und ist aus praktischen Erwägungen hervorgegangen. Welche Grundstücke solche „minderen Wertes“ sind, hat lediglich der Provinziallandtag zu entscheiden. Vgl. Kommissionsbericht des Abgeordneten-hauses.

§ 39. (A., H., W.)

V. Der Provinziallandtag beschließt über die Einrichtung des Rechnungs- und Kassenwesens, über die Feststellung des Haushaltsetats, sowie über die Decharggierung der Jahresrechnung (§§ 101 und 104.).

§ 36. (H.-N.)

Es wird ersetzt „Provinziallandtag" durch „Kommunallandtag" und „(§§ 101 und 104)" durch „(§§ 74 und 77)".

§ 40. (A., H., W.)

VI. Der Provinziallandtag stellt die Grundsätze fest, nach denen die Verwaltung der Angelegenheiten des Provinzialverbandes zu erfolgen hat.

§ 37. (H.-N.)

Vgl. die Bemerkung zu § 33 (H.-N.).

§ 41. (A., W.)

VII. Der Provinziallandtag beschließt über die Einrichtung von Provinzialämtern, er bestimmt die Zahl, die Besoldung sowie die Art der Anstellung der Beamten und wählt den Landesdirektor (Landeshauptmann), die demselben nach § 93 zugeordneten oberen Beamten, sowie die sonstigen im Provinzialstatute zu bezeichnenden leitenden Beamten einzelner Verwaltungszweige.

§ 41 (H.)

ersetzt die Worte: „den Landesdirektor (Landeshauptmann)" durch „die Mitglieder des Landesdirektoriums".

§ 38. (H.-R.)

VIII. Der Kommunallandtag beschließt über die Einrichtung von Bezirksämtern, er bestimmt die Zahl, die Besoldung, sowie die Art der Anstellung der Beamten und wählt den Landesdirektor, die demselben nach § 66 zugeordneten oberen Beamten, sowie die sonstigen im Bezirksstatute zu bezeichnenden leitenden Beamten einzelner Verwaltungszweige.

§ 42. (A., H., W.)

VIII. Der Provinziallandtag vollzieht die Wahlen zum Provinzialausschusse sowie nach Maßgabe der besonderen Gesetze die Wahlen zu den für Zwecke der allgemeinen Landesverwaltung angeordneten Behörden und Kommissionen; er bestellt besondere Kommissionen oder Kommissare für Zwecke der kommunalen Provinzialverwaltung (§ 99).

Für die Vollziehung dieser Wahlen gelten die Vorschriften des diesem Gesetze beigefügten Reglements. Gegen das stattgehabte Wahlverfahren kann jedes Mitglied des Provinziallandtages innerhalb vierundzwanzig Stunden Einspruch bei dem Vorsitzenden erheben. Die endgültige Beschlußfassung über den Einspruch steht dem Provinziallandtage zu.

§ 39 (H.-R.)

ersetzt das Wort: „Provinziallandtag" durch „Kommunallandtag", „Provinzialausschuß" durch „Landesausschuß" und „Provinzialverwaltung (§ 99)" durch „Bezirksverwaltung (§ 72)".

§ 43. (A., H., W.)

IX. Der Provinziallandtag ist befugt, Anträge und Beschwerden, welche die Provinz oder einzelne Teile derselben betreffen, an die Staatsregierung zu richten.

§ 40 (H.-N.)

ersetzt „Provinziallandtag" durch „Kommunallandtag" und „die Provinz oder einzelne Teile derselben" durch „den Bezirk oder einzelne Teile desselben".

Das Petitionsrecht der Provinz bezw. des Bezirkes als Korporation ist nach Art. 32 der preußischen Verfassungsurkunde selbstverständlich. Dieser § beantwortet nur die Frage, welches das für die Ausübung dieses Rechtes namens der Provinz bezw. des Bezirkes zuständige Organ ist.

§ 44. (A., H., W.)

X. Der Provinziallandtag nimmt die ihm durch Gesetz übertragenen sonstigen Geschäfte wahr.

§ 41. (H.-N.)

Vgl. die Bemerkung zu § 13 (H.-N.)

§ 42. (H.-N.)

Unter Genehmigung des Ministers des Innern können einzelne Angelegenheiten der Bezirksverbände durch übereinstimmenden Beschluß beider Kommunallandtage dem Provinzialverbande überwiesen werden.

Damit ist die allmähliche Verschmelzung der beiden noch bestehenden Kommunalverbände der Provinz Hessen-Nassau angebahnt.

IV. Abschnitt.

Von dem Provinzialausschusse, seiner Zusammensetzung und seinen Geschäften.

Stellung des Provinzialausschusses im Allgemeinen.

§ 45. (A., H., W.)

Zum Zwecke der Verwaltung der Angelegenheiten des Provinzialverbandes wird für jede Provinz ein Provinzialausschuß bestellt.

§ 43. (H.-N.)

Es steht statt „Provinzialverband“ „Bezirksverband“, statt „Provinz“ „Bezirk“, statt „Provinzialausschuß“ „Landesausschuß“.

Vor Erlaß der Pr.O. gab es in den östlichen Provinzen einen dauernden provinzialständischen Verwaltungsausschuß nur für Schlesien auf Grund des Allerhöchsten Erlasses vom 1. November 1869 (G.S. von 1869, S. 1143 ff.).

Im Gegensatze zum Kreisausschuß ist der Provinzialausschuß nicht gleichzeitig Organ der allgemeinen Landesverwaltung, sondern auf die Kommunalverwaltung der Provinz beschränkt. Auf die allgemeine Landesverwaltung übt er nur mittelbar einen Einfluß, indem er die Laienmitglieder des Provinzialrates und der Bezirksausschüsse wählt. Die Landesausschüsse in Hessen-Nassau stehen bezüglich der Kommunalverwaltung den Provinzialausschüssen gleich, die Mitglieder des Provinzialrates und der Bezirksausschüsse wählt jedoch nach § 98 Pr O. für Hessen-Nassau der Provinziallandtag.

Zusammensetzung des Provinzialausschusses.

§ 46. (A., W.)

Der Provinzialausschuß besteht aus einem Vorsitzenden und einer durch das Provinzialstatut festzusetzenden Zahl von mindestens sieben bis höchstens dreizehn Mitgliedern.

Außerdem ist der Landesdirektor von Amtswegen Mitglied des Provinzialausschusses.

§ 46 (H.)

enthält nur den ersten Absatz des § 46 (A., W.). Der Landesdirektor ist also in Hannover nicht von Amtswegen Mitglied des Provinzialausschusses.

§ 44 (H.-N.)

ersetzt „Provinzialausschuß“ durch „Landesausschuß“ und „Provinzialstatut“ durch „Bezirksstatut“.

Wahl des Vorsitzenden und der Mitglieder des Provinzialausschusses.

§ 47. (A., H., W.)

Der Vorsitzende, die Mitglieder des Provinzialausschusses und, aus der Zahl der letzteren, der Stellvertreter des Vorsitzenden, werden von dem Provinziallandtage gewählt.

Für die Mitglieder ist in gleicher Weise eine mindestens der Hälfte derselben gleichkommende Zahl von Stellvertretern zu wählen.

Die Zahl der Stellvertreter, sowie die Reihenfolge, in welcher dieselben einzuberufen sind, wird durch das Provinzialstatut bestimmt.

Wählbar ist jeder zum Provinziallandtage wählbare Angehörige des Deutschen Reichs (§ 17).

Von der Wählbarkeit ausgeschlossen sind der Oberpräsident, die Regierungspräsidenten und Vizepräsidenten, sowie sämtliche Provinzialbeamte.

Der Landesdirektor kann zum Vorsitzenden oder stellvertretenden Vorsitzenden des Provinzialausschusses nicht gewählt werden.

§ 45. (H.-N.)

Vgl. die Bemerkung zu §§ 43 und 44 (H.-N.). Außerdem wird hinter Abs. 3 eingefügt: „Von den Mitgliedern und beziehungsweise Stellvertretern des Landesausschusses des Regierungsbezirks Wiesbaden muß wenigstens je eins dem Stadtkreise Frankfurt a. M. angehören.“ Der vorletzte Absatz lautet: „Von der Wählbarkeit ausgeschlossen sind der Oberpräsident, der Regierungspräsident, sowie sämtliche Beamte des Bezirksverbandes.“

Zu Abs. 5. Die Regierungsvizepräsidenten fallen nach § 17 des Landesverwaltungsgesetzes in Zukunft fort.

§ 48. (A., H., W.)

Die Wahl des Vorsitzenden, der Mitglieder des Provinzialausschusses und deren Stellvertreter erfolgt auf sechs Jahre.

Jede Wahl verliert dauernd oder vorübergehend ihre Wirkung mit dem gänzlichen oder zeitweisen Aufhören einer der für die Wählbarkeit vorgeschriebenen Bedingungen.

Der Provinzialausschuß hat darüber zu beschließen, ob einer dieser Fälle eingetreten ist. Gegen den Beschluß des Provinzialausschusses findet nach Maßgabe des § 24 die Klage bei dem Oberverwaltungsgerichte statt.

§ 46. (H.-N.)

Vgl. die Bemerkung zu § 43 H.-N. Statt des „§ 24" in Abs. 3 wird „§ 21" der (H.-N.) Pr.O. citiert.

Zu Abs. 2. Vgl. § 17 Abs. 1 Pr.O.

§ 49. (A., H., W.) § 47. (H.-N.)

Alle drei Jahre scheidet die Hälfte der gewählten Mitglieder und Stellvertreter aus und wird durch neue Wahlen ersetzt. Die Ausscheidenden bleiben jedoch in allen Fällen bis zur Einführung der neu Gewählten in Thätigkeit.

Ist die Zahl der gewählten Mitglieder beziehungsweise Stellvertreter nicht durch zwei teilbar, so scheidet das erste Mal die nächst größere Zahl aus.

Die das erste Mal Ausscheidenden werden durch das Los bestimmt. Die Ausscheidenden sind wieder wählbar.

§ 50. (A., H., W.)

Für die im Laufe der Wahlperiode ausscheidenden Mitglieder und Stellvertreter haben Ersatzwahlen stattzufinden.

Die Vollziehung der Ersatzwahlen muß durch den Provinziallandtag bei dessen nächstem Zusammentritte erfolgen. Die Ersatzmänner bleiben nur bis zum Ende desjenigen Zeitraums in Thätigkeit, für welchen die Ausgeschiedenen gewählt waren.

§ 48. (H.-N.)

Vgl. die Bemerkung zu § 13 (H.-N.).

§ 51. (A., W.)

Der Vorsitzende des Provinzialausschusses wird vom Oberpräsidenten, die Mitglieder des Provinzialausschusses werden von dem Vorsitzenden vereidigt und in ihre Stellen eingeführt.

Sie können aus Gründen, welche die Entfernung eines Beamten aus seinem Amte rechtfertigen (§ 2 des Gesetzes vom 21. Juli 1852, Gesetz-Samml. S. 465), im Wege des Disziplinarverfahrens ihrer Stellen enthoben werden.

Für das Disziplinarverfahren gelten die Vorschriften, welche nach Maßgabe des § 98 Nr. 5 gegen den Landesdirektor zur Anwendung kommen.

§ 51 (H.)

sagt in Abs. 3 statt „den Landesdirektor" „die Mitglieder des Landesdirektoriums";

§ 49 (H.-N.)

statt „Provinzialausschuß" „Landesausschuß" und citiert in Abs. 3 statt des § 98 Nr. 5 den § 71 Nr. 5.

Zu Abs. 3: Vgl. § 98.

Berufung des Provinzialausschusses.

§ 52. (A., H., W.)

Der Provinzialausschuß versammelt sich, so oft es die Geschäfte erfordern. Die Berufung zu den Versammlungen erfolgt durch den Vorsitzenden; sie muß erfolgen auf den schriftlichen Antrag des Landesdirektors oder der Hälfte der Mitglieder des Provinzialausschusses.

Durch Beschluß des Provinzialausschusses können regelmäßige Sitzungstage festgesetzt werden.

§ 50. (H.-N.)

Statt „Provinzialausschuß" heißt es „Landesausschuß".

Geschäftsordnung des Provinzialausschusses.

§ 53. (A., H., W.)

Der Provinzialausschuß kann nur beschließen, wenn mehr als die Hälfte der Mitglieder, mit Einschluß des Vorsitzenden, anwesend ist.

Die Beschlüsse werden nach Stimmenmehrheit gefaßt. Bei Stimmengleichheit gibt die Stimme des Vorsitzenden den Ausschlag.

§ 51. (H.-N.)

Vgl. die Bemerkung zu § 50 (H.-N.).

§ 54. (A., H., W.) § 52. (H.-N.)

Betrifft der Gegenstand der Verhandlung einzelne Mitglieder oder deren Verwandte und Verschwägerte in auf- und absteigender Linie oder bis zu dem dritten Grade der Seitenlinie, so dürfen dieselben an der Beratung und Abstimmung nicht teilnehmen.

Ebensowenig darf ein Mitglied bei der Beratung und Beschlußfassung über solche Angelegenheiten mitwirken, in welchen es in anderer als öffentlicher Eigenschaft ein Gutachten abgegeben hat oder in anderer als öffentlicher Stellung thätig gewesen ist.

§ 55. (A., H., W.)

Wird infolge des gleichzeitigen Ausscheidens von mehr als der Hälfte der Mitglieder gemäß § 54 ein Provinzialausschuß beschlußunfähig und kann die Beschlußunfähigkeit auch nicht durch Einberufung unbeteiligter Stellvertreter hergestellt werden, so erfolgt die Beschlußnahme durch den Provinziallandtag.

Kann die Beschlußnahme nicht bis zum Zusammentritte

des Provinziallandtages ausgesetzt bleiben, so ist durch den Oberpräsidenten aus den unbeteiligten Mitgliedern des Provinzialausschusses, beziehungsweise deren Stellvertretern, sowie aus Mitgliedern des Provinziallandtages eine besondere Kommission zu bestellen; dieselbe hat aus einer gleichen Anzahl von Mitgliedern, wie der Provinzialausschuß, zu bestehen.

§ 53. (H.=N.)

Vgl. die Bemerkung zu § 39 (H.=N.). Statt „§ 54" wird „§ 52" citiert.

§ 56. (A., W.)

Der Vorsitzende des Provinziallandtages und die dem Landesdirektor zugeordneten oberen Beamten (§§ 87 und 93) können den Sitzungen des Provinzialausschusses mit beratender Stimme beiwohnen. Der Provinzialausschuß kann jedoch beschließen, einzelne den Landesdirektor oder die ihm zugeordneten oberen Beamten persönlich berührende Gegenstände in deren Abwesenheit zu verhandeln.

§ 56. (H.)

Hinter „Provinziallandtages" ist eingefügt: „die Mitglieder des Landesdirektoriums". Statt „Landesdirektor" steht „Landesdirektorium" bezw. „Mitglieder des Landesdirektoriums".

§ 54. (H.=N.)

Vgl. die Bemerkung zu § 39 (H.=N.). Statt „§§ 87 und 93" werden „§§ 60 und 66" citiert.

Der Provinzialausschuß kann die Verhandlung in Abwesenheit der betr. Beamten auch dann beschließen, wenn dieselben Mitglieder des Provinzialausschusses sind. Anders nach § 31 Abs. 2 Pr.O. beim Provinziallandtage.

§ 57. (A., H., W.)

Der Provinzialausschuß regelt seinen Geschäftsgang durch eine Geschäftsordnung. Dieselbe bedarf der Genehmigung des Provinziallandtages.

§ 55. (H.-N.)

Vgl. die Bemerkung zu § 39 (H.-N.).

Geschäfte des Provinzialausschusses.

§ 58. (A., H., W.)

Dem Provinzialausschusse liegt die Erledigung folgender Geschäfte ob:

I. Der Provinzialausschuß hat die Beschlüsse des Provinziallandtages vorzubereiten und auszuführen, soweit damit nicht besondere Kommissionen, Kommissarien oder Beamte durch Gesetz oder Beschluß des Provinziallandtages beauftragt sind.

§ 56. (H.-N.)

Vgl. die Bemerkung zu § 39 (H.-N.).

Der Provinzialausschuß vertritt u. a. den Provinziallandtag bei Klagen gegen Beschlüsse desselben über die Gültigkeit der Wahlen seiner Mitglieder, sofern der Provinziallandtag nicht ein besonderes Organ zur Vertretung seines Beschlusses eingesetzt hat. Weder der Vorsitzende des Provinzialausschusses noch der Landesdirektor ist an sich zu einer solchen Vertretung legitimiert. Entsch. des O.V.G. vom 2. Mai 1876, Bd. 1, S. 8.

§ 59. (A., H., W.)

II. Der Provinzialausschuß hat die Angelegenheiten des Provinzialverbandes, insbesondere das Vermögen und die Anstalten desselben nach Maßgabe der Gesetze, der auf Grund von Gesetzen erlassenen Königlichen Verordnungen und der von dem Provinziallandtage beschlossenen Reglements (§ 8 Nr. 2), sowie des von diesem festgestellten Haushaltsetats zu verwalten.

§ 57. (H.-N.)

Statt „Provinzialausschuß" steht „Landesausschuß", statt „Provinzialverband" „Bezirksverband", statt „Provinziallandtag" „Kommunallandtag", statt „§ 8 Nr. 2" „§ 6 Nr. 2".

§ 60. (A., H., W.)

III. Der Provinzialausschuß hat die Provinzialbeamten zu ernennen, soweit die Ernennung derselben nicht dem Provinziallandtage vorbehalten ist (§ 41) und deren Geschäftsführung zu leiten und zu beaufsichtigen.

§ 58. (H.-N.)

Vgl. die Bemerkung zu § 57 (H.-N.). Außerdem ist statt des § 41 der entsprechende § 38 citiert.

§ 61. (A., H., W.)

IV. Der Provinzialausschuß hat sein Gutachten über alle Angelegenheiten abzugeben, welche ihm von den Ministern oder dem Oberpräsidenten überwiesen werden.

§ 59. (H.-N.)

Vgl. die Bemerkung zu § 57 (H.-N.).

Fünfter Abschnitt.

Von den Provinzial- und Bezirksräten (Behörden des Staats), ihrer Zusammensetzung und ihren Geschäften.

Dieser Abschnitt, umfassend die §§ 62—86 (A., H., W.) fällt jetzt fort, da die betr. Bestimmungen in das Landesverwaltungsgesetz übernommen sind.

Sechster Abschnitt.

Von den Provinzialbeamten.

Landesdirektor (Landeshauptmann).

§ 87. (A., W.)

Zur Wahrnehmung der laufenden Geschäfte der kommunalen Provinzialverwaltung wird ein Landesdirektor (Landeshauptmann) bestellt, welcher von dem Provinziallandtage auf mindestens sechs bis höchstens zwölf Jahre zu wählen ist.

Der Landesdirektor (Landeshauptmann) bedarf der Bestätigung des Königs. Wird die Bestätigung versagt, so schreitet der Provinziallandtag zu einer neuen Wahl. Wird auch diese Wahl nicht bestätigt, so kann der Minister des Innern die kommissarische Verwaltung der Stelle auf Kosten des Provinzialverbandes anordnen. Dasselbe findet statt, wenn der Provinziallandtag die Wahl verweigert oder den nach der ersten Wahl nicht Bestätigten wieder wählt.

Die kommissarische Verwaltung dauert so lange, bis die Wahl des Provinziallandtages, deren wiederholte Vornahme ihm jederzeit zusteht, die Bestätigung erlangt hat.

Der Provinzialausschuß ist berechtigt, zur Übernahme der kommissarischen Verwaltung geeignete Personen in Vorschlag zu bringen.

§ 52. (H.)

Absatz 1 lautet: „Zur Wahrnehmung der laufenden Geschäfte der kommunalen Provinzialverwaltung wird ein aus drei Oberbeamten (Landesdirektor, erster und zweiter Schatzrat) bestehendes Landesdirektorium bestellt, dessen Mitglieder von dem Provinziallandtage auf mindestens sechs bis höchstens zwölf Jahre zu wählen sind.“ Absatz 2, 3, 4 lauten ebenso wie in § 87 (A. W.). Nur ist in Absatz 2 das Wort „(Landeshauptmann)“ gestrichen.

§ 60. (H.-N.)

Vgl. die Bemerkung zu § 39 (H.-N.).

Zu Abs. 1. Zu den „laufenden Geschäften“ gehört nicht die Vertretung des Provinziallandtages im Verwaltungsstreitverfahren. Vgl. die Anm. zu § 58.

„Landeshauptmann“ war der Titel des ersten provinzialständischen Beamten in Schlesien nach dem Allerhöchsten Erlaß vom 1. November 1869. Dieser Titel ist durch die Pr.O. statt des sonst üblichen „Landesdirektor“ aufrecht erhalten.

In Hannover war bereits durch den Allerhöchsten Erlaß vom 1. November 1868 (G.S. von 1868, S. 979 ff.) die Errichtung eines kollegialischen Landesdirektoriums angeordnet. Die Pr.O. hat dieses im Gegensatze zu den büreaukratischen Landesdirektorien der anderen Provinzen aufrecht erhalten. Vgl. jedoch § 93 Pr.O.

§ 88. (A., W.)

Für den Fall einer Behinderung des Landesdirektors, sowie im Falle der Erledigung der Stelle desselben bestellt der Provinzialausschuß einen Stellvertreter bis zur Aufnahme der Geschäfte durch den Landesdirektor, beziehungsweise bis zum Eintritte einer kommissarischen Verwaltung nach Maßgabe des § 87.

Weder der kommissarische Vertreter, noch der Stellvertreter des Landesdirektors sind als solche stimmberechtigte Mitglieder des Ausschusses.

§ 88. (H.)

Im Falle der Behinderung des Landesdirektors, sowie im Falle der Erledigung der Stelle desselben vertritt der erste Schatzrat den Landesdirektor bis zur Aufnahme der Geschäfte durch diesen beziehungsweise bis zum Eintritte einer kommissarischen Verwaltung nach Maßgabe des § 87.

§ 61. (H.-N.)

Vgl. die Bemerkung zu § 39 (H.-N.). Statt „§ 87“ wird „§ 60“ citiert.

§ 89. (A. W.) § 62. (H.-N.)

Der Landesdirektor (Landeshauptmann) wird von dem Oberpräsidenten in sein Amt eingeführt und vereidigt.

§ 89. (H.)

Die Mitglieder des Landesdirektoriums werden von dem Oberpräsidenten in ihr Amt eingeführt und vereidigt.

§ 90. (A., W.)

Der Landesdirektor (Landeshauptmann) führt unter der Aufsicht des Provinzialausschusses die laufenden Geschäfte der kommunalen Provinzialverwaltung. Er bereitet die Beschlüsse des Provinzialausschusses vor und trägt für die Ausführung derselben Sorge.

Er ist der Dienstvorgesetzte sämtlicher Provinzialbeamten.

Der Landesdirektor vertritt den Provinzialverband nach außen in allen Angelegenheiten, insbesondere auch da, wo die Gesetze eine Spezialvollmacht verlangen. Er verhandelt namens des Provinzialverbandes mit Behörden und Privatpersonen, führt den Schriftwechsel und zeichnet alle Schriftstücke.

§ 90 (H.)

ersetzt das Wort „Landesdirektor" durch „Landesdirektorium" und fügt nach Absatz 3 noch hinzu: „Der Geschäftsgang des Landesdirektoriums ist, vorbehaltlich der in dem § 93, Absatz 1, Satz 2, und dem § 94 vorgesehenen, sowie der nachstehenden Befugnisse des Vorsitzenden (Landesdirektors), ein kollegialischer.

Der Landesdirektor verteilt die Geschäfte und zeichnet alle Schriftstücke. Er ist dem Provinziallandtage beziehungsweise dem Ausschusse verantwortlich für den ordnungsmäßigen Betrieb der Geschäfte und für tüchtige gesetzmäßige Führung der Verwaltung.

Beschlüsse, welche der Landesdirektor für besonders nachteilig hält, kann er bis zum Zusammentritt des Provinzialausschusses beanstanden, muß dieselben jedoch diesem zur Entscheidung vorlegen. Kann die Sache bis dahin eine Verzögerung nicht leiden, so ist der Landesdirektor berechtigt, die notwendigen Maßregeln für die Zwischenzeit selbst anzuordnen.

Der Provinzialausschuß kann in besonderen Fällen die Besorgung einzelner Geschäfte dem Landesdirektor allein übertragen."

§ 63. (H.-N.)

Vgl. die Bemerkung zu § 39 (H.-N.). Im übrigen mit § 90 (A., W.) gleichlautend.

Zu Abs. 1. Was „laufende Geschäfte" sind, ist im Gesetze nicht gesagt, es hängt dies vom konkreten Falle ab.

Zu Abs. 3. Er vertritt aber nur den Provinzialverband als Korporation, nicht etwa auch den Provinziallandtag oder den Provinzialausschuß als staatliche Verwaltungsorgane. Vgl. z. B. die Anm. zu § 58.

§ 91. (A., W.)

Urkunden, mittelst deren der Provinzialverband Verpflichtungen übernimmt, müssen unter Anführung des betreffenden Beschlusses des Provinziallandtages beziehungsweise des Provinzialausschusses von dem Landesdirektor (Landeshauptmann) und von zwei Mitgliedern des Provinzialausschusses unterschrieben und mit dem Amtssiegel des Landesdirektors versehen sein. In denjenigen Fällen, in denen es der Genehmigung der Staatsaufsichtsbehörde bedarf, ist dieselbe der Ausfertigung in beglaubigter Form beizufügen.

Dem Provinziallandtage bleibt vorbehalten, für einzelne Verwaltungszweige und Anstalten in betreff der Vollziehung von Urkunden und Vollmachten zur Vereinfachung der Geschäfte anderweite statutarische Bestimmung zu treffen.

§ 91 (H.)

sagt in Absatz 1 statt „Landesdirektor (Landeshauptmann)“ „Landesdirektorium“.

§ 64. (H.-N.)

Vgl. die Bemerkung zu § 39 (H.-N.).

§ 92. (A., W.)

Der Landesdirektor (Landeshauptmann) ist befugt, für die Geschäfte der kommunalen Provinzialverwaltung die vermittelnde und begutachtende Thätigkeit der Kreis-, Amts- und Gemeindebehörden in Anspruch zu nehmen.

§ 92. (H.)

Vgl. die Bemerkung zu § 91 (H.).

§ 65. (H.-N.)

Vgl. die Bemerkung zu § 39 (H.-N.). Außerdem fallen die Worte „(Landeshauptmann)“ und „Amts-“ fort.

Der Landesdirektor bezw. das Landesdirektorium ist nicht der Vorgesetzte der Kreis-, Amts- und Gemeindebehörden. Die Inanspruchnahme erfolgt daher auf dem Wege des Ersuchens.

Andere obere Beamte.

§ 93. (A., W.)

Dem Landesdirektor (Landeshauptmann) können nach näherer Bestimmung des Provinzialstatuts zur Mitwirkung bei Erledigung der Geschäfte der gesamten, oder einzelner Zweige der kommunalen Provinzialverwaltung noch andere vom Provinziallandtage zu wählende obere Beamte mit beratender oder beschließender Stimme zugeordnet werden. Sie werden von dem Landesdirektor in ihre Ämter eingeführt und vereidigt.

Werden dem Landesdirektor obere Beamte mit beschließender Stimme zugeordnet, so hat das Provinzialstatut auch darüber Bestimmung zu treffen, welche der durch dieses Gesetz dem Landesdirektor allein überwiesenen Geschäfte von demselben unter Mitwirkung jener Beamten zu erledigen sind.

§ 93. (H.)

Vgl. die Bemerkung zu § 91 (H.).

§ 66. (H.-N.)

Vgl. die Bemerkung zu § 39 (H.-N.).

Dem Landesdirektorium kann also auch nach der altländischen Provinzialordnung statt der büreaukratischen eine kollegialische Verfassung gegeben werden. Dies ist z. B. in der Provinz Sachsen geschehen. Der Unterschied dieser Bestimmung von der H. Pr.O. liegt darin, daß für Hannover die kollegialische Verfassung des Landesdirektoriums auf dem Gesetz beruht, also auch nur durch Gesetz wieder beseitigt werden kann, während in den anderen Provinzen in dieser Beziehung nicht das Gesetz, sondern das Provinzialstatut Bestimmung zu treffen hat.

Büreau-, Kassen- 2c. Beamte der kommunalen Provinzialverwaltung.

§ 94. (A., W.)

Die Stellen der zur Wahrnehmung der Büreau-, Kassen- und sonstigen Geschäfte der kommunalen Provinzialverwaltung erforderlichen Beamten werden von dem Provinziallandtage nach Zahl, Diensteinnahme und Art der Besetzung (auf Lebenszeit, auf Zeit, auf Kündigung) auf Vorschlag des Provinzialausschusses durch den Haushaltsetat bestimmt.

Die Besetzung dieser Stellen erfolgt vorbehaltlich der Bestimmung des § 41 durch den Provinzialausschuß. Die Beamten werden von dem Landesdirektor (Landeshauptmann) in ihre Ämter eingeführt und vereidigt. Sie erhalten ihre Geschäftsinstruktionen von dem Provinzialausschusse.

§ 94. (H.)

Vgl. die Bemerkung zu § 91 (H.).

§ 67. (H.-N.)

Vgl. die Bemerkung zu § 39 (H.-N.). Statt des „§ 41" wird „§ 38" citiert.

Beamte der Provinzialinstitute 2c.

§ 95. (A., H., W.)

Über die an den einzelnen Provinzialinstituten und in der Provinzial-Chaussee- und Wegeverwaltung anzustellenden Beamten, sowie über die Art der Anstellung derselben wird durch die für jene Institute und jenen Verwaltungszweig zu erlassenden Reglements beziehungsweise die für dieselben festzustellenden Etats bestimmt.

Bis zum Erlasse neuer Reglements bleiben die bestehenden Reglements in Geltung.

§ 68. (H.-N.)

Vgl. die Bemerkung zu § 39 (H.-N.).

Dienstliche Verhältnisse der Provinzialbeamten.

§ 96. (A., H., W.)

Sämtliche Provinzialbeamte haben die Rechte und Pflichten mittelbarer Staatsbeamten. Die besonderen dienstlichen Verhältnisse derselben werden durch ein von dem Provinziallandtage zu erlassendes Reglement geordnet.

§ 69. (H.-N.)

Vgl. die Bemerkung zu § 39 (H.-N.).

§ 97. (A., H., W.)

Hinsichtlich der Besetzung der Stellen von Provinzialbeamten mit Militär-Invaliden gelten die in Ansehung der Städte erlassenen gesetzlichen Vorschriften.

§ 70. (H.-N.)

Statt „Provinzialbeamten" steht „Beamten des Bezirksverbandes".

§ 98. (A., H., W.)

In betreff der Dienstvergehen der Provinzialbeamten finden die Vorschriften des Gesetzes vom 21. Juli 1852 (Gesetz-Sammlung S. 465) mit folgenden Maßgaben Anwendung:

1) Gegen den Landesdirektor (Landeshauptmann) und die im § 41 gedachten Provinzialbeamten ist die Festsetzung von Ordnungsstrafen nur in dem auf Entfernung aus dem Amte gerichteten Verfahren zulässig.

2) Gegen die übrigen Provinzialbeamten steht die den Ministern und den Provinzialbehörden beigelegte Befugnis zur Verhängung von Ordnungsstrafen dem Landesdirektor zu; jedoch dürfen die von ihm festzusetzenden Geldbußen den Betrag von dreißig Mark nicht übersteigen.

Außerdem steht

3) den Vorstehern von Provinzialanstalten die Befugnis zu, gegen die ihnen nachgeordneten Anstaltsbeamten, mit Ausnahme der oberen Anstaltsbeamten, Geldbußen bis zu zehn Mark festzusetzen.

4) Gegen die Disziplinarverfügungen des Landesdirektors und der Vorsteher von Provinzialanstalten findet innerhalb zwei Wochen die Klage bei dem Verwaltungsgerichte statt.

5) In dem auf Entfernung aus dem Amte gerichteten Verfahren tritt an die Stelle des Regierungspräsidenten der Landesdirektor und, sofern das Verfahren gegen den letzteren selbst oder einen der im § 41 gedachten Provinzialbeamten gerichtet ist, der Minister des Innern, an die Stelle der Bezirksregierung, beziehungsweise des Disziplinarhofes, das Bezirksverwaltungsgericht und an die Stelle des Staatsministeriums das Oberverwaltungsgericht.

Die Vertreter der Staatsanwaltschaft bei dem Verwaltungsgerichte und dem Oberverwaltungsgerichte werden vom Minister des Innern ernannt. Die Verhandlung vor dem Bezirksverwaltungsgerichte und dem Oberwaltungsgerichte findet im mündlichen Verfahren statt. Das Gutachten des Disziplinarhofes ist nicht einzuholen.

Das Verfahren kann mit Rücksicht auf den Ausfall der Voruntersuchung durch Beschluß des Bezirksverwaltungsgerichts eingestellt werden.

6) Die Bestimmung des § 16 Nr. 1 des Gesetzes vom 21. Juli 1852 findet auch auf die Provinzialbeamten, mit Ausnahme der im § 41 gedachten, Anwendung.

§ 71. (H.-N.)

Vgl. die Bemerkung zu § 39 (H.-N.). Statt des „§ 41" wird „§ 38" citiert.

An die Stelle des Bezirksverwaltungsgerichts ist nach dem Landesverwaltungsgesetze vom 30. Juli 1883 der Bezirksausschuß getreten. Daher ist auch in den Redaktionen für Hannover und Hessen-Nassau, nicht aber in der für Westfalen das Wort „Bezirksverwaltungsgericht" durch „Bezirksausschuß" ersetzt.

Siebenter Abschnitt.

Von den Provinzialkommissionen.

§ 99. (A., H., W.)

Für die unmittelbare Verwaltung und Beaufsichtigung einzelner Anstalten, sowie für die Wahrnehmung einzelner Angelegenheiten des Provinzialverbandes können besondere Kommissionen oder Kommissare bestellt werden. Die Einsetzung, die Begrenzung der Zuständigkeit und die Art und Weise der Zusammensetzung derselben hängt von dem Beschlusse des Provinziallandtages ab. Die Wahl der Mitglieder steht dem Provinzialausschusse zu, sofern sich nicht der Provinziallandtag dieselbe für einzelne Kommissionen oder Kommissare selbst vorbehält.

Die Kommissionen oder Kommissare empfangen von dem Provinzialausschusse ihre Geschäftsanweisung und führen ihre Geschäfte unter der Aufsicht desselben.

§ 72. (H.-N.)

Vgl. die Bemerkung zu § 39 (H.-N.).

Schlußbestimmung.

§ 100. (A., W.)

Die Mitglieder des Provinziallandtages, des Provinzialausschusses und der Provinzialkommissionen, sowie die gewählten Mitglieder der Provinzial- und Bezirksräte erhalten eine ihren baren Auslagen entsprechende Entschädigung.

Über die Höhe derselben beschließt der Provinziallandtag.

§ 100 (H.)

sagt statt „der Provinzial- und Bezirksräte" „des Provinzialrates".

§ 73. (H.-N.)

Vgl. die Bemerkung zu § 39 (H.-N.). Die Worte: „sowie die gewählten Mitglieder der Provinzial- und Bezirksräte" werden gestrichen.

An die Stelle der Bezirksräte sind die Bezirksausschüsse getreten. Deren gewählte Mitglieder erhalten Diäten und Reisekosten aus der Staatskasse nach den für Räte 4. Klasse geltenden Bestimmungen.

Achter Abschnitt.

Von dem Provinzialhaushalte.

Aufstellung und Feststellung des Provinzialhaushaltsetats.

§ 101. (A., H., W.)

Über alle Einnahmen und Ausgaben entwirft der Provinzialausschuß einen Haushaltsetat für ein oder mehrere Jahre. Derselbe wird vom Provinziallandtage festgestellt und durch die Amtsblätter der Provinz veröffentlicht.

§ 74 (H.-N.)

ersetzt „Provinzialausschuß“ durch „Landesausschuß“, „Provinziallandtage“ durch „Kommunallandtage“ und „Amtsblätter der Provinz“ durch „Amtsblatt des Regierungsbezirks“.

§ 102. (A., H., W.)

Bei Vorlegung des Haushaltsetats hat der Provinzialausschuß über die Verwaltung und den Stand der Angelegenheiten des Provinzialverbandes Bericht zu erstatten.

§ 75. (H.-N.)

Vgl. die Bemerkung zu § 39 (H.-N.).

§ 103. (A., W.)

Der Provinzialausschuß, beziehungsweise in Ausführung der Beschlüsse desselben der Landesdirektor (Landeshauptmann) haben dafür zu sorgen, daß der Haushalt nach dem Etat geführt werde.

Der Landesdirektor erläßt die Einnahme- und Ausgabeanweisungen an die Provinzial- (Landes-) Hauptkasse.

Etatsüberschreitungen und außeretatsmäßige Ausgaben dürfen nur unter Verantwortung des Provinzialausschusses stattfinden und bedürfen der Genehmigung des Provinziallandtages.

§ 103. (H.)

Vgl. die Bemerkung zu § 91 (H.).

§ 76. (H.-N.)

Vgl. die Bemerkung zu § 39 (H.-N.).

§ 104. (A., H., W.)

Die Jahresrechnungen der Provinzialhauptkasse, sowie der Kassen der einzelnen Provinzialanstalten sind von den Rendanten derselben innerhalb vier Monaten nach Schluß des Rechnungsjahres zu legen und dem Provinzialausschusse einzureichen.

Letzterer hat die Revision der Rechnungen zu veranlassen und dieselben mit seinen Bemerkungen dem Provinziallandtage zur Prüfung, Feststellung und Entlastung vorzulegen. Nach erfolgter Entlastung sind Auszüge aus den Rechnungen durch die Amtsblätter der Provinz zur öffentlichen Kenntnis zu bringen.

§ 77. (H.-N.)

Vgl. die Bemerkung zu § 74 (H.-N.).

Ausschreibung von Provinzialabgaben.

§ 105. (A., H., W.)

Der Provinziallandtag kann die Ausschreibung von Provinzialabgaben beschließen.

Bis zum Erlasse eines besonderen Gesetzes über die Kommunalbesteuerung gelten hierüber folgende Bestimmungen.

§ 78. (H.-N.)

Vgl. die Bemerkung zu § 39 (H.-N.).

Dieses Gesetz ist noch nicht erlassen. Die nachfolgenden §§ stehen also noch in Kraft.

Grundsätze über die Verteilung und Aufbringung der Provinzialabgaben.

§ 106. (A., H., W.)

Die Verteilung der Provinzialabgaben erfolgt auf die einzelnen Land- und Stadtkreise nach dem Maßstabe der in ihnen aufkommenden direkten Staatssteuer mit Ausschluß der Gewerbesteuer vom Hausiergewerbe.

§ 79. (H.-N.)

Vgl. die Bemerkung zu § 39 (H.-N.).

Vgl. § 13 des Gesetzes vom 27. Juli 1885 (G.S. v. 1885, S. 327).

In § 106 sind nur die Steuern des laufenden Jahres gemeint. Die Vermutung spricht dagegen, daß der Gesetzgeber eine Verteilung nach den Steuern des Vorjahres im Auge gehabt hat. Ein Antrag, von den zu belastenden Staatssteuerbeiträgen diejenigen Beträge zurückzurechnen, welche im Vorjahre an Klassen- und Einkommensteuer infolge von Reklamationen, Rekursen und Remonstrationen abgesetzt, sowie als unbeitreibbar ausgefallen sind, ist daher nicht gerechtfertigt. Ebensowenig dürfen aber auch diejenigen Minderbeträge zurückgerechnet werden, welche sich im Laufe des Rechnungsjahres ergeben. Entsch. des O.V.G. vom 9. Oktober 1882, Bd. 9, S. 1. Wenn das bei der Verteilung der Provinzialabgaben zu Grunde gelegte Staatssteuersollaufkommen eines Kreises infolge von Reklamationen u. s. w. sich demnächst mindert, so kann der betr. Kreis ohne Rücksicht auf den etwa eingetretenen Ablauf der Reklamationsfrist eine entsprechende Herabsetzung seines Abgabenbeitrages beanspruchen. Entsch. des O.V.G. vom 20. Dezember 1883, Bd. 10, S. 4, vom 9. Oktober 1884, Bd. 11, S. 1. Einem klagenden Kreise kann der Nachweis, auf welchen Betrag das berichtigte Steuersoll der übrigen Kreise sich beziffere, nicht aufgebürdet werden. Entsch. des O.V.G. vom 9. Oktober 1884, Bd. 11, S. 1.

Den einzelnen Steuerpflichtigen gegenüber nehmen die Provinzialabgaben den Charakter der Kreis- bezw. Gemeindeabgaben an. Denn die Verteilung derselben erfolgt nicht auf die Provinzialangehörigen, sondern auf die Stadt- und Landkreise. Lediglich diese haben daher auch nach § 112 Pr.O. ein Reklamationsrecht. Entsch. des O.V.G. vom 4. April 1881, Bd. 8, S. 17.

§ 107. (A.)

Bei dieser Verteilung kommen die behufs Aufbringung der Kreis- beziehungsweise der städtischen Kommunalabgaben in den einzelnen Land- und Stadtkreisen nach den Vorschriften der §§ 14 bis 16 der Kreisordnung vom 13. Dezember 1872, beziehungsweise des § 4 Abs. 3 der Städteordnung vom 30. Mai 1853 besonders veranlagten Steuerbeträge auf Höhe der Staatssteuern, welche von dem ihnen zu Grunde liegenden Einkommen, Grundsteuerreinertrage, Gebäudesteuernutzungswerte, oder nach dem Umfange des Gewerbe- oder Bergbaubetriebes zu entrichten wären, mit in Anrechnung. Dagegen bleiben die von einer Belastung mit Kreis- und Gemeindeabgaben ganz oder teilweise befreiten Steuerbeträge (§§ 17 und 18 der Kreisordnung, § 4 Abs. 7 ff. der Städteordnung) mit Einschluß der Steuerbeträge der Militärpersonen außer Ansatz.

§ 107 (H.)

citiert statt „der §§ 14 bis 16 der Kreisordnung vom 13. Dezember 1872, beziehungsweise des § 4, Abs. 3 der Städteordnung vom 30. Mai 1853" „der §§ 14 bis 16 der gleichzeitig mit diesem Gesetze ergehenden Kreisordnung für die Provinz Hannover beziehungsweise den entsprechenden Vorschriften der hannoverschen Städteordnung vom 24. Juni 1858 (Hannoversche Gesetz-Sammlung S. 141)" und statt „(§§ 17 und 18 der Kreisordnung, § 4 Abs. 7 ff. der Städteordnung)" „(§§ 17 und 18 der Kreisordnung, entsprechende Vorschriften der Städteordnung)".

§ 80 (H.-N.)

citiert statt der oben angegebenen Worte des § 107 (A.): „der §§ 14 bis 16 der gleichzeitig mit diesem Gesetze ergehenden Kreisordnung für die Provinz Hessen-Nassau beziehungsweise den entsprechenden Vorschriften der in der letzteren geltenden Gemeindeverfassungsgesetze", und „(§§ 17 und 18 der Kreisordnung, sowie die entsprechenden Vorschriften der Gemeindeverfassungsgesetze)".

§ 107 (W.)

citiert statt der oben angegebenen Worte des § 107 (A.): „der §§ 14 bis 16 der Kreisordnung für die Provinz Westfalen beziehungsweise des § 4 Absatz 3 der Städteordnung für die Provinz Westfalen vom 19. März 1856" und „(§§ 17 und 18 der Kreisordnung)".

§ 108. (A.)

In den einzelnen Land- und Stadtkreisen erfolgt die Aufbringung der auf sie treffenden Anteile an den Provinzialabgaben gleich den übrigen Kreis- und beziehungsweise Gemeindebedürfnissen nach den Vorschriften der Kreisordnung vom 13. Dezember 1872, beziehungsweise der Städteordnung für die sechs östlichen Provinzen von 30. Mai 1853 und des Gesetzes, betreffend die Verfassung der Städte in Neuvorpommern und Rügen, vom 31. Mai 1853.

§ 108. (H.)

Vgl. die Bemerkung zu § 107 (H.).

§ 81. (H.-N.)

Vgl. die Bemerkung zu § 80 (H.-N.).

§ 108. (W.)

Vgl. die Bemerkung zu § 107 (W.).

Vgl. die Anm. 2 zu § 106 Pr.O.

§ 109. (A.)

Wo gegenwärtig mit landesherrlicher Genehmigung zu bestimmten Zwecken Provinzialabgaben nach besonderer Verteilungsart erhoben werden, behält es dabei bis zum 31. Dezember 1879 sein Bewenden; es bleibt jedoch dem

Provinziallandtage überlassen, schon in der Zwischenzeit die Verteilung auch dieser Provinziabgaben nach Maßgabe der §§ 106 und 107 zu beschließen.

§ 109 (H.)

sagt statt „31. Dezember 1879" „31. Dezember 1889".

§ 109 (W.)

sagt statt „31. Dezember 1879" „31. Dezember 1891".

Für Hessen-Nassau fehlt eine entsprechende Bestimmung.

Mehr- und Minderbelastung einzelner Teile der Provinz.

§ 110. (A., H., W.)

Sofern es sich um Provinzialeinrichtungen handelt, welche in besonders hervorragendem oder in besonders geringem Maße einzelnen Teilen der Provinz zu gute kommen, kann der Provinziallandtag beschließen, für die betreffenden Kreise eine nach Quoten der direkten Staatssteuern zu bemessende Mehr- oder Minderbelastung eintreten zu lassen.

Die Mehrbelastung kann nach Maßgabe der Beschlüsse des Provinziallandtages durch Naturalleistungen ersetzt werden.

§ 82. (H.-N.)

Vgl. die Bemerkung zu § 39 (H.-N.).

§ 111. (A.)

Die Verteilung der Provinzialabgaben auf die einzelnen Land- und Stadtkreise liegt dem Provinzialausschusse ob.

Der Betrag der von dem Provinziallandtage ausgeschriebenen Provinzialabgaben, sowie die Verteilung desselben auf die Kreise sind durch die Amtsblätter der Provinz öffentlich bekannt zu machen. In dem Ausschreiben ist der Bedarf für Verkehrsanlagen besonders anzugeben. In betreff der Aufbringung dieses Teils der Provinzialabgaben von seiten der Landkreise gelten die Vorschriften des § 12 Abs. 1. Satz 2 der Kreisordnung vom 13. Dezember 1872.

§ 111. (H.)

Vgl. die Bemerkung zu § 107 (H.).

§ 83. (H.-N.)

Vgl. die Bemerkung zu § 39 und § 80 (H.-N.).

§ 111. (W.)

Vgl. die Bemerkung zu § 107 (W.)

Reklamationen gegen die Veranlagung zu den Provinzialabgaben.

§ 112. (A., W.)

Reklamationen der Kreise gegen die Verteilung der Provinzialabgaben unterliegen der Beschlußfassung des Provinzialausschusses.

Die Reklamationen sind innerhalb einer Frist von vier Wochen nach erfolgter Bekanntmachung der Abgabenbeträge bei dem Provinzialausschusse anzubringen.

Gegen den Beschluß des Provinzialausschusses findet innerhalb zwei Wochen die Klage bei dem Bezirksverwaltungsgerichte statt. Hierbei finden die Vorschriften des § 146 des Gesetzes über die Zuständigkeit der Verwaltungsbehörden und der Verwaltungsgerichte Anwendung.

§ 112 (H.)

läßt den Abs. 3 fort.

§ 84. (H.-N.)

Vgl. die Bemerkung zu § 39 (H.-N.). Abs. 3 fällt fort.

Zu Abs. 3. Dieser Absatz ist durch das Zuständigkeitsgesetz vom 1. August 1883, § 1 aufgehoben und durch die Bestimmung ersetzt: „Gegen den auf die Reklamation eines Kreises wegen Verteilung der Provinzialabgaben erlassenen Beschluß des Provinzialausschusses findet innerhalb zwei Wochen die Klage bei dem Oberverwaltungsgerichte statt."

Vgl. im übrigen die Anm. 2 zu § 106 Pr.O.

§ 113. (A., H., W.)

Die Zahlung der Provinzialabgaben darf durch die Reklamation beziehungsweise Klage nicht aufgehalten werden, muß vielmehr mit Vorbehalt der späteren Rückerstattung des etwa zu viel Bezahlten zu den bestimmten Terminen erfolgen.

§ 85. (H.=N.)

Vgl. die Bemerkung zu § 39 (H.=N.).

§ 86. (H.=N.)

Die Vorschriften der §§ 7 bis 85 finden auf den Provinzialverband der Provinz Hessen=Nassau mit folgenden Maßgaben Anwendung:

1. Soweit in diesen Vorschriften die Bezeichnungen „Bezirk, Bezirksverband, Kommunallandtag, Landesausschuß" vorkommen, treten an deren Stelle die Bezeichnungen „Provinz, Provinzialverband, Provinziallandtag, Provinzialausschuß." Desgleichen tritt an die Stelle aller übrigen Ausdrücke, in denen eine Beziehung zu den Bezirksverbänden enthalten ist, eine dem Verhältnis zum Provinzialverbande entsprechende Bezeichnung.
2. Die Provinzialversammlung (Provinziallandtag) besteht aus den Mitgliedern der Kommunallandtage.
3. Der Provinziallandtag wird von dem Könige berufen, so oft es die Geschäfte erfordern.
4. Der Provinziallandtag ist berufen,
   I. über diejenigen, die Provinz betreffenden Gesetzentwürfe, sowie sonstigen Gegenstände sein Gutachten abzugeben, welche ihm zu dem Ende von der Staatsregierung überwiesen werden;
   II. darüber zu beschließen,
   in welcher Weise Staatspräſtationen, welche von dem Provinzialverbande aufzubringen

sind, und deren Aufbringungsweise nicht schon durch das Gesetz vorgeschrieben ist, verteilt werden sollen;

III. nach Maßgabe der besonderen Gesetze die Wahlen zu den für Zwecke der allgemeinen Landesverwaltung angeordneten Behörden und Kommissionen zu vollziehen;

IV. den Provinzialverband in denjenigen Angelegenheiten zu vertreten, beziehungsweise über diejenigen Gegenstände zu beraten und zu beschließen, welche ihm durch Gesetze und Königliche Verordnungen oder durch übereinstimmenden Beschluß der beiden Bezirksverbände überwiesen werden.

5. Provinzialabgaben, deren Ausschreibung der Provinziallandtag beschließt, sind auf die Bezirksverbände lediglich nach Maßgabe der in ihnen aufkommenden direkten Staatssteuern, ausschließlich der Gewerbesteuer vom Hausiergewerbe, durch den Provinzialausschuß zu verteilen. Die Aufbringung der auf die Bezirksverbände entfallenden Anteile an den Provinzialabgaben erfolgt gleich den übrigen kommunalen Bedürfnissen dieser Verbände.

Die §§ 82 und 83 gelten für den Provinzialverband nicht.

Auf Reklamationen der Bezirksverbände finden die §§ 84 und 85 sinngemäße Anwendung.

Die durch diesen § gegebene kommunale Organisation der Provinz ist noch eine unvollkommene, da nach § 97 Pr.O. (H.-N.) Provinzialausschuß und Landesdirektorium vorläufig suspendiert sind.

Die Ausschließung der §§ 82 und 83 für den Provinzialverband schien erforderlich, da einzelne Teile der Provinz auf dem Provinziallandtage eine Majorisierung befürchteten.

Dritter Titel.

Von der Aufsicht über die Verwaltung der Angelegenheiten der Provinzialverbände.

§ 114. (A., H., W.)

Die nach Maßgabe dieses Gesetzes zu handhabende Aufsicht über die Verwaltung der Angelegenheiten der Provinzialverbände wird von dem Oberpräsidenten, in höherer Instanz von dem Minister des Innern geübt.

Die Beschwerde an die höhere Instanz ist innerhalb zwei Wochen zulässig.

§ 87. (H.-N.)

sagt statt „der Provinzialverbände" „der Bezirksverbände und des Provinzialverbandes".

Vgl. die Anm. zu § 121.

§ 115. (A., H., W.) § 88. (H.-N.)

Die Aufsichtsbehörden haben mit den ihnen in diesem Gesetze zugewiesenen Mitteln darüber zu wachen, daß die Verwaltung den Bestimmungen der Gesetze gemäß geführt und in geordnetem Gange erhalten werde.

§ 116. (A., H., W.) § 89. (H.-N.)

Die Aufsichtsbehörden sind zu dem Ende befugt, über alle Gegenstände der Verwaltung Auskunft zu erfordern, die Einsicht der Akten, insbesondere auch der Haushaltsetats und Jahresrechnungen zu verlangen und Geschäftsrevisionen, sowie in der Verbindung mit denselben, Kassenrevisionen an Ort und Stelle zu veranlassen.

§ 117. (A., H., W.)

Der Oberpräsident ist befugt, an den Beratungen des Provinzialausschusses und der Provinzialkommissionen entweder selbst oder durch einen zu seiner Vertretung abzuordnenden Staatsbeamten teilzunehmen.

§ 90 (H.-N.)

ersetzt die Worte „des Provinzialausschusses“ durch „der Landesausschüsse und des Provinzialausschusses“ und „der Provinzialkommissionen“ durch „der Bezirks- und Provinzialkommissionen“.

§ 118. (A., H., W.)

Beschlüsse des Provinziallandtages, des Provinzialausschusses oder einer Provinzialkommission, welche deren Befugnisse überschreiten oder die Gesetze verletzen, hat der Oberpräsident, entstehenden Falles auf Anweisung des Ministers des Innern, unter Angabe der Gründe, mit aufschiebender Wirkung zu beanstanden.

Gegen die Verfügung des Oberpräsidenten steht dem Provinziallandtage, dem Provinzialausschusse, beziehungsweise der Provinzialkommission innerhalb zwei Wochen die Klage bei dem Oberverwaltungsgerichte zu. Dieselben können zur Wahrnehmung ihrer Rechte im Verwaltungsstreitverfahren einen besonderen Vertreter bestellen.

§ 91. (H.-N.)

Vgl. die Bemerkung zu § 90 (H.-N.)

§ 119. (A., H., W.)

Beschlüsse des Provinziallandtages, welche folgende Angelegenheiten betreffen:

1) den Erlaß von Statuten gemäß § 8 Nr 1 und § 35,
2) Mehr- oder Minderbelastung einzelner Teile der Provinz gemäß § 110,
3) Aufnahme von Anleihen, durch welche der Provinzialverband mit einem Schuldenbestande belastet oder der bereits vorhandene Schuldenbestand ver-

größert werden würde, sowie Übernahme von Bürgschaften auf den Provinzialverband,

4) eine Belastung des Provinzialverbandes durch Beiträge über fünfundzwanzig Prozent des Gesamtaufkommens an direkten Staatssteuern,

5) eine neue Belastung des Provinzialverbandes ohne gesetzliche Verpflichtung, insofern die aufzulegenden Leistungen über die nächsten fünf Jahre hinaus fortdauern sollen,

bedürfen in den Fällen zu 1 der landesherrlichen Genehmigung, in den Fällen zu 2 und 3 der Bestätigung des Ministers des Innern, in den Fällen zu 4 und 5 der Bestätigung der Minister des Innern und der Finanzen.

§ 92. (H.-N.)

Vgl. die Bemerkung zu § 90 (H.-N.). Es werden ferner citiert unter Nr. 1 statt „§ 8 Nr. 1 und § 35" „§ 6 Nr. 1 und § 32" und unter Nr. 2 statt „§ 110" „§ 82".

§ 120. (A., H., W.)

Der Genehmigung der zuständigen Minister bedürfen ferner die von dem Provinziallandtage gemäß § 8 Nr. 2, §§ 35 und 95 für folgende Provinzialinstitute und Verwaltungszweige zu beschließenden Reglements:

1) Landarmen- und Korrigendenanstalten,
2) Irren-, Taubstummen-, Blinden- und Idiotenanstalten,
3) Hebammenlehrinstitute,
4) Provinzialhilfs- und Darlehnskassen,
5) Versicherungsanstalten.

Dieser Genehmigung unterliegen jedoch die gedachten Reglements nur insoweit, als sich die Bestimmungen derselben beziehen:

in betreff der zu 1 und 2 gedachten Anstalten auf die Aufnahme, die Behandlung und Entlassung der Landarmen, Korrigenden, Irren, Taubstummen, Blinden und Idioten beziehungsweise auf den Unterricht derselben,

in betreff der Hebammenlehrinstitute zu 3 auf die Aufnahme, den Unterricht und die Prüfungen der Schülerinnen,

in betreff der Provinzialhilfs- und Darlehnskassen zu 4 auf die Grundsätze, nach denen die Gewährung von Darlehnen zu erfolgen hat,

in betreff der Versicherungsanstalten zu 5 auf die Organisation und die Verwaltungsgrundsätze.

Ingleichen bedarf das im § 96 vorgeschriebene Reglement über die dienstlichen Verhältnisse der Provinzialbeamten der Genehmigung des Ministers des Innern in betreff der Grundsätze über die Anstellung, Entlassung und Pensionierung der Beamten.

§ 93. (H.-N.)

Vgl. die Bemerkung zu § 39 (H.-N.). Es werden ferner citiert: statt „§ 8 Nr. 2, §§ 35 und 95" „§ 6 Nr. 2, §§ 32 und 68", statt „§ 96" „§ 69".

§ 121. (A., H., W.)

Unterläßt oder verweigert ein Provinzialverband die ihm gesetzlich obliegenden, von der Behörde innerhalb der Grenzen ihrer Zuständigkeit festgestellten Leistungen auf den Haushaltsetat zu bringen oder außerordentlich zu genehmigen, so verfügt der Oberpräsident, unter Angabe der Gründe, die Eintragung in den Etat, beziehungsweise die Feststellung der außerordentlichen Ausgaben.

Gegen die Verfügung des Oberpräsidenten steht dem Provinzialverbande innerhalb zwei Wochen die Klage bei dem Oberverwaltungsgerichte zu. Zur Ausführung der Rechte des Provinziabverlandes kann der Provinziallandtag einen besonderen Vertreter bestellen.

§ 94. (H.-N.)

Vgl. die Bemerkung zu § 87 (H.-N.).

Früher hatte der Oberpräsident den Provinzialverband wegen Verweigerung der ihm gesetzlich obliegenden Leistungen beim Oberverwaltungsgerichte zu verklagen. Seit der Novelle vom 22. März 1881 sind die Parteirollen vertauscht.

Die Klage (jetzt die Verfügung) des Oberpräsidenten ist kein höchst subsidiäres Mittel der Rechtsverfolgung, welches überall da ausgeschlossen erscheint, wo für einen Anspruch gegen den Provinzialverband die Verfolgung im Rechtswege oder in einem Verwaltungsstreitverfahren offen steht. Vielmehr ist das Recht des Oberpräsidenten lediglich aus dessen Aufsichtsrecht (§ 114) und dem öffentlichen Interesse abzuleiten. Entsch. des O.V.G. vom 24. Februar 1881, Bd. 7, S. 12.

Die Verfügung betreffend die Zwangsetatisierung mit der Wirkung, daß von da ab die Klagefrist beginnt, braucht nicht notwendig an diejenigen Organe erlassen zu werden, welche endgültig über die Leistung zu beschließen haben. Es genügt die Aufforderung an das zur Vertretung der Korporation berufene Organ, den Provinzialausschuß. Entsch. des O.V.G. vom 23. Juni 1884, Bd. 11, S. 15.

Auflösung der Provinziallandtage.

§ 122. (A., H., W.)

Auf den Antrag des Staatsministeriums kann ein Provinziallandtag durch Königliche Verordnung aufgelöst werden. Es sind sodann Neuwahlen anzuordnen, welche innerhalb drei Monaten, vom Tage der Auflösung an, erfolgen müssen. Der neugewählte Landtag ist innerhalb sechs Monaten nach erfolgter Auflösung zu berufen.

Im Falle der Auflösung eines Provinziallandtages bleiben die von demselben gewählten Mitglieder des Provinzialausschusses und der Provinzialkommissionen bis zum Zusammentritte des neu gebildeten Provinziallandtages in Wirksamkeit.

§ 95. (H.-N.)

Vgl. die Bemerkung zu § 87 (H.-N.).

Vierter Titel.

Schluß-, Übergangs- und Ausführungsbestimmungen.

§ 123. (A.)

Die gegenwärtige Provinzialordnung tritt mit dem 1. Januar 1876 in Kraft.

§ 123 (H.)

fällt aus. Vgl. Art. I des Einführungsgesetzes zur Pr.O. für Hannover.

§ 96. (H.-N.)

Die gegenwärtige Provinzialordnung tritt gleichzeitig mit der Kreisordnung für die Provinz Hessen-Nassau in Kraft. Zu demselben Zeitpunkte verlieren alle mit den Vorschriften derselben in Widerspruch stehenden und mit ihr nicht zu vereinigenden gesetzlichen Bestimmungen ihre Gültigkeit.

Für Westfalen vgl. Art. I des E.G. zur Pr.O.

§ 97. (H.-N.)

Der vierte Abschnitt (§§ 43 bis 59) und der fünfte Abschnitt (§§ 60 bis 71) des zweiten Titels treten für den Provinzialverband der Provinz Hessen-Nassau einstweilen nicht in Kraft. Ihre Einführung erfolgt im ganzen oder in einzelnen Teilen nach Anhörung des Provinziallandtages im Wege Königlicher Verordnung. Bis zu diesem Zeitpunkte sind die Obliegenheiten des Provinzialausschusses und die laufenden Geschäfte der kommunalen Provinzialverwaltung mit Ausnahme der Vollziehung von Wahlen von dem Oberpräsidenten, und die erforderlichen Kassen- und Rechnungsgeschäfte von der Regierungshauptkasse zu Kassel wahrzunehmen. Insbesondere hat der Oberpräsident an Stelle des Provinzialausschusses auch darüber zu beschließen, ob einer der im § 11 Absatz 2 beziehungsweise § 28 Absatz 5 des Gesetzes über die allgemeine Landesverwaltung vom 30. Juli 1883 (Gesetz-Sammlung S. 195) vorgesehenen Fälle eingetreten ist.

Vgl. die Anm. zu § 86 (H.-N.). Das durch diesen § 97 geschaffene Interimistikum rechtfertigt sich dadurch, daß die Provinz Hessen-Nassau bisher einen Kommunalverband nicht gebildet, also auch zunächst kommunale Aufgaben nicht zu erfüllen hat. Hätte man sofort die Organe der kommunalen Provinzialverwaltung, Provinzialausschuß und Landesdirektorium, ins Leben gerufen, so würden diese in der ersten Zeit ohne erhebliche Geschäfte gewesen sein. Die Errichtung dieser Behörden ist daher bis zu dem Zeitpunkte suspendiert, wo die Provinz thatsächlich umfassendere kommunale Aufgaben zu lösen hat. Soweit nach dem Landesverwaltungsgesetze der Provinzialausschuß eine Thätigkeit in der allgemeinen Landesverwaltung auszuüben hat, sind diese Obliegenheiten durch den folgenden § 98 vorläufig dem hessen-nassauischen Provinziallandtage übertragen worden.

§ 98. (H.-N.)

So lange in der Provinz Hessen-Nassau ein Provinzialausschuß nicht besteht, werden die Mitglieder des Provinzialrats und deren Stellvertreter, sowie die Mitglieder der Bezirksausschüsse und deren Stellvertreter (§ 10 Absatz 1, § 28 Absatz 3 des Gesetzes über die allgemeine Landesverwaltung vom 30. Juli 1883 — Gesetz-Sammlung S. 195 —) von dem Provinziallandtage gewählt.

Die gewählten Mitglieder des Provinzialrats erhalten eine ihren baren Auslagen entsprechende Entschädigung. Über die Höhe derselben beschließt der Provinziallandtag.

Abs. 1 enthält eine durch das Fortfallen des Provinzialausschusses bedingte Abänderung des Landesverwaltungsgesetzes. Diese Änderung fällt von selbst fort, sobald in Gemäßheit des § 97 die Bestellung eines Provinzialausschusses für die Provinz Hessen-Nassau erfolgt ist.

§ 101. (H.-N.)

Die Einverleibung des bisherigen Stadtkreises Frankfurt a. M. in den Kommunalverband des Regierungsbezirks Wiesbaden erfolgt mit dem 1. April 1886. Von demselben Zeitpunkte ab werden beide Verbände zu einem Landarmenverbande vereinigt.

Die infolge dieser Vereinigung erforderliche Regelung der Verhältnisse hat durch ein zwischen den beteiligten Verbänden unter Genehmigung des Ministers des Innern unbeschadet aller Privatrechte dritter zu treffendes Übereinkommen zu erfolgen. Kommt ein solches Übereinkommen bis zum 1. Januar 1886 nicht zu stande, so geschieht die betreffende Regelung im Wege Königlicher Verordnung. Streitigkeiten, welche sich bei der Ausführung ergeben, unterliegen der Entscheidung des Oberverwaltungsgerichts.

§ 124. (A.)

In allen Provinzen ist noch im Laufe des Jahres 1875 zur Wahl der Mitglieder der Provinziallandtage gemäß den Bestimmungen des gegenwärtigen Gesetzes zu schreiten.

Für diese ersten Wahlen sind die Obliegenheiten des Provinzialausschusses (§§ 12 und 13) von dem Oberpräsidenten wahrzunehmen.

Artikel III des Einführungsgesetzes für Hannover.

Für die ersten Wahlen werden die Obliegenheiten des Provinzialausschusses (§§ 12 und 13 der Provinzialordnung) von dem Oberpräsidenten wahrgenommen. Derselbe ist befugt, im Einverständnisse mit dem gegenwärtigen provinzialständischen Verwaltungsausschuß gemäß Artikel I zu 1 des gegenwärtigen Gesetzes Landkreise für die ersten Wahlen und für die während der ersten Wahlperiode erforderlich werdenden Ersatzwahlen zu Wahlbezirken zu verbinden und die Wahlorte zu bestimmen. Auf die so gebildeten Wahlbezirke findet der Schlußsatz des Artikel I Nr. 1 des gegenwärtigen Gesetzes Anwendung.

§ 100. (H.-N.)

Für die ersten Wahlen werden die Obliegenheiten der Landesausschüsse (§§ 9 und 10) von dem Oberpräsidenten wahrgenommen. Derselbe ist befugt, im Einverständnisse mit den gegenwärtigen kommunalständischen Verwaltungsausschüssen gemäß § 8 Landkreise für die ersten Wahlen und für die während der ersten Wahlperiode erforderlich werdenden Ersatzwahlen zu verbinden und die Wahlorte zu bestimmen.

Auf die so gebildeten Wahlbezirke findet der Schlußsatz des § 8 Anwendung.

§ 124. (W.)

Für die ersten Wahlen werden die Obliegenheiten des Provinzialausschusses (§§ 12 und 13) von dem Oberpräsidenten wahrgenommen.

Derselbe ist befugt, im Einverständnisse mit dem provinzialständischen Verwaltungsausschusse gemäß § 11 Landkreise für die ersten Wahlen und für die während der ersten Wahlperiode erforderlich werdenden Ersatzwahlen zu verbinden und die Wahlorte zu bestimmen.

§ 125. (A.)

Von dem im § 123 gedachten Zeitpunkte ab gehen die die Rechte und Pflichten der bisherigen provinzialständischen Verbände auf die nach § 1 dieses Gesetzes gebildeten Provinzialverbände über.

Die bisherigen provinzialständischen Ausschüsse und Kommissionen bleiben bis zur anderweitigen Beschlußnahme der nach diesem Gesetze gewählten Provinziallandtage über ihren Fortbestand und ihre Zusammensetzung in Wirksamkeit.

Artikel II des Einführungsgesetzes zur Pr. O. für Hannover.

Von dem im Artikel I gedachten Zeitpunkte ab gehen die Rechte und Pflichten des bisherigen provinzialständischen Verbandes von Hannover auf den gemäß § 1 der Provinzialordnung vom 29. Juni 1875 beziehungsweise Artikel I des gegenwärtigen Gesetzes gebildeten Provinzialverband über.

Die bisherigen provinzialständischen Ausschüsse und Kommissionen bleiben in Wirksamkeit, bis über ihren Ersatz nach Maßgabe der Provinzialordnung vom 29. Juni 1875 durch den in Gemäßheit derselben beziehungsweise des gegenwärtigen Gesetzes gewählten Provinziallandtag Beschluß gefaßt worden ist.

§ 99. (H.-N.)

Die bisherigen kommunalständischen Verwaltungsausschüsse und Kommissionen bleiben in Wirksamkeit, bis über ihren Ersatz durch die in Gemäßheit des gegenwärtigen Gesetzes gewählten Kommunallandtage Beschluß gefaßt worden ist.

§ 123. (W.)

Mit dem Inkrafttreten dieses Gesetzes gehen die Rechte und Pflichten des bisherigen provinzialständischen Verbandes von Westfalen auf den Provinzialverband über.

Die bisherigen provinzialständischen Ausschüsse und Kommissionen bleiben bis zur anderweitigen Beschlußnahme des nach diesem Gesetze gewählten Provinziallandtages über ihren Fortbestand und ihre Zusammensetzung in Wirksamkeit.

§§ 126, 127 (A.)

sind fortgefallen. Dieselben enthielten besondere Bestimmungen für die Stadt Berlin und über die Fristen der Pr.O. Jetzt trifft in dieser Beziehung das Landesverwaltungsgesetz die erforderlichen Anordnungen.

§ 128. (A.)

Die Verwaltung der zur Zeit bestehenden besonderen kommunalständischen Verbände, soweit sie die Fürsorge für Landarme, Geisteskranke, Taubstumme, Blinde und Idioten betrifft, ist spätestens bis zum 1. Januar 1878 mit allen Rechten und Pflichten auf die Provinzialverbände zu übertragen.

Soweit die betreffende Regelung in der obigen Frist nicht durch Übereinkommen zwischen den gegenwärtigen Vertretungen der kommunalständischen Verbände und der nach diesem Gesetze zu bildenden Provinzialvertretung, unter Genehmigung des Ministers des Innern, zu stande kommt, erfolgt dieselbe, unbeschadet aller Privatrechte dritter, durch Königliche Verordnung.

Streitigkeiten, welche bei der Ausführung entstehen, unterliegen der Entscheidung des Oberverwaltungsgerichts.

Im übrigen erfolgt die Umbildung beziehungsweise Aufhebung der kommunalständischen Verbände und ihrer Organe durch besondere Gesetze.

Zu Abs. 4. Aufgehoben sind bereits die kommunalständischen Verbände der Provinz Pommern durch Ges. vom 18. Januar 1881 (G.S. S. 7) und der Neumark durch Ges. vom 19. Januar 1881 (G.S. S. 10.) Es bestehen noch die Verbände der Kurmark, der Niederlausitz, der Oberlausitz und der Altmark.

§ 129. (A.)

Mit dem Tage des Inkrafttretens des gegenwärtigen Gesetzes treten alle mit den Vorschriften desselben im Widerspruch stehenden oder mit denselben nicht zu vereinigenden gesetzlichen Bestimmungen außer Geltung.

§ 125. (W.)

Mit dem Tage des Inkrafttretens dieses Gesetzes verlieren alle mit den Vorschriften desselben in Widerspruch stehenden oder damit nicht zu vereinigenden gesetzlichen Bestimmungen ihre Gültigkeit.

§ 130. (A.) § 102. (H.-N.) § 126. (W.)

Der Minister des Innern ist mit der Ausführung des gegenwärtigen Gesetzes beauftragt und erläßt die hierzu erforderlichen Anordnungen und Instruktionen.

Urkundlich unter Unserer Höchsteigenhändigen Unterschrift und beigedrucktem Königlichem Insiegel.

Gegeben Bad Ems, den 29. Juni 1875.

Wahl-Reglement.

§ 1. (A., H., W.)

Der Wahlvorstand besteht aus dem Vorsitzenden des Provinziallandtages, beziehungsweise dem vom Oberpräsidenten ernannten Wahlkommissar, dem Landrate, dem Bürgermeister oder deren Stellvertreter als Vorsitzenden und aus zwei oder vier Beisitzern, welche von der Wahlversammlung aus der Zahl der Wähler zu wählen sind. Der Vorsitzende ernennt einen der Beisitzer zum Protokollführer.

§ 1 (H.-N.)

sagt statt „des Provinziallandtages" „des Kommunal- beziehungsweise Provinziallandtages".

§ 2. (A., H., H.-N., W.)

Während der Wahlhandlung dürfen im Wahllokale weder Diskussionen stattfinden, noch Ansprachen gehalten, noch Beschlüsse gefaßt werden.

Ausgenommen hiervon sind die Diskussionen und Beschlüsse des Wahlvorstandes, welche durch die Leitung des Wahlgeschäfts bedingt sind.

§ 3. (A., H., H.-N., W.)

Die Wahl erfolgt durch Stimmzettel.

§ 4. (A., H., H.-N., W.)

Die Wähler werden in der Reihenfolge, in welcher sie in der Wählerliste verzeichnet sind, aufgerufen.

Jeder aufgerufene Wähler legt den Stimmzettel uneröffnet in die Wahlurne.

§ 5. (A., H., H.-N., W.)

Die während des Wahlakts erscheinenden Wähler können an der nicht geschlossenen Wahl teilnehmen.

Sind keine Stimmen mehr abzugeben, so erklärt der Wahlvorstand die Wahl für geschlossen; der Vorsitzende nimmt die Stimmzettel einzeln aus der Wahlurne und verliest die darauf verzeichneten, von einem Beisitzer, welchen der Vorsitzende ernennt, laut zu zählenden Namen.

§ 6. (A., H., H.-N., W.)

Ungültig sind:

1) Stimmzettel, welche keinen oder keinen lesbaren Namen enthalten,
2) Stimmzettel, aus welchen die Person des Gewählten nicht unzweifelhaft zu erkennen ist,
3) Stimmzettel, auf welchen mehr Namen, als zu wählende Personen oder der Name einer nicht wählbaren Person verzeichnet ist,
4) Stimmzettel, welche einen Protest oder Vorbehalt enthalten.

Zu Nr. 2. Die Bestimmung hat nicht den Sinn, daß der Wahlvorstand unter allen Umständen verpflichtet sein soll, alle Stimmzettel, deren Fassung zu Zweifeln über die Person des Gewählten auch nur eine entfernte Möglichkeit geben könnte, unbedingt für ungültig zu erklären. Entsch. des O.V.G. vom 2. Mai 1876, Bd. 1, S. 8.

§ 7. (A., H., H.-N., W.)

Alle ungültigen Stimmzettel werden als nicht abgegeben betrachtet. Über die Gültigkeit der Stimmzettel entscheidet vorläufig der Wahlvorstand. Die Stimmzettel sind dem Wahlprotokolle beizufügen und so lange aufzubewahren, bis über die gegen das Wahlverfahren erhobenen Einsprüche rechtskräftig entschieden ist.

§ 8. (A., H., H.-N., W.)

Als gewählt sind diejenigen zu betrachten, welche die absolute Stimmenmehrheit (mehr als die Hälfte der Stimmen) erhalten haben.

Ergibt sich keine absolute Stimmenmehrheit, so wird zu einer engeren Wahl zwischen denjenigen zwei Personen geschritten, welche die meisten Stimmen erhalten haben. Bei Stimmengleichheit entscheidet das von dem Vorsitzenden zu ziehende Los darüber, wer auf die engere Wahl zu bringen, beziehungsweise wer als schließlich gewählt zu betrachten ist.

Bei Anwendung dieses § kommt es nicht darauf an, ob überhaupt nur zwei oder ob noch mehrere Personen im ersten Wahlgange Stimmzettel erhalten haben. Die Vornahme der sog. engeren Wahl muß in allen Fällen erfolgen, wo der erste Wahlgang eine absolute Stimmenmehrheit nicht ergeben hat. Die Ziehung des Loses tritt nur ein behufs Entscheidung der Frage: a. wer von mehreren aus dem ersten Skrutinium mit einer gleichen Stimmenzahl hervorgegangenen Personen auf die engere Wahl zu bringen ist; b. wer von den auf die engere Wahl gebrachten Personen bei Stimmengleichheit als schließlich, d. h. im zweiten Wahlgange gewählt zu betrachten ist. Entsch. des O.V.G. vom 2. Mai 1876, Bd. 1, S. 8.

§ 9. (A., H., H.-N., W.)

Die Wahlprotokolle sind von dem Wahlvorstande zu unterzeichnen.

§ 10. (A., H., H.-N., W.)

Der Vorsitzende des Wahlvorstandes hat die Gewählten von der auf sie gefallenen Wahl mit der Aufforderung in Kenntnis zu setzen, sich über die Annahme oder Ablehnung innerhalb längstens fünf Tagen zu erklären. Wer diese Erklärung nicht abgibt, wird als ablehnend betrachtet.

§ 11. (A., H., W.)

Wahlen, welche auf dem Provinziallandtage selbst vorzunehmen sind, können auch durch Akklamation stattfinden, sofern niemand Widerspruch erhebt.

§ 11. (H.-N.)

Vgl. die Bemerkung zu § 1 (H.-N.) des Wahlreglements.

Inhalt.

Erster Titel.

Von den Grundlagen der Provinzialverfassung.

Zweiter Titel.

Von der Vertretung und Verwaltung der Provinzialverbände.

Synoptische Tabelle zur Provinzialordnung.*)

A.	H.	H.-N.	W.
§ 1	1	1	1
§ 2	2	—	2
§ 3	3	—	3
§ 4	4	2	4
§ 5	5	3	5
§ 6	6	4	6
§ 7	7	5	7
§ 8	8	6	8
§ 9	9	7	9
§ 10	10	8	10
§ 11	—	—	11
§ 12	12	9	12
§ 13	13	10	13
§ 14	14	11	14
§ 15	15	12	15
§ 16	16	13	16
§ 17	17	14	17
§ 18	18	15	18
§ 19	19	16	19
§ 20	20	17	20
§ 21	21	18	21
§ 22	22	19	22
§ 23	23	20	23
§ 24	24	21	24
§ 25	25	22	25
§ 26	26	23	26
§ 27	27	24	27
§ 28	28	25	28

*) Vgl. die Anm. S. 164.

A.	H.	H.-N.	W.
§ 29	29	26	29
§ 30	30	27	30
§ 31	31	28	31
§ 32	32	29	32
§ 33	33	30	33
§ 34	34	31	34
§ 35	35	32	35
§ 36	36	33	36
§ 37	37	34	37
§ 38	38	35	38
§ 39	39	36	39
§ 40	40	37	40
§ 41	41	38	41
§ 42	42	39	42
§ 43	43	40	43
§ 44	44	41	44
§ —	—	42	—
§ 45	45	43	45
§ 46	46	44	46
§ 47	47	45	47
§ 48	48	46	48
§ 49	49	47	49
§ 50	50	48	50
§ 51	51	49	51
§ 52	52	50	52
§ 53	53	51	53
§ 54	54	52	54
§ 55	55	53	55
§ 56	56	54	56
§ 57	57	55	57
§ 58	58	56	58
§ 59	59	57	59
§ 60	60	58	60
§ 61	61	59	61
§ 87	87	60	87
§ 88	88	61	88
§ 89	89	62	89
§ 90	90	63	90
§ 91	91	64	91
§ 92	92	65	92
§ 93	93	66	93

A.	H.	H.-N.	W.
§ 94	94	67	94
§ 95	95	68	95
§ 96	96	69	96
§ 97	97	70	97
§ 98	98	71	98
§ 99	99	72	99
§ 100	100	73	100
§ 101	101	74	101
§ 102	102	75	102
§ 103	103	76	103
§ 104	104	77	104
§ 105	105	78	105
§ 106	106	79	106
§ 107	107	80	107
§ 108	108	81	108
§ 109	109	—	109
§ 110	110	82	110
§ 111	111	83	111
§ 112	112	84	112
§ 113	113	85	113
§ —	—	86	—
§ 114	114	87	114
§ 115	115	88	115
§ 116	116	89	116
§ 117	117	90	117
§ 118	118	91	118
§ 119	119	92	119
§ 120	120	93	120
§ 121	121	94	121
§ 122	122	95	122
§ 123	E.G. Art. I.	96	E.G. Art. I.
§ —	—	97	—
§ —	—	98	—
§ —	—	101	—
§ 124	E.G. Art. III.	100	124
§ 125	E.G. Art. II.	99	123
§ 128	—	—	—
§ 129	—	—	125
§ 130	—	102	126

III. Die Dotationsgesetze.

A. Gesetz, betreffend die Dotation der Provinzial- und Kreisverbände. Vom 30. April 1873.

Gesetz-Sammlung von 1873, S. 187.

Wir Wilhelm, von Gottes Gnaden König von Preußen 2c.

verordnen, mit Zustimmung beider Häuser des Landtages, was folgt:

§ 1.

Aus den Einnahmen des Staatshaushalts wird

1) zur Ausstattung der Provinzialverbände von Preußen, Brandenburg, Pommern, Posen, Schlesien, Sachsen, Schleswig-Holstein, Westfalen und der Rheinprovinz, sowie des Stadtkreises Frankfurt a. M., der Hohenzollernschen Lande und des Jadegebietes mit Fonds zur Selbstverwaltung

die Summe von jährlich zwei Millionen Thaler und

2) zur sofortigen und unmittelbaren Gewährung von Fonds für die Durchführung der Kreisordnung, insbesondere zur Bestreitung der Kosten des Kreisausschusses und der Amtsverwaltung in den Provinzen Preußen, Brandenburg, Pommern, Schlesien und Sachsen, sowie zur Ausstattung der übrigen Provinzen und Landesteile mit gleichartigen Fonds

für die Durchführung der zu erlassenden ähnlichen Gesetze,

die Summe von jährlich einer Million Thaler, vom 1. Januar 1873 ab zur Verfügung gestellt.

§ 2.

Die Verteilung der im § 1 bestimmten Summen unter die ebendaselbst genannten kommunalen Verbände und Landesteile erfolgt zur einen Hälfte nach dem Maßstabe des Flächeninhalts, zur andern Hälfte nach dem Maßstabe der durch die Zählung vom 1. Dezember 1871 festgestellten Zahl der Zivilbevölkerung.

§ 3.

Diejenigen Fonds, welche nach § 1 Nr. 2 auf jede der Provinzen Preußen, Brandenburg, Pommern, Schlesien und Sachsen entfallen, werden nach demselben Maßstabe (§ 2) auf die einzelnen Landkreise dieser Provinzen verteilt und denselben zur Durchführung der Kreisordnung, insbesondere für die Kosten des Kreisausschusses und der Amtsverwaltung (§ 1 Nr. 2) vom 1. Januar 1873 ab dauernd überwiesen. In gleicher Weise und nach gleichem Maßstabe wird der Gesamtbeitrag, welchen der Staat nach § 70 Absatz 1 der Kreisordnung vom 13. Dezember 1872 zu den Kosten der Amtsverwaltung zu leisten hat, den gedachten Landkreisen überwiesen, sobald und insoweit die in § 70 a. a. O. bezeichneten Aufwendungen für den Fiskus erspart werden.

§ 4.

Außerdem werden vom 1. Januar 1873 ab bis zu dem Tage, an welchem die Provinzialordnung in Kraft tritt, aus den Anteilen der Provinzen Preußen, Brandenburg, Pommern, Schlesien und Sachsen an der Dotation von 2 Millionen Thaler (§ 1 Nr. 1) jährlich 480 000 Thaler entnommen und den einzelnen Landkreisen dieser Provinzen nach dem Maßstabe des § 2 für die Zwecke der Kreisordnung (§ 1 Nr. 2) vorläufig überwiesen.

Ein Anspruch auf dauernde Belassung der vorläufig überwiesenen Summe steht den Kreisen nicht zu. Die spätere Verwendung derselben erfolgt nach näherer Vorschrift der Provinzialordnung.

§ 5.

Soweit über die im § 1 bezeichneten Summen nicht bereits durch die Vorschriften der §§ 2, 3 und 4 Verfügung getroffen ist, erfolgt die Bestimmung über die Verwendung und Überweisung durch besondere Gesetze.

Bis zum Erlasse derselben sind die Jahresbeträge der zur Verfügung gestellten Summen, soweit dieselben jeweilig noch nicht ihre bestimmungsmäßige Verwendung gefunden haben, zu einem für Rechnung der beteiligten Verbände zu verwaltenden und zinsbar zu belegenden Fonds zu vereinnahmen.

Eine Nachweisung über die Bestände des Fonds ist dem Landtage alljährlich vorzulegen.

Abs. 1. Vgl. das unter B abgedruckte Gesetz vom 8. Juli 1875.

§ 6.

Die Überweisung weiterer Summen aus dem Staatshaushaltsetat, unter Übertragung der entsprechenden Ausgabeverpflichtungen, bleibt vorbehalten.

Vgl. das Ges. vom 8. Juli 1875.

§ 7.

Der Minister des Innern und der Finanzminister sind mit der Ausführung dieses Gesetzes beauftragt.

Urkundlich u. s. w.

Gegeben St. Petersburg, den 30. April 1873.

B. Gesetz, betreffend die Ausführung der §§ 5 und 6 des Gesetzes vom 30. April 1873 wegen der Dotation der Provinzial- und Kreisverbände. Vom 8. Juli 1875.

Gesetz-Sammlung von 1875, S. 497.

Wir Wilhelm, von Gottes Gnaden König von Preußen rc.

verordnen, zur Ausführung der Vorschriften in den §§ 5 und 6 des Gesetzes vom 30. April 1873, betreffend die Dotation der Provinzial- und Kreisverbände (Gesetz-Sammlung S. 187), mit Zustimmung beider Häuser des Landtages, was folgt:

Überweisung einer Summe von (4 480 000 Thlr.) 13 440 000 Mark jährlich an die neu auszustattenden Provinzialverbände und Landesteile.

§ 1.

Behufs Ausstattung mit Fonds zur Selbstverwaltung wird den Provinzialverbänden von Preußen, Brandenburg, Pommern, Posen, Schlesien, Sachsen, Schleswig-Holstein, Westfalen und der Rheinprovinz, den Stadtkreisen Berlin und Frankfurt a. M., dem Landeskommunalverbande der Hohenzollernschen Lande und dem Provinzialverbande von Hannover für das demselben durch die beiden Gesetze vom 23. März 1873 (Gesetz-Sammlung S. 107 und 119) einverleibte Jadegebiet, außer der zu diesem Zwecke durch das Gesetz vom 30. April 1873 zur Verfügung gestellten Summe von jährlich 6 000 000 Mark (2 Millionen Thlr.) eine fernere Summe von jährlich 7 440 000 Mark (2 480 000 Thaler) aus den Einnahmen des Staatshaushalts, unter Übertragung der entsprechenden Ausgabeverpflichtungen, überwiesen.

§ 2.

Die Verteilung der im § 1 gedachten Gesamtsumme von 13 440 000 Mark erfolgt zu einer Hälfte nach dem Maßstabe des Flächeninhalts, zur andern Hälfte nach dem Maßstabe der Zahl der Zivilbevölkerung, wie solche durch die Volkszählung im Dezember 1875 festgestellt wird. Die hiernach auf die einzelnen Kommunalverbände entfallenden Jahresrenten werden durch Königliche Verordnung festgestellt. Bis zu der nach Maßgabe derselben zu bewirkenden Ausgleichung erhalten vorläufig an Jahresrenten:

1. Der Provinzialverband von Preußen u. s. w.

Der weitere Inhalt dieses § ist ohne Interesse, da die darin festgesetzte Höhe der Jahresrenten gegenwärtig nicht mehr maßgebend ist. Die vorbehaltene kgl. Verordnung ist am 12. September 1877 erlassen (G.S. v. 1877, S. 227).

Überweisung der in den Jahren 1873, 1874 und 1875 zinsbar belegten Dotationsfonds an die neu auszustattenden Provinzialverbände und Landesteile.

§ 3.

Außer den im § 2 festgestellten Jahresrenten werden den ebendaselbst gedachten Kommunalverbänden aus den Kapitalbeständen des gemäß § 5 des Gesetzes vom 30. April 1873 gebildeten Fonds folgende Summen nebst den auf dieselben entfallenden Anteilen an den, den Kapitalien bis zu dem Zeitpunkte ihrer Überweisung (§ 17) zugewachsenen Zinsen überwiesen:

1.	dem Provinzialverbande von	Preußen .	2 085 696 M.
2.	„ „ „	Brandenburg	1 172 106 „
3.	„ „ „	Pommern .	990 513 „
4.	„ „ „	Posen . .	1 546 011 „
5.	„ „ „	Schlesien .	1 748 493 „
6.	„ „ „	Sachsen . .	1 037 646 „

7. dem Provinzialverbande von Schleswig-Holstein	. .	952 929 M.
8. „ „ „ Westfalen	.	1 363 284 „
9. „ „ der Rheinprovinz		2 326 635 „
10. „ Stadtkreise Berlin	. . . . .	345 519 „
11. „ „ Frankfurt a. M.	. .	47 079 „
12. „ Landeskommunal-Verbande der Hohenzollernschen Lande	. .	62 433 „
13. „ Provinzialverbande von Hannover für das Jadegebiet	. . . .	1 656 „

Verwendungszwecke der den neu auszustattenden Provinzialverbänden und Landesteilen zu gewährenden Summen.

§ 4.

Die Überweisung der in den §§ 2 und 3 gedachten Summen an die im § 2 unter Nr. 1—12 genannten Kommunalverbände erfolgt zur Verwendung für folgende Zwecke:

1. Fürsorge für den Neubau von chaussierten Wegen und Unterstützung des Gemeinde- und Kreiswegebaues,
2. Beförderung von Landesmeliorationen, soweit sie nach Zweck und Umfang eine nicht über das provinzielle Interesse hinausgehende Bedeutung haben,
3. Bestreitung der Kosten des Landarmen- und Korrigendenwesens, beziehungsweise Gewährung von Beihilfen hierzu an die Landarmenverbände,
4. Fürsorge beziehungsweise Gewährung von Beihilfen für das Irren-, Taubstummen- und Blindenwesen,
5. Unterstützung milder Stiftungen, Rettungs-, Idioten- und anderer Wohlthätigkeitsanstalten,
6. Leistung von Zuschüssen für Vereine, welche der Kunst und Wissenschaft dienen, desgleichen für

öffentliche Sammlungen, welche diese Zwecke verfolgen, Erhaltung und Ergänzung von Landesbibliotheken, Unterhaltung von Denkmälern,

7. für ähnliche im Wege der Gesetzgebung festzustellende Zwecke.

Soweit ad 1 die Staatsregierung zur Ausführung von Chausseebauten für Rechnung der Staatskasse oder zur Unterstützung von anderen als Staats-Chausseebauten sich verpflichtet hat, muß der betreffende Kommunalverband auf Verlangen der Staatsregierung in diese Verpflichtungen eintreten.

Ergeben sich bei den zu Neu- und Umbauten der Staatschausseen, sowie zu Prämien für Chausseeneubauten im Staatshaushaltsetat ausgesetzten Fonds Ersparnisse, so sind dieselben unter die im § 2 genannten Kommunalverbände nach dem daselbst angegebenen Maßstabe zu verteilen.

Zu Nr. 2. Dadurch ist die Ausführung von Meliorationen, die das Interesse mehrerer Provinzen berühren, durch die betr. Provinzialverbände nicht ausgeschlossen.

§ 5.

Außerdem sind zugleich bestimmt:

I. die den Provinzialverbänden (§ 2 Nr. 1 bis 9) überwiesenen Summen:

zur Bestreitung der Kosten des Provinziallandtages und der Provinzialverwaltung mit Einschluß der Kosten der Verwaltungsgerichte, beziehungsweise der Deputationen für das Heimatswesen, soweit die Kosten den Provinzialverbänden zur Last fallen. Auch können daraus Beihilfen an die Kreise zur Durchführung der Kreisordnung vom 13. Dezember 1872 gewährt werden;

II. die dem Landeskommunalverband der Hohenzollernschen Lande überwiesenen Summen:

zur Bestreitung der Kosten des Kommunallandtages und der Landeskommunalverwaltung mit Einschluß der Kosten des Verwaltungsgerichts, soweit die letzteren dem Landeskommunalverbande zur Last fallen.

Die Kosten der an die Stelle der Verwaltungsgerichte getretenen Bezirksausschüsse trägt nach § 34 des Landesverwaltungsgesetzes vom 30. Juli 1883 ausschließlich der Staat.

§ 6.

Die dem Provinzialverbande von Hannover für das Jadegebiet durch die §§ 2 und 3 überwiesenen Summen sind zu den in dem § 1 des Gesetzes vom 7. März 1868, betreffend die Überweisung einer Summe von jährlich 500 000 Thalern an den provinzialständischen Verband der Provinz Hannover (Gesetz-Sammlung S. 223) aufgeführten Zwecken zu verwenden.

Übertragung der Verwaltung und Unterhaltung mehrerer bisher von den Staatsbehörden verwalteten Irren-, Taubstummen-, Waisen- und anderer Anstalten an die Provinzialverbände.

§ 7.

Folgende Institute werden, unter Übertragung aller dem Staate bezüglich derselben und der dazu gehörenden Vermögensobjekte zustehenden Rechte und obliegenden Verpflichtungen, den nachstehend genannten Provinzialverbänden zur Verwaltung und Unterhaltung überwiesen:

I. dem Provinzialverbande von Preußen:
   1. die Taubstummenanstalt zu Königsberg,
   2. das Königliche große Hospital im Löbenicht zu Königsberg;

II. dem Provinzialverbande von Pommern:
   1. das Hospital St. Petri in Stettin,

2. das Königliche Waisenhaus zu Stargard,
3. das Gertruder Hospital zu Treptow a. d. Tollense,
4. das Hospital St. George zu Treptow a. d. Tollense;

III. dem Provinzialverbande von Sachsen:
die Landwaisenanstalt bei Langendorf;

IV. dem Provinzialverbande von Schleswig-Holstein:
1. die Irrenanstalt zu Schleswig,
2. das Taubstummeninstitut zu Schleswig;

V. dem Provinzialverbande von Westfalen:
die Taubstummenanstalten zu Büren, Soest, Langenhorst und Petershagen.

Übereignung des Hilfskassenfonds an die Provinzialverbände der acht älteren Provinzen.

§ 8.

Die durch die Königliche Botschaft vom 7. April 1847 und den Abschied an die zum Vereinigten Landtage versammelten Stände vom 24. Juli desselben Jahres zur Errichtung von Hilfskassen in den Provinzen Preußen, Brandenburg, Pommern, Posen, Schlesien, Sachsen, Westfalen und der Rheinprovinz zinsfrei gewährten Fonds von zusammen zwei Millionen Thaler in Staatsschuldscheinen und 500 000 Thaler baar werden unter Aufhebung des bei der Gewährung gemachten Vorbehalts wegen Zurückziehung derselben bei nicht statutenmäßiger Verwendung oder nach erfolgtem Anwachsen derselben auf das Doppelte, den betreffenden Provinzialverbänden, vorbehaltlich der zwischen einzelnen Provinzialverbänden wegen Nichtübereinstimmung ihrer Grenzen mit den Grenzen der jetzigen kommunalständischen Verbände vorzunehmenden Auseinandersetzung, als ein ihnen gehöriges Vermögen überwiesen. Für die Auseinandersetzung gelten die Bestimmungen des § 3 der Provinzialordnung.

Die Verwaltung dieser Fonds verbleibt bis auf weiteres

den jetzt mit der Verwaltung beauftragten Kommunal- und Provinzialverbänden.

§ 9.

Den Vertretungen der im § 8 Absatz 2 genannten Verbände steht die freie Verfügung über den gesamten Zinsgewinn der Hilfskassen zu gemeinnützigen Zwecken im Interesse dieser Verbände zu, während die ursprünglichen Dotationsfonds, sowie die denselben bisher hinzugewachsenen Kapitalbestände, als Kapitalbestand zur Gewährung von Darlehnen zu erhalten sind.

Übereignung der Provinzialmeliorationsfonds an mehrere Provinzialverbände der älteren Provinzen.

§ 10.

Die für die Provinzen Preußen, Brandenburg, Pommern, Westfalen und die Rheinprovinz beziehungsweise für einzelne Teile derselben gegründeten Provinzialmeliorationsfonds werden den Verbänden dieser Provinzen, soweit ihnen dieselben noch nicht eigentümlich gehören, übereignet.

Ebenso geht die Verwaltung und Verwendung dieser Fonds, soweit dieselbe bisher den Behörden des Staates zustand, auf die gedachten Provinzialverbände über. Die Fonds sind zu Darlehen für dauernde Bodenverbesserungen aller Art in denjenigen Landesteilen zu verwenden, für welche sie nach den zur Zeit bestehenden Einrichtungen bestimmt sind.

Außerdem dürfen Bewilligungen erfolgen zu Waldanlagen, Obstbaumplantagen und sonstigen Baumpflanzungen, zu Verbesserungen des Wirtschaftsbetriebes u. s. w.

Über den Zinsgewinn der Meliorationsfonds steht den Provinzialverbänden die freie Verfügung zu.

Übereignung der schlesischen Viehassekuranzfonds an den Provinzialverband von Schlesien.

§ 11.

Die in Ausführung des Gesetzes vom 30. Juni 1841 (Gesetz-Sammlung S. 285) in der Provinz Schlesien angesammelten Fonds werden, unter Aufhebung der für die drei Regierungsbezirke dieser Provinz bestehenden Viehversicherungsgesellschaften, dem Provinzialverbande von Schlesien zur Verwaltung und Verwendung im Interesse der Rindviehzucht derjenigen Bezirke, für welche diese Fonds angesammelt sind, überwiesen.

Überweisung von Zuschüssen für das Hebammenwesen an einzelne Provinzialverbände.

§ 12.

Die bisher vom Staate zu Beihilfen und Prämien für Hebammen und Hebammenzöglinge geleisteten Zuschüsse werden den beteiligten Kommunalverbänden überwiesen. Demgemäß erhöhen sich die diesen Kommunalverbänden nach § 2 dieses Gesetzes beziehungsweise nach § 1 des Gesetzes vom 7. März 1868 (Gesetz-Sammlung S. 223) aus den Einnahmen des Staatshaushalts zu gewährenden Jahresrenten für den Provinzialverband von Preußen um die Summe von jährlich 1641 M., für den Provinzialverband von Hannover um die Summe von jährlich 60 M., für den Provinzialverband der Rheinprovinz um die Summe von jährlich 930 M., für den Stadtkreis Frankfurt a. M. um die Summe von jährlich 1200 M., für den Landkommunalverband der Hohenzollernschen Lande um die Summe von jährlich 258 M.

Übertragung der Verwaltung und Unterhaltung der Hebammenlehrinstitute an die Provinzialverbände.

§ 13.

Folgende Hebammenlehrinstitute werden unter Übertragung aller dem Staate bezüglich derselben und der dazu gehörigen Vermögensobjekte zustehenden Rechte und obliegenden Verpflichtungen und unter Gewährung der aus der Staatskasse bisher geleisteten Zuschüsse, den nachstehend genannten Provinzialverbänden zur Verwaltung und Unterhaltung überwiesen:

1. dem Provinzialverbande von Preußen:
   die Hebammenlehrinstitute zu Gumbinnen und Danzig mit einem Zuschusse von jährlich 18645 M.;
2. dem Provinzialverbande von Brandenburg:
   das Hebammenlehrinstitut zu Frankfurt a. O. mit einem Zuschusse von jährlich 7548 M.;
3. dem Provinzialverbande von Pommern:
   das Hebammenlehrinstitut zu Stettin mit einem Zuschusse von jährlich 9090 M.;
4. dem Provinzialverbande von Posen:
   das Hebammenlehrinstitut zu Posen mit einem Zuschusse von jährlich 6819 M.;
5. dem Provinzialverbande von Schlesien:
   die Hebammenlehrinstitute zu Breslau und Oppeln mit einem Zuschusse von jährlich 18663 M.;
6. dem Provinzialverbande von Sachsen:
   die Hebammenlehrinstitute zu Magdeburg, Wittenberg und Erfurt mit einem Zuschusse von jährlich 17319 M.;
7. dem Provinzialverbande von Hannover:
   die Hebammenlehrinstitute zu Hannover, Hildesheim, Celle, Osnabrück und Aurich mit einem Zuschusse von jährlich 38214 M.;

8. dem Provinzialverbande von Westfalen:
Das Hebammenlehrinstitut zu Paderborn mit einem Zuschusse von jährlich 3342 M.

Die den vorgenannten Provinzialverbänden nach § 2 dieses Gesetzes, beziehungsweise nach § 1 des Gesetzes vom 7. März 1868 (Gesetz-Samml. S. 223) aus den Einnahmen des Staatshaushalts zu gewährenden Jahresrenten werden demgemäß um die angegebenen Beträge der bisher zur Unterhaltung der Hebammenlehrinstitute aus der Staatskasse geleisteten Zuschüsse erhöht.

Ebenso erhöht sich die dem Provinzialverbande der Rheinprovinz nach § 2 dieses Gesetzes zu gewährende Jahresrente um den Betrag desjenigen Zuschusses, welcher bisher in Höhe von 4972 M. 50 Pf. zur Unterhaltung des Provinzial-Hebammenlehrinstituts zu Köln aus der Staatskasse geleistet worden ist.

Übertragung der Verwaltung und Unterhaltung der Ackerbau-, Wiesen- und Obstbauschulen an die Provinzialverbände.

§ 14.

Die Unterstützung niederer landwirtschaftlicher Lehranstalten (Ackerbau-, Obstbau-, Wiesenbau- u. s. w. Schulen erfolgt unter Überweisung der aus der Staatskasse im Jahre 1875 geleisteten Zuschüsse vom 1. Januar 1876 ab durch die im § 20 aufgeführten Kommunalverbände.

Zugleich erhöhen sich die den einzelnen Verbänden nach § 2 dieses Gesetzes beziehungsweise § 1 des Gesetzes vom 7. März 1868 und des Gesetzes vom 11. März 1872 zu gewährenden Jahresrenten um diejenigen Beträge, welche im Jahre 1875 zur Unterstützung derartiger Schulen innerhalb der einzelnen Kommunalverbände aus der Staatskasse gezahlt worden sind, wogegen die für diese Schulen vertragsmäßig bestehenden Verpflichtungen des Staates auf die betreffenden Kommunalverbände übergehen.

Überweisung von Staatsnebenfonds an die Provinzialverbände.

§ 15.

Den Provinzialverbänden von Preußen, Brandenburg, Schlesien, Sachsen, Westfalen, Hannover und der Rheinprovinz, sowie dem Kommunalverbande des Regierungsbezirks Wiesbaden werden die in der Anlage verzeichneten Staatsnebenfonds des Ministeriums des Innern zur Verwaltung und Verwendung mit allen bisher der Staatsverwaltung hinsichtlich dieser Fonds zustehenden Rechten und obliegenden Verpflichtungen überwiesen.

Erhöhung der Renten des Provinzialverbandes von Hannover und des Kommunalverbandes des Regierungsbezirks Wiesbaden zu Wohlthätigkeitszwecken.

§ 16.

Es erhält ferner aus den Einnahmen des Staatshaushalts:

1. der Provinzialverband von Hannover zur Gewährung von Zuschüssen für Armen- und Wohlthätigkeitsanstalten eine Summe von jährlich 1170 M.;
2. der Kommunalverband des Regierungsbezirks Kassel für Zwecke der Armenpflege eine Summe von jährlich 2850 M.,
3. der Kommunalverband des Regierungsbezirks Wiesbaden zur Gewährung von Zuschüssen für Blinden- und Krankenanstalten eine Summe von jährlich 2400 M.

Die dem Provinzialverbande von Hannover und dem Kommunalverbande des Regierungsbezirks Wiesbaden nach dem Gesetze vom 7. März 1868 (Gesetz-Samml. S. 223), beziehungsweise dem Gesetze vom 11. März 1872 (Gesetz-

Samml. S. 257), zu gewährenden Jahresrenten werden demgemäß um die vorangegebenen Beträge erhöht.

Zeitpunkt der Überweisung der Fonds und Renten.

§ 17.

Die Überweisung sämtlicher Fonds und Renten an die in den §§ 1 ff. gedachten Kommunalverbände erfolgt am 2. Januar 1876, beziehungsweise vom 1. Januar 1876 ab.

Von letzterem Zeitpunkte ab gehen zugleich auf die betreffenden Kommunalverbände die ihnen durch dieses Gesetz auferlegten Verpflichtungen über.

Die bei dem im § 3 gedachten Fonds vorhandenen Effekten werden in Anrechnung auf die für jeden der beteiligten Kommunalverbände sich ergebende Summe nach dem Kurs der Berliner Börse vom 2. Januar 1876 überwiesen.

Übertragung der Verwaltung und Unterhaltung der Staatschausseen an die Provinzialverbände ꝛc.

§ 18.

Den Provinzialverbänden von Preußen, Brandenburg, Pommern, Posen, Schlesien, Sachsen, Schleswig-Holstein, Hannover, Westfalen und der Rheinprovinz, den Kommunalverbänden der Regierungsbezirke Kassel und Wiesbaden, den Stadtkreisen Berlin und Frankfurt a. M. und dem Landeskommunalverbande der Hohenzollernschen Lande wird ferner die Verwaltung, einschließlich der technischen Bauleitung, sowie die Unterhaltung der bereits ausgebauten Staatschausseen und derjenigen chaussierten Straßen übertragen, welche aus den den betreffenden Kommunalverbänden durch dieses Gesetz, beziehungsweise durch die früheren Dotationsgesetze überwiesenen Fonds ausgebaut werden und nicht in die Verwaltung und Unterhaltung an dritte übergehen.

Zugleich mit der Unterhaltung der bereits ausgebauten Staatschausseen geht das Eigentum an denselben nebst allen Nutzungen und Pertinenzien einschließlich der Chausseewärter, und Einnehmerhäuser auf die Kommunalverbände über.

Den Provinzialverbänden bleibt es überlassen, die Verwaltung und Unterhaltung der ihnen überwiesenen Staatschausseen auf engere Kommunalverbände nach Maßgabe der mit denselben zu treffenden Vereinbarung zu übertragen.

Eine solche Übertragung muß erfolgen hinsichtlich derjenigen Straßenstrecken, welche der Staat auf Grund des § 9 der Verordnung vom 16. Juni 1838 (Gesetz-Samml. S. 353) übernommen hat, sofern es die beteiligte Stadtgemeinde verlangt. Kommt über den zu diesem Zweck auszusondernden Anteil an der Provinzialdotation zwischen dem Provinzialverband und der betreffenden Stadtgemeinde eine Vereinbarung nicht zustande, so entscheidet das Oberverwaltungsgericht über die Höhe der zu gewährenden jährlichen Geldrente nach Verhältnis der aufzuwendenden Kosten.

Die Verwaltung und Unterhaltung derjenigen Staatschausseen, deren Kosten bisher aus berg- oder forstfiskalischen Fonds bestritten sind, verbleibt auch fernerhin dem Staate.

Abs. 1. Unter „Verwaltung" der Staatschausseen ist nur die fiskalische Verwaltung zu verstehen. Die Chausseepolizei ist dagegen nicht auf die Provinzen übergegangen.

Abs. 2. Pertinenzen der Staatschausseen sind auch die vor Erlaß dieses Gesetzes aus den Fonds der Staatschausseeverwaltung unterhaltenen Brücken. Bei einem Streite darüber, ob ein im Zuge der Chaussee belegenes Brückenbauwerk auf den Provinzialverband übergegangen ist, kann der Oberpräsident die Zwangsetatisierung der zur Unterhaltung der Brücke erforderlichen Kosten verfügen. Gegen diese Verfügung steht der Provinz binnen zwei Wochen die Klage beim Oberverwaltungsgerichte offen. Entsch. d. O.V.G. vom 14. Februar 1881, Bd. 7, S. 1.

Abs. 4. Die Worte „nach Verhältnis der aufzuwendenden Kosten" können nur dahin ausgelegt werden, daß diejenigen Kosten entscheidend sein sollen, welche der Stadtgemeinde durch die Unterhaltung und Verwaltung der zu übernehmenden Chausseestrecke erwachsen werden. Mit dem Ausdrucke „Anteil an der Provinzialdotation" hat aber nicht gesagt werden sollen, daß die Rente nach ähnlichen Grundsätzen wie die Provinzialdotation selbst zu ermitteln sei. Als Grundlage der Berechnung haben nicht die bisher verausgabten, sondern die in Zukunft aufzuwendenden Kosten zu dienen. Bei Ermittlung der letzteren kann man aber nur von den zur Zeit bestehenden Verhältnissen ausgehen. Entsch. d. O.V.G. vom 23. Januar 1882, Bd. 8, S. 1.

§ 19.

Die der Staatsbauverwaltung nach gesetzlichen Bestimmungen obliegenden Verpflichtungen zur Leitung der Neu- und Unterhaltungsbauten hinsichtlich der chaussierten und unchaussierten Straßen außer den Staatschausseen gehen gleichfalls auf die betreffenden Kommunalverbände über. Dasselbe gilt von den der Staatsbauverwaltung den Provinzial- und Bezirksstraßen gegenüber obliegenden Verpflichtungen.

§ 20.

Für die Übernahme der Verwaltung und Unterhaltung der Staatschausseen einschließlich der Kosten der Besoldung und Pensionierung des für die obere Leitung der Neu- und Unterhaltungsbauten, sowie für die Beaufsichtigung der Chausseen neu anzustellenden, beziehungsweise schon vorhandenen Beamtenpersonals wird den im § 18 genannten Kommunalverbänden eine Jahresrente von 19 Millionen Mark gewährt. Von dieser Rente erhalten

1.	der Provinzialverband von Preußen .	1 581 840	M.
2.	„ „ „ Brandenburg	940 400	„
3.	„ „ „ Pommern .	656 540	„
4.	„ „ „ Posen . .	401 520	„
5.	„ „ „ Schlesien .	1 522 170	„
		5 102 470	M.

	Transport:	5 102 470	M.
6.	der Provinzialverband von Sachsen .	1 549 510	„
7.	„ „ „ Schleswig-Holstein .	1 001 690	„
8.	„ „ „ Hannover (einschließlich des Jadegebiets) . .	1 896 890	„
9.	„ „ „ Westfalen .	1 746 340	„
10.	„ Kommunalverband des Regierungsbezirks Kassel	1 071 110	„
11.	„ Kommunalverband des Regierungsbezirks Wiesbaden	639 598	„
12.	„ Stadtkreis Frankfurt a. M. . .	114 072	„
13.	„ Provinzialverband der Rheinprovinz	1 605 850	„
14.	„ Stadtkreis Berlin	160 500	„
15.	„ Landeskommunalverband der Hohenzollernschen Lande	111 970	„
		15 000 000	M.

Der Rest der 4 Millionen Mark wird auf die vorgenannten Kommunalverbäude nach dem Maßstabe und den Vorschriften im § 2 dieses Gesetzes verteilt; bis zu dem Erlaß der hierin vorgesehenen Königlichen Verordnung wird der Verteilung vorläufig die Volkszählung vom Dezember 1871 zum Grunde gelegt.

Die den Kommunalverbänden nach § 2 dieses Gesetzes beziehungsweise nach § 1 des Gesetzes vom 7. März 1868 (Gesetz-Samml. S. 223) und des Gesetzes vom 11. März 1872 (Gesetz-Samml. S. 157) zu gewährenden Jahresrenten werden demgemäß um die angegebenen Beträge erhöht.

§ 21.

Die dem Staate nach dem Patente vom 27. Dezember 1865, betreffend verschiedene Abänderungen der Vorschriften der Wegeordnung über die Instandsetzung und Unterhaltung der Nebenlandstraßen und die Beaufsichtung der Nebenwege (Verordnungsblatt für das Herzogtum Holstein, 1866, S. 1 ff.), obliegenden Verpflichtungen zur teilweisen Erstattung der Baukosten und zur Übernahme der ausgebauten Nebenlandstraßen im früheren Herzogtum Holstein gehen auf den Provinzialverband von Schleswig-Holstein über. Demselben wird hierfür, unter Anrechnung auf die ihm nach § 20 zufallende Rente, der von dem früheren Herzogtum Holstein aufzubringende Landesbeitrag zur Unterhaltung der Staatschausseen und der auf die Staatskasse übergehenden Nebenlandstraßen im Betrage von 66300 Mark überwiesen.

Bis zu einer Auseinandersetzung zwischen den Herzogtümern Schleswig und Holstein mit Bezug auf das aus dem erwähnten Patent entspringende Verhältnis ruht die Verpflichtung des Provinzialverbandes zur teilweisen Erstattung der Baukosten und zur Übernahme solcher neu ausgebauten Nebenlandstraßen im Herzogtum Holstein, deren Baupläne nicht bereits bei Erlaß dieses Gesetzes die regierungsseitige Genehmigung erhalten haben.

Desgleichen werden dem Landeskommunalverbande der Hohenzollernschen Lande die Beiträge, welche von den Gemeinden und Markungsbesitzern zur Anlegung und Unterhaltung der unmittelbaren, bezw. der Staatsstraßen nach dem § 2 des Sigmaringischen Gesetzes über die Teilnahme an den Straßenbaukosten vom 6. Juni 1840 (Sammlung der Sigmaringischen Gesetze 1840 S. 228 ff.) und dem § 1 des Hechingischen Gesetzes vom 16. August 1842, betreffend die Übernahme sämtlicher mit der Anlage und Unterhaltung der Staatsstraßen verbundenen Kosten auf die Fürstliche Staatskasse (Verordnungs- und Intelligenzblatt 1842, S. 321 ff.), zu zahlen sind, im Betrage von 21160,8 Mark, gleichfalls unter Anrechnung auf die im § 20 angegebene Rente überwiesen.

Die dem Staate nach dem § 11 des Gesetzes vom 2. Oktober 1862, betreffend die Erbauung chaussierter Verbindungsstraßen (Verordnungsblatt für Nassau 1862, S. 176 ff.), obliegende Verpflichtung zur Unterhaltung der dem Verkehr übergebenen Straßen geht auf den Kommunalverband des Regierungsbezirks Wiesbaden über.

§ 22.

Die Verwaltung und Unterhaltung der Staatschausseen geht auf die im § 18 aufgeführten Kommunalverbände vom 1. Januar 1876 ab über.

Von demselben Zeitpunkte ab erfolgt die Überweisung der im § 20 angegebenen Renten. Desgleichen gehen von diesem Zeitpunkte ab die sämtlichen Verpflichtungen, welche dem Staate gegenüber dem angestellten Chaussee-Aufsichtspersonale obliegen, auf die betreffenden Kommunalverbände über.

Unter den „Verpflichtungen" sind nur die rechtlich erzwingbaren zu verstehen. Dazu gehört u. a. nicht der Anspruch der Chausseeaufseher auf Gehaltsverbesserung. Denn wie andere Verwaltungsbeamte hatten auch die Chausseeaufseher der vormaligen Staatschausseen keinen Rechtsanspruch auf ein Aufrücken in den Gehaltsstufen. Die einem solchen Anspruch entsprechende Verpflichtung kann also auch nicht auf die Provinzialverbände übergegangen sein. Entsch. des O.V.G. vom 6. März 1882, Bd. 8, S. 49.

§ 23.

Sofern die erforderlichen administrativen und technischen Organe von den betreffenden Kommunalverbänden bis zum 1. Januar 1876 nicht beschafft werden können, wird die Verwaltung der im § 22 gedachten Chausseen einstweilen, jedoch längstens bis zum 1. Januar 1878, durch den Staat fortgeführt.

Die Kosten der Verwaltung, einschließlich der Unterhaltung der Chausseen, werden aus den den einzelnen Kommunalverbänden durch den § 20 überwiesenen Renten bestritten.

Ebenso wird in dem vorbezeichneten Zeitraum bis zum Übergange der Chausseebauverwaltung auf die Kommunalverbände die Ausführung derjenigen Chausseebauten, zu denen die Staatsregierung sich verpflichtet hat (§ 4 Alin. 2) oder die von den Vertretungen der im § 18 gedachten Kommunalverbände neu beschlossen worden sind, durch die staatlichen Organe bewirkt.

Die Kosten dieser Chausseebauten, ingleichen die Unterstützungen von anderen als Staatschausseebauten, welche bereits zugesichert sind oder neu zugesichert werden, sind aus den Summen zu bestreiten, welche den betreffenden Kommunalverbänden zu diesen Zwecken überwiesen worden sind.

§ 24.

Die durch § 8 des Hannoverschen Chausseebaugesetzes vom 20. Juni 1851 dem Königlichen Ministerium des Innern gewährte Ermächtigung, andere Straßen in die Klasse der Staatschausseen aufzunehmen und aufgenommene aus dieser zu entfernen, wird aufgehoben.

§ 25.

Die näheren Bestimmungen über die Verwaltung der in diesem Gesetze genannten Provinzialinstitute und Verwaltungszweige werden durch besondere von den Vertretungen der betreffenden Kommunalverbände zu erlassende Reglements getroffen.

Diese Reglements bedürfen der Genehmigung der zuständigen Minister nach Maßgabe der Bestimmungen des § 120 der Provinzialordnung für die Provinzen Preußen, Brandenburg, Pommern, Schlesien und Sachsen.

Bis zum Erlasse dieser Reglements bleiben die bestehenden Verwaltungsvorschriften in Kraft.

Die Verwaltung der den Stadtkreisen Berlin und Frankfurt a. M. durch dieses Gesetz übertragenen Fonds und Verwaltungszweige erfolgt nach Maßgabe der Städteordnung vom 30. Mai 1853 beziehungsweise der Verordnung vom 26. September 1867, betreffend die Kreisverfassung im Gebiet des Regierungsbezirks Wiesbaden.

An der Zuständigkeit wegen der Verleihung und Festsetzung der Präbenden in dem mit dem Königlichen großen Hospital im Löbenicht zu Königsberg verbundenen Marienstift wird durch die Übertragung der Verwaltung dieses Hospitals an den Provinzialverband von Preußen nichts geändert.

Überweisung der für die Kreise außerhalb des Geltungsbereichs der Kreisordnung vom 13. Dezember 1872 zur Verfügung gestellten Kreisfonds an die betreffenden Provinzial- und Kommunalverbände.

§ 26.

Von der durch den § 1 Nr. 2 des Gesetzes vom 30. April 1873 für die Durchführung der Kreisordnung und der zu erlassenden ähnlichen Gesetze aus den Einnahmen des Staatshaushalts zur Verfügung gestellten Summe von jährlich einer Million Thaler werden vom 1. Januar 1876 ab alljährlich:

1.	dem Provinzialverbande von Posen . .	220 317 M.
2.	" " " Schleswig-Holstein . .	135 819 "
3.	" " " Hannover .	284 076 "
4.	" " " Westfalen .	194 874 "
5.	" " der Rheinprovinz	333 441 "
6.	" Kommunalverbande des Regierungsbezirks Kassel	91 428 "
7.	" dem Kommunalverbande des Regierungsbezirks Wiesbaden . . .	55 146 "
8.	" dem Stadtkreise Frankfurt a. M. .	6 798 "
9.	" dem Landeskommunalverbande der Hohenzollernschen Lande . . .	8 898 "

überwiesen, um dieselben bis zum Erlasse weiterer gesetzlicher Bestimmungen über deren Verwendung zinsbar zu belegen, oder zu den in den §§ 4, 13, 14 und 20 angegebenen Zwecken zu verwenden.

Zu gleichem Zwecke werden den genannten Kommunalverbänden aus den Kapitalbeständen des gemäß § 5 des Gesetzes vom 30. April 1873 gebildeten Fonds am 2. Januar 1876 folgende Summen nebst den auf dieselben entfallenden Anteilen an den den Kapitalien bis dahin zugewachsenen Zinsen überwiesen werden:

1.	dem Provinzialverbande von Posen . .	660 951 M.
2.	„ „ „ Schleswig-Holstein .	407 457 „
3.	„ „ „ Hannover .	852 228 „
4.	„ „ „ Westfalen .	584 622 „
5.	„ „ der Rheinprovinz	1 000 233 „
6.	dem Kommunalverbande des Regierungsbezirks Kassel	274 284 „
7.	dem Kommunalverbande des Regierungsbezirks Wiesbaden	165 438 „
8.	dem Stadtkreise Frankfurt a. M. . .	20 394 „
9.	dem Landeskommunalverbande der Hohenzollernschen Lande	26 694 „

Die Überweisung der bei den Fonds vorhandenen Effekten erfolgt in Anrechnung auf die für jeden dieser Verbände sich ergebende Summe nach dem Kurs der Berliner Börse vom 2. Januar 1876.

§ 27.

Scheidet gemäß § 4 der Kreisordnung vom 13. Dezember 1872 eine Stadt aus einem Landkreise aus, so ist derjenige Teil, der dem letzteren auf Grund der §§ 3 und 4 des Gesetzes vom 30. April 1873 zur Durchführung der Kreisordnung überwiesenen Summe, welcher nach dem im § 2 jenes Gesetzes vorgeschriebenen Maßstabe auf die ausscheidende Stadt entfallen würde, nach eben diesem Maßstabe auf sämtliche Landkreise der betreffenden Provinz zu verteilen und um den hiernach auf jeden Landkreis entfallenden Betrag die Dotation desselben zu erhöhen.

Diese Bestimmung findet auch auf die seit Erlaß des Gesetzes vom 30. April 1873 bereits ausgeschiedenen Städte Anwendung.

§ 28.

Der Minister der Finanzen, des Innern, der geistlichen, Unterrichts- und Medizinalangelegenheiten, für Handel, Gewerbe und öffentliche Arbeiten und für die landwirtschaftlichen Angelegenheiten sind mit der Ausführung dieses Gesetzes beauftragt.

Urkundlich ꝛc.

Gegeben Karlsruhe, den 8. Juli 1875.

Anlage zu § 15.

Staats-Nebenfonds des Ministeriums des Innern.

Es erhält:

I. Der Provinzialverband von Preußen

1. den Pferde-Demobilmachungsfonds für den Kreis Memel im Regierungsbezirke Königsberg zur Beihilfe der Provinzialarmenpflege für invalide Krieger und für Wittwen und Waisen der im Kriege Gebliebenen mit einem Kapitalbestande von 1525 Thlr. in Staatsschuldscheinen und einem Jahresbetrage von 53 Thlr. 11 Sgr. 3 Pf.;

2. den zu gleichem Zwecke bestimmten Demobilmachungsfonds im Regierungsbezirke Gumbinnen mit einem Kapitalbestande von 21564 Thlr. 17 Sgr. 4 Pf. teils in Hypotheken, teils in Staatspapieren, teils bar, und einem Jahresbetrage von 1100 Thlr.;

3. den aus der Vermögensmasse des aufgehobenen Klosters der barmherzigen Brüder zu Alt-Schottland gebildeten Krankenpflegefonds zur Unterbringung unvermögender Kranken des Regierungsbezirks Danzig in dem städtischen Hospital zu Danzig und zur Unterstützung solcher Kranken in ihrer Heimat mit einem Kapitalbestande von 15100 Thlr. und einem Jahresbetrage von 549 Thlr. 2 Sgr. 6 Pfg.

II. Der Provinzialverband von Brandenburg

4. den aus den Beständen der ehemaligen Kursächsischen Generalbrandkasse gebildeten Fonds zur Unterstützung Hülfsbedürftiger, deren Gebäude ihrer Feuergefährlichkeit wegen abgerissen werden müssen, und solcher, welche durch Brandunglück oder Gewitterschläge an ihren Gebäuden Schaden erlitten haben, sowie zur Unterstützung armer Gemeinden bei Anschaffung von Schlauchspritzen und Löschgerätschaften im Regierungsbezirke Potsdam mit einem Kapitalbestande von 6250 Thlr. in Staatsschuldscheinen, 44 Thlr. 7 Sgr. 9 Pf. bar und einem Jahresbetrage von 190 Thlr.;

5. den aus Beständen der ehemaligen Kursächsischen Generalbrandkasse für gleiche Zwecke gebildeten Fonds im Regierungsbezirke Frankfurt a. O. mit einem Kapitalbestande von 1400 Thlr. in Staatspapieren und einem Jahresbetrage von 54 Thlr.;

6. den Buderschen Stiftungsfonds zur Unterstützung armer Wenden im Regierungsbezirke Frankfurt a. O. mit einem Kapitalbestande von 4950 Thlr. in Staatspapieren, 18318 Thlr. 1 Sgr. 2 Pf. in Hypothekendokumenten, 760 Thr. 16 Sgr. 9 Pf. bar, zusammen 24028 Thr. 17 Sgr. 11 Pf., und einem Jahresbetrage von 1183 Thlr.

III. Der Provinzialverband von Schlesien

7. den Fonds zu Unterstützungen bei Brandschäden und Epidemieen im Regierungsbezirke Oppeln mit einem Kapitalbestande von 450 Thlr. in Staatsanleihen und einem Jahresbetrage von 17 Thlr.;

8. den Fonds zur Unterstützung durch Überschwemmung Verunglückter daselbst mit einem Jahresbetrage von 118 Thlr.

IV. Der Provinzialverband von Sachsen

9. den aus den Beständen der ehemaligen Kursächsischen Generalbrandkasse gebildeten Fonds zu den unter Nr. 4 angegebenen Zwecken im Regierungsbezirke Magdeburg mit einem Kapitalbestande von 1475 Thlr. in Staatspapieren, 53 Thlr. 21 Sgr. 3 Pf. bar und einem Jahresbetrage von 47 Thlr.;

10. den aus den Beständen der ehemaligen Kursächsischen Generalbrandkasse gebildeten Fonds zu den unter Nr. 4 angegebenen Zwecken im Regierungsbezirke Merseburg mit einem Kapitalbestande von 34375 Thlr. und einem Jahresbetrage von 1314 Thlr. 3 Sgr. 9 Pf.

11. Desgleichen im Regierungsbezirke Erfurt mit einem Kapitalbestande von 6875 Thlr. in Staatspapieren und einem Jahresbetrage von 265 Thlr. 8 Sgr.;

12. den Generalarmenfonds zu Heiligenstadt im Regierungsbezirke Erfurt zur Unterstützung armer Bewohner des Eichsfeldes mit einem Jahresbetrage von 722 Thlr.;

13. den Fonds zu außerordentlichen Unterstützungen im Regierungsbezirke Merseburg, soweit die Verwaltung desselben bisher der Abteilung des Innern der Regierung zu Merseburg zustand, mit einem Kapitalbestande von 10300 Thlr. und einem Jahresbetrage von 466 Thlr. 7 Sgr. 6 Pf.;

14. den Stift-Merseburger-Überschußfonds zu Unterstützungen für die Armenkassen und Schulen, sowie an Hilfsbedürftige im Stifte Merseburg mit einem Kapitalbestande von 24456 Thlr. 29 Sgr. 2 Pf. und einem Jahresbetrage von 757 Thlr.

V. Der Provinzialverband von Hannover

15. den Eichsfeldschen Generalarmenfonds der Provinz Hannover zur Unterstützung hilfsbedürftiger Bewohner des Eichsfeldes mit einem Kapitalbestande von 3500 Thlr. und einem Jahresbetrage von 127 Thlr. 15 Sgr.;

16. den Osnabrückischen Kornmagazinfonds zur Beförderung gemeinnütziger und wohlthätiger Anstalten im Fürstentum Osnabrück mit einem Kapitalbestande von 33850 Thlr. Kurant und einem Jahresbetrage von 960 Thlr.;

17. den Bentheimschen Bataillonsunterstützungsfonds für Hilfsbedürftige in der Grafschaft Bentheim mit einem Kapitalbestande von 1650 Thlr. Kurant und einem Jahresbetrage von 71 Thlr.

18. den Lingenschen Waisenkassenfonds zur Unterstützung von Waisen in der Niedergrafschaft Lingen mit einem Kapitalbestande von 10850 Holländische Gulden, 1000 Thlr. Gold und 17200 Thlr. Kurant und einem Jahresbetrage von 1111 Thlr. 26 Sgr. 2 Pf.;

19. den Fonds des von Dankelmannschen Legats in Osnabrück zur Unterstützung einer reformierten Predigerwitwe der Stadt und Grafschaft Lingen und zweier anderer Witwen mit einem Kapitalbestande von 3200 Holländische Gulden und 2200 Thlr. Kurant und einem Jahresbetrag von 142 Thlr. 4 Sgr.

VI. Der Provinzialverband von Westfalen

20. den allgemeinen Unterstützungs- und Wohlthätigkeitsfonds für den Regierungsbezirk Arnsberg mit einem Kapitalbestande von 52825 Thlr. in Hypotheken und Wertpapieren und einem Jahresbetrage von 2154 Thlr. 18 Sgr. 9 Pf.;

21. den Waisenhausfonds zur Unterstützung armer Waisenkinder reformierter Konfession im Kreise Siegen des Regierungsbezirks Arnsberg mit einem Kapitalbestande von 7316 Thlr.

6 Sgr. 6 Pf. in Hypotheken und Wertpapieren und einem Jahresbetrage von 247 Thlr. 4 Sgr. 5 Pf.

VII. Der kommunalständische Verband des Regierungsbezirks Wiesbaden

22. den Fonds der Adolfstiftung in Wiesbaden zur Unterstützung armer Waisenkinder beiderlei Geschlechts behufs Ausbildung in einem Handwerke oder Gewerbe mit einem Kapitalbestande von 13580 Thlr. und einem Jahresbetrage von 585 Thlr. 3 Sgr.

VIII. Der Provinzialverband der Rheinprovinz

23. den Ehrenbreitsteiner allgemeinen Armenfonds im Regierungsbezirke Koblenz mit einem Kapitalbestande von 15 150 Thlr. und einem Jahresbetrage von 575 Thlr.;

24. den Polizeistrafgelderfonds zur Unterstützung verlassener Findel- und verwaister Kinder ꝛc. für den rechtsrheinischen Teil des Regierungsbezirks Koblenz mit einem Kapitalbestande von 8000 Thlr. und einem Jahresbetrage von 3874 Thlr. 28 Sgr.;

25. für den linksrheinischen Teil des Regierungsbezirks Koblenz mit einem Kapitalbestande von 4500 Thlr. und einem Jahresbetrage von 4485 Thlr. 25 Sgr.;

26. für den rheinisch-rechtlichen Teil des Regierungsbezirks Düsseldorf mit einem Kapitalbestande von 4800 Thlr., rentbar angelegt und 2612 Thlr. 29 Sgr. bar (am Schlusse des Jahres 1872) und einem Jahresbetrage von 17 236 Thlr. 8 Sgr. 1 Pf.;

27. für den landrechtlichen Teil des Regierungsbezirks Düsseldorf mit einem Kapitalbestande von 21 916 Thlr. 20 Sgr. rentbar angelegt und 2097 Thlr. 15 Sgr. 7 Pf. bar (am Schlusse des Jahres 1872) uud einem Jahresbetrage von 7509 Thlr. 14 Sgr.;

28. für den Regierungsbezirk Köln mit einem Kapitalbestande von 13 190 Thlr. in Effekten, 10 968 Thlr. 21 Sgr. 5 Pf. bar und einem Jahresbetrage von 17998 Thlr. 4 Sgr. 9 Pf.;

29. für den Regierungsbezirk Trier mit einem Kapitalbestande von 22 400 Thlr. (am Schlusse des Jahres 1872) und einem Jahresbetrage von 13 558 Thlr. 22 Sgr. 6 Pf.;

30. für den Regierungsbezirk Aachen mit einem Kapitalbestande von 16 300 Thlr. in Staatspapieren und Eisenbahn-Prioritäten und einem Jahresbetrage von 10 810 Thlr. 19 Sgr.

Alphabetisches Register.

Die Zahlen bedeuten die Seiten.

A.

K.

L.

G. Pätz'sche Buchdruckerei (Otto Hauthal) in Naumburg a/S.

FSC
www.fsc.org
MIX
Papier | Fördert
gute Waldnutzung
FSC® C083411

Kolibri 360 GmbH
Ferdinand-Jühlke-Straße 7
99095 Erfurt, Deutschland
produktsicherheit@kolibri360.de